《楚詞箋註》校釋

〔清〕李陳玉◎著　劉樹勝（點校）　劉澤（註釋）

安徽師范大学出版社
ANHUI NORMAL UNIVERSITY PRESS
·芜湖·

圖書在版編目(CIP)數據

《楚詞箋註》校釋 / (清) 李陳玉著;劉樹勝點校;劉澤註釋. — 蕪湖:安徽師范大學出版社,2021.10

ISBN 978-7-5676-5118-0

Ⅰ.①楚… Ⅱ.①李… ②劉… ③劉… Ⅲ.①古典詩歌—詩集—中國—戰國時代②楚辭—註釋 Ⅳ.①I222.3

中國版本圖書館CIP數據核字(2021)第204979號

《楚詞箋註》校釋

CHUCI JIANZHU JIAOSHI

(清) 李陳玉◎著
劉樹勝◎點校
劉澤◎註釋

責任編輯:王　賢
責任校對:胡志恆
裝幀設計:王晴晴
責任印製:桑國磊
出版發行:安徽師範大學出版社
蕪湖市北京東路1號安徽師範大學赭山校區　　郵政編碼:241000
網　　址:http://www.ahnupress.com
發 行 部:0553-3883578　5910327　5910310(傳真)
印　　刷:蘇州市古得堡數碼印刷有限公司
版　　次:2021年10月第1版
印　　次:2021年10月第1次印刷
開　　本:700 mm × 1000 mm　1/16
印　　張:18.75
字　　數:275千字
書　　號:ISBN 978-7-5676-5118-0
定　　價:58.00圓

凡例

一、關於底本。本書以復旦大學圖書館藏清康熙十一年魏學渠刻本為工作底本。

一、底本原缺《大招》後半篇，為方便閱讀，兹以宋端平本《楚辭集註》補足，不作校勘與註釋。

一、原本《九歌》《九章》各篇題目，均置於文末，為方便閱讀，將各篇標題移至篇首。

一、原本《九歌》《九章》各篇連排，此次整理，為方便閱讀，將各篇依序單獨排列。

一、本工作的參校本為王逸《楚辭章句》四庫全書本、洪興祖《楚辭補註》四部備要翻汲古閣宋刻本、朱熹《楚辭集註》人民文學出版社重印宋端平本。

一、關於標點。原書無標點，無句讀，箋註文字漫漫寫來，不易斷句；兼之李氏時用方言，閱讀起來頗費周折。此次校釋，用現代標點符號對全書文字作了標點，掃清了閱讀障礙。

一、關於校勘。因涉及校勘記的撰寫，保持古書文字原貌，保留使用了繁體字，也部分保留了異體字。

一、在校勘原文的過程中，因李氏《楚詞箋註》的工作底本以《楚辭集註》為主，同時也參考了《楚辭章句》和《楚辭補註》，因之，對與三書有出入者，在校勘記中分別指出，以示區別；對那些既不同於《楚辭章句》和《楚辭補註》，又不同於《楚辭集註》者，酌情以《集註》為準徑改，而對其個別卓見之處不作改動。

一、對李氏箋註文字的校勘，因無別本可參，基本依從原書。而對一些明顯誤寫之處，經仔細斟酌，予以修正，並在校勘記中說明；有疑問處，也在校勘記中標出。

一、關於註釋。因以往《楚辭》註家甚夥，成就巨大，再註無益，故本書註釋不註《楚辭》原文，而只對李氏的箋註文字予以註釋。

一、註釋對象包括典章制度、文獻掌故、人物事件和難解詞語等。

一、典章制度註出時代、出處；文獻掌故註出原意、文中意義、出處、原文；人物註出時代、籍貫、相關事跡。

一、生僻詞句註釋，先釋義，再釋詞，力求簡潔。

目錄

李陳玉的遺民情結與騷愁表達（代序）

李陳玉，字石守，號謙安，吉陽（今江西省吉水縣楓坪村）人，約生活於明萬曆二十八年（一五九八年）至清順治末（一六六〇年）。其傳世的主要著作，有理政回憶錄《退思堂集》，學術著作《易鈐》和《楚詞箋註》等，未見其詩文集。從現存文獻資料看，李陳玉是一位身懷故國情結的抗節之士，一位有著強烈騷愁情懷的明代遺民學者。

一、李陳玉的遺民身份與遺民情結

對於『遺民』的解釋，說法眾多：或指亡國舊民，或指不仕新朝之人，或指劫後餘生之人，或指後裔、隱士、百姓等。而人們習慣上把亡國舊民和不仕新朝的人稱為『遺民』。從這一意義上講，遺民就是那些恪守不仕二朝觀念的人。『遺民者，天地之元氣也。』[二]三一三作為特殊人群，遺民有其特定的活動背景、社會心理和特殊的個人心態。他們橫跨兩個朝代，於前代形成獨立的思想和人格，有濃厚的家國觀念，而其思想、人格和家國觀念不會因朝代鼎革而輕易改變；後一朝代則是他們這一思想、人格和家國觀念遭遇強烈刺激和改竄，並由此產生感傷的時代。為了發洩積鬱心中的亡國滅族之恨，仁人志士或抗節反擊，或退隱山林，或將其家國之情傾注于楚辭研究，借他人之酒杯，澆自己心頭之塊壘，寄寓感傷時事、復國報仇之情。那麼，李陳玉算不算明代遺民呢？又屬於哪類遺民呢？

李陳玉的主要社會活動，集中於明崇禎七年（一六三四年）至清順治十年（一六五三年）間。如果以他最後因南明小朝廷的滅亡而不得已退出社會舞台的順治五年（一六四九年）為界，他生活於明代的時間大約是五十一年。據道光《吉水縣志》載，李陳玉少時，曾與當地才士許初鳴、曾其宗上書太守，陳利弊，革時政，嶄露頭角，時號『河上三奇』，被時因遭貶居家講學的東林黨領袖吉水人鄒元標和鄉達羅大紘看中；天啟四年（一六二四年），陳玉書（後改李陳玉）領鄉薦，成舉人；崇禎七年（一六三四年），又以第七十九名成進士，從此步入仕途。崇禎七年至十三年，出任浙江嘉興府嘉善縣令，其間興利除弊，捐資建鶴湖書院。因六年考最政聲卓著，授儀制司主事，有『儒林循吏』之美稱。崇禎十四年改浙江道御史，翌年擢侍御史，任上直言敢諫，名動京師，有《臺中疏稿》行世。崇禎十七年（一六四四年），烽火四起，李陳玉條陳邊防要著，請練東陽、義烏兵，崇禎嘉納之。時其季父左都御史李邦華掌控大計，李陳玉以避嫌例歸里，繼丁父憂[二]六〇二。是年，明朝滅亡，順治登基，時代進入清朝，李陳玉成為實際意義上的明遺民。而吉水又正處於江楚之間，李陳玉成為真正意義上的遺民也有地域上的淵源，其鄉『士大夫率刻厲名節，持論高亢，而楚則鋒距尤甚焉。其風土激壯，有固然者』[三]錢序一。

年屆知天的李陳玉，真正生活於清代的時間約十年左右。在這十年里，他又經歷了什麼呢？順治二年（一六四五年），福王朱由崧弘光即位，建立南明小朝廷，起李陳玉任太僕卿；翌年唐王朱聿鍵隆武繼位，召故官，升李陳玉為兵部右侍郎。隆武二年（一六四六年）李陳玉起兵信豐，聲援贛州抗清。福州失陷後走湖南，從遊者數十人，歌哭未一日忘故國，每言及德政殿崇禎召對事，輒哽咽不已；桂王朱由榔永曆三年（一六四九年）夏秋間，陳玉又匯合族人數百及寧都義兵數萬，結寨拒清。是年九月，命兼僉都御史，總督江西義軍，進復南昌，未幾晉尚書[二]。至於李陳玉何時退出南明，史無明載，但絕不會堅持到南明小朝廷的滅亡下線即康熙二十二年。據《楚詞箋註·自敘》所云『癸巳，復過雲陽』的時間點可知，順治十年時，他已經漂泊到了川北。也就是說，在被晉升為南明尚書之後不久，他就成了真正意義上的大明遺民和孤魂野鬼了。由此可知，李陳玉既親身參與了前明王朝的政治活動，又參與了南明小朝廷的垂死掙扎，並經歷了敗亡後的東躲西藏和顛沛流離，其身份屬於典型的不仕二朝的明代遺民。

這一結論，可由《楚詞箋註》幾篇序言所提示的幾個時間節點得到印證：

一是魏學渠所題《序》稱『甲申三月之變』（一六四四年），即李自成起義軍攻入北京推翻明王朝之年。魏學渠說，事變之後，『先生慷慨棄家入山，往來楚粵間，行吟澤畔，憔悴躑躅，猶屈子之志也。衡雲湘雨，往往作為詩歌，以鳴其意。有《離騷箋註》數卷，其詞非前人所能道，然而涉尤患，寓哀感，猶屈子之志也』[三]魏序二。其所謂『慷慨棄家入山』一語，頗耐尋味！其時，李陳玉正在家中丁父之憂，依例不當離家，而實情卻是情緒激昂地『棄家』入山了！其情緒反應之強烈，於此可見一斑。而這到底又是怎麼一回事呢？時任清廷大員的魏學渠，在這里委婉含蓄地耍了一個小聰明：為了保護自己，他必須迴避一些不便明言的話題，絕不會直言此間其師『歷事偽朝』『起兵造反』的事情，而稱之為『棄家入山』『往來楚粵間』，甚至還詩化地將其事業描述為『行吟澤畔，憔悴躑躅』『衡雲湘雨，往往作為詩歌，以鳴其意』。據此，李氏的所作所為，儼然是一個新朝的『暴力不合作者』。

二是李陳玉在《自敘》里提到的『癸巳，復過雲陽』這件事。其所謂『癸巳』，只能是順治十年（一六五三年）。其時距前明覆亡已經九年，距李陳玉起兵信豐抗清的隆武二年（順治三年）已有八年，而距永曆下野（順治五年）也已五年，李陳玉此時尚奔走至川北的雲陽，大抵是為了躲避清廷的追殺而四處奔亡。可信的是，由於門人雲陽問學這一契機，李氏僅用了三十天的時間就完成了《楚辭》的箋註工作。這也間接透露了，已近耳順之年的李陳玉，此時雖已不再『往來楚粵間』從事武力抗清鬥爭，但內心依然不忘自己是大明遺民，繼續借箋註《楚辭》抒發個人的『忠君愛國之誠心』。這由陳子覲《後敘》中的一段話可得印證：『某年月日，梅先生《楚詞箋註》成。成三年，而授安成陳子覯讀之，因申其序之之意於後。』〔三〕後序一其中『成三年』所指的那一年，是順治十三年（一六五六年）。這一年，李陳玉親自把《楚詞箋註》的手稿交給了陳子覯，是年李氏五十九歲，尚存。陳子覯為之作了《後敘》，目的在於申述老師創作《楚詞箋註》的初衷。對於這一初衷，李陳玉在《自敘》中有所闡發：『屈子千古奇才，加以純忠至孝之言，出於性情者，非尋常可及，而以訓詁之見地通之，宜其蔽也。且夫《騷》本詩類，詩人之意，鏡花水月，豈可做實事實解會？惟應以微言導之，則四家之中，箋所宜有事也。』〔三〕自敘四這段話，至少有三點需要注意：一是充分肯定了屈子是千古純忠至孝的奇才，這是對屈原人格的認定；二是指出了《楚辭》抒發的是真性情，這是對《楚辭》內容的認定；三是明確了《楚辭》屬於詩歌創作，其『鏡花水月』委婉含蓄的特性，決定了讀《楚辭》重在體悟其微言大義，不應皮相視之。而這三點的文心，就是要通過《楚辭》文字，深刻領悟其內在的『忠愛』情懷。在『癸巳』這一時間節點上，李陳玉依然心繫故國、借題發揮，其遺民恢復之心何其強烈！陳子覯深切地感受到了這一點：『林渭起應辰之撰《龍岡楚辭說》也，謂屈大夫不沉于汨羅，蓋比於浮家遯跡之意，覯深信以為然。』〔三〕後敘二以林應辰謂《離騷》『興寄高遠』為辭，對老師不能與世浮沉、乘桴浮海作隱者的作法深表遺憾。

三是魏學渠所題《序》之落款時間『康熙壬子仲春』。康熙執政，壬子只有一個，即康熙十一年（一六七二年）。關於李氏的卒年，定為順治十七年（一六六〇年）雖缺乏實證，但大致不會相去甚遠，而定為南明亡後尤為欠妥。據魏學渠為其書作序的『康熙壬子』推算，此時李陳玉應已謝世。魏學渠是浙江嘉善人，從其所為《序》及《嘉善縣志》中可知，其少時曾得時任嘉善縣令的李陳玉獎掖。順治五年（一六四八年）領鄉薦入仕，由成都推官遷刑部主事，出為湖廣提學道僉事，擢江西湖西道參議，康熙己未（康熙十八年，一六七九年）舉博學鴻詞。魏學渠視學三楚的時間，也就是他為《楚詞箋註》作《序》的康熙十一年（一六七二年），這一年去李陳玉『過雲陽』的癸巳年即順治十年（一六五三年）已十九年，去陳子覯受書作序的丙申年（一六五六年）也已十六年之久。其《序》

曰：『頃予視學三楚，令嗣龍孫世兄過晤郢中，手是編示予，且謂予曰：「當先子淪落江楚，披髮長歌，時時不忘吾子，庶幾能述吾所學焉。今者履湘漢之故地，攬屈宋之遺文，吾子其有意乎？」余唯唯，受而付之梓人，亦曰先生之志，屈子之志也。』[三]魏序二李陳玉的兒子李龍孫去拜訪魏學渠時，把《楚詞箋註》的手稿連同陳子覯的序文一併交給了他，並轉述了李陳玉請其作序述學的夙願。當時，李龍孫稱自己的父親為『先子』，明言當時李陳玉已不在人世。而李陳玉至死未了的夙願就是借『屈子之志』的闡發，完成『先生之志』對遺民情結的表達，可知李陳玉至死也沒有倒下大明遺民的架子。錢繼章在《李謙菴先生〈楚詞箋註〉後序》中記述其事曰：『吾友魏子存視楚學政，歸得之，喜動顏色。而余則為之涕下不已也。』[三]錢序一亦可為佐證。

二、李陳玉的資秉政績與亂世悲情

李陳玉所以有如此深沉的遺民情結，與其個人的資秉政績有直接關聯。

據《吉水縣志》所載及其門人錢繼章《李謙安先生〈楚詞箋註〉序》稱，李陳玉出身書香世家，『家藏萬卷，胸具五嶽』，少有才名。『拭其廉鍔』，曾有『河上三奇』之目，得到過學界名流鄒元標、羅大紘的認可；魏學渠《序》稱『吉陽李石守先生，在崇禎朝以經術文章著』[三]魏序一，絕非虛語。在其因迴避例回鄉之後及『遭亂隱居』期間，還為《詩經》《尚書》《易經》作過傳註，至今《易鈐》尚存；而其輾轉漂泊期間所為《楚詞箋註》，開創了與眾不同的《楚辭》編排體例和以『箋註』為旨歸的註釋體例，綜合使用了以《騷》註《騷》的內證法、引經據典的外證法、字斟句比的評點法和文體風格的分論法，深刻闡發了屈原的忠愛之情，『標義弘遠，多昔賢所未及』（錢繼章語）。其才氣資秉雖不一定能與屈原的『博聞強志』相提並論，可也算得上是胸負鴻才、資秉不凡了。不難想象，一個具有如此資質而志不獲展之人，內心該有多麼痛苦。

李陳玉重視實學，勵精圖治，與屈原致君堯舜、及王踵武的政治理想不謀而合。其門人陳子覯在《後敘》中稱：『先生于思陵時，由良司牧晉名侍御，五年報政，群庶賡德，一奏入御，當寧動容。其為菌不改芳，驪不易騁，固已譜譯於潘鮑花驄矣，又奚待於正襟含毫，而後稱述作哉？』［三］後敘二誠如斯言，李陳玉並沒有滿足於正襟含毫、動稱述作的尋章摘句式的學究生活，而是將熱情投入到學以致用的政治生活。李陳玉也曾有過嶄露頭角、施展政治抱負的機會。他先是在嘉善做了六年的『良司牧』（縣令），其間興利除弊，以良策理政。據光緒《嘉善縣志·名宦》載：『崇禎甲戌宰嘉善，才識明敏，見義必為。時漕運兌粉，吸民苦勒索，陳玉執持甚力，得復舊規。』［四］卷十五·八其文集《退思堂集》載其任內理政二十九條有：省比較以善催科；整漕規以便軍民；清帑藏以肅奸蠹；設法並蓬以完宿逋；革火耗以勸樂輸；力裁省以恤各運；獲劇盜以安地方；嚴指扳以安良民；嚴人命以安孱賴；清詞訟以省弊擾；省贖鍰以寬民力；嚴買價以蘇鋪行；興孝悌以教民厚，掩骼胔以教民葬；興學校以養人才；講鄉約以化民俗；修城垣以重保障；修演武亭以專操練；練民壯以備防禦；治賭博以儆無良；治打降以護愚善；逐娼優以防淫盜；禁投獻以安民業；理鹽政以完鹺額；勸墾荒以蘇賠累；積儲蓄以備荒亂；汰冗役以清衙蠹；清監鋪以廣欽恤；督浚築以修水政［四］。這二十九條執政措施，體現出的強烈厚生愛民意識和民本思想，與屈原的民本思想接近；體現出的鮮明法度觀念和法律意識，與屈原的修明法度近似。其弟子錢繼章在《楚詞箋註·序》中，對老師在嘉善為官期間的政績有極高的評價：『吉水李謙菴先生，獨深於性命之學。其令吾邑也，拔薤澄水，大率以剛致治，而膏霖溥被，至今遺愛尚在棠茇之間，殆得剛柔之正者乎？』［三］錢序一這是否可以視為屈原『明於治亂』的袖珍版呢？

李陳玉厲行修身儉廉，與屈原『紛吾既有此內美兮，又重之以修能。扈江離與辟芷兮，紉秋蘭以為佩』的自身修潔極為近似。他對親民之官的責任有清醒的認識：『做官不可受用。想吾此身原為億兆而來，造福之人，非享福之人也。以一飲食之微而罪人，斯豈志蒼生者哉！』［四］為官當以民為本，以民為寶，以百姓之事為要務，一切從民生出發。他認為：『牧民之官，以民為寶，稍可請命，何愛髮膚！』［五］一個以民生為念、以民命為本的官員，必是律己嚴格、廉潔節儉的清官。李陳玉將廉潔儉約上升到關係行政成敗得失的高度，並將其付諸實踐。李陳玉自述其理政情形時說：『勞勞簿書，海內至繁。晨出暮入，戴星鞅掌，兩臂欲斷，雙眸不交。向來文字山水友朋之好，今皆似隔世生活矣。』［五］寥寥數語，就將其『夙夜在公』的衙署生活呈現在讀者面前。在《楚詞箋註》中，李陳玉屢屢言及屈原的『好修』：『《離騷》大意，只為「好修」二字，與人異趣，為人所忌……設問平生好修，原為潔白以事吾君，一間之後，君亦以『好修』為其眼中釘矣。一生吃虧，盡在於此。……一篇之中，反反覆覆，三致其意，只為此兩字。……故千古忠臣，悲痛未有如《離騷》者也。每讀一過，可以立身，可以事君，可以解尤，可以忘年。』［三］卷一．二『平生受禍，在「好修」二字，然樂此不為禍。』對屈原的品性能有如此深切的體認，絕非紙上得來，須是力行功夫。

李陳玉重視教育，積極培養後學，也與三閭大夫『蕙枝葉之峻茂』殊途同歸。據光緒《嘉善縣誌》載，『在北城外柳洲亭東北隅，明崇禎十年，知縣李陳玉』［四］卷五．三十二，『覽邑形勢，購地築鶴湖書院，建鳴鶴樓，為縣治後山』［四］卷十五．八。倡導興學，『請增科舉入學額，接見諸生，以經義治事相勉勸，讀《史》《漢》《大學衍義》。補柳洲八子，名動燕吳，皆其所鑒賞焉。己卯，分校得士七人，俱有文譽』［四］卷十五．九。還『每就書院與邑之賢士大夫討論今古，問諮詢地方大利害事』，作用類同子產鄉校。柳洲八子、魏塘七子、魏氏三雄以及為其書作序的陳子覲、錢繼章、魏學渠（身兼八子、三雄）等人皆出其門下，這些人後來多成為國家棟樑。順便說一句，雖然魏學渠等人沒有像老師那樣毅然決然地與新朝對抗而『荃蕙化而為茅』了，但他對嘉善地方文化教育所起到的作用確是不容抹殺的。柳洲八子之一、清詞八大家之一的曹尔堪，在【水调歌头】《鹤湖书院怀旧》『使君旧筑高阁，上接落霞红』中提到的『使君』，就是書院的始建者父母官老師李陳玉，而『陵谷一朝改，郁邑庶人风』所影射的[六]卷三·九，正是明清之際山河巨變、王朝興替前後鶴湖書院的風氣變化。這是否也可視為屈原『滋蘭樹蕙』的縮略版呢？

然而，奮發有為的李陳玉，仕途卻充滿了坎坷。《吉水縣志》所記李陳玉仕宦履歷，與魏學渠《楚詞箋註·序》大致相同，魏《序》曰：『（李氏）筮令敝邑，治行為海內最。……未幾，拜侍御史，直言正色，傾動一時。適先生季父為都御史，以迴避例歸里。遂有甲申三月之變，先生慷慨棄家入山，往來楚粵間，行吟澤畔，憔悴躑躅，猶屈子之志也。』[三]魏序二這段簡要敘事，把李氏一生仕宦軌跡做了一次白描式的勾勒：第一階段是壯年時期（約三十六歲至四十三歲），即錢繼章所云『七年勞吏』的政治生涯。七品縣令雖然官職卑微，李氏卻做得有聲有色；第二階段是其後的步入臺閣（約四十三歲），因政績卓著升為侍御史。侍御史雖然官職不高，但身在中央，有彈劾官員的權力，也可視為李氏進身的重要階梯。但在此任上，李氏只干了八個月，即錢繼章所謂『八月臺班』；第三階段是因時為都御史的叔父李邦華，而依官員迴避之例被放回鄉（約四十三歲至四十六歲）。青雲之路突然中斷，這對李陳玉無疑是一次沉重的打擊；第四階段是甲申三月之變後的情況（約四十六歲至六十二歲左右）。這一階段的經歷，主要是順治二年以後歷事南明弘光帝任太僕卿、事隆武帝為兵部右侍郎、事永曆帝任僉都御史。這段仕履經歷似乎分外光鮮，實際上卻是步步驚心，更何況他所服務的是一個風雨飄搖的南明小朝廷。對李氏來說，這段經歷與其說是壯志獲展，倒不如說是窮途末路。因而，錢繼章含蓄地說：『先生壯年筮仕，逮老而未獲一展，終身巖穴，窮愁著書，其遇雖不同而似有同者，宜其精神注射，曠百世而相感者哉！』[三]錢序二不自覺地就把他的經歷與屈原聯繫起來。從這一點上看，他死守堅持到底的遺民氣節，引屈原為同調也就不難理解了。這是否也可視為別樣的『離憂』呢？

錢繼章在《李謙菴先生〈楚詞箋註·後序〉》中，對李陳玉的資秉與身處亂世的悲情予以了階段性和類型化梳理：『先生家藏萬卷，胸具五嶽，抾其廉鍔，可以大用於世，屈平之扈蘺而紉蘭也；迨懋翁殉闖逆之難，先生北望陵闕，流涕汍瀾，屈平之《涉江》而《哀郢》也；既而遯跡空山，寒林弔影，亂峰幾簇，哀猿四號，抱膝擁書，燈昏漏斷，屈平之《抽思》而《惜誦》也。先生之志，非猶屈平之志乎？』[三]錢序一將其與屈原的經歷進行了文學比較型的對照，切中肯綮，無愧於老師的知音。

三、李陳玉憤而註楚的遺民騷愁表達

《楚辭》向稱忠臣義士、節烈遺民的傳統教科書。從《楚辭》的研究發展規律看，時代鼎革帶來的精神刺激，促進了《楚辭》研究的崛起。這種刺激往往出現於王朝更替前後，或激起末世志士愛國熱情的高漲，或刺激前朝遺民懷舊情緒的膨脹，或引發亂世文人無可如何的潦倒，或造成新朝文人的安之若素。不少遺民當此異族入主中夏之際，有志節者恥立於朝，更有甚者如李陳玉輩樹幟抗敵，進而寄情《楚辭》著述。正如梁啟超所云：『當時諸大師，皆遺老也。其于宗社之變，類含隱痛，志圖匡復，故好研究古今史跡成敗，地理厄塞，以及其他經世之務。』[七]四〇《楚辭》既是寄託遺民騷愁的精神家園，也是反映古今史跡成敗的載體。

明清易代之際，晚明政權和南明朝廷的腐朽墮落，以及清朝政府的屠戮和鉗制，給生於憂患、命途坎坷的遺民李陳玉帶來的刺激是難以想象的。它先是激起了他亂世愛國志士反抗情緒的高漲，繼而造成了他遺民懷舊情緒的膨脹。其於明亡後『棄家慷慨入山』輾轉楚粵間的抗清經歷及遁跡湘煙楚雨的流亡經歷，折射出了鮮明的遺民思想動態。在這一背景下，《楚辭》所蘊含的忠貞不渝的氣節，與其遺民的憤激與懷舊情緒產生了強烈共鳴，喚起了他用屈原精神表達個人憤慨和民族氣節的熱情，進而投身於《楚詞箋註》的創作。

資秉淵衝、明於治亂、品德修潔的李陳玉，在經歷過拭其廉鍔而昂揚奮發，遭受了意想不到的打擊，繼而又遭遇了國破家亡的災難，備嘗了抗清鬥爭中孤掌難鳴、獨木難支的痛苦之後，才大致在順治五年至十年間真正開始了『遯跡空山，寒林弔影，亂峰幾簇，哀猿四號，抱膝擁書，燈昏漏斷』顛沛流離的隱居生活〔三〕錢序一。據魏學渠『往來楚粵間，行吟澤畔，憔悴躑躅……衡雲湘雨，往往作為詩歌，以鳴其意。有《離騷箋註》數卷，其詞非前人所能道』『先生之成是書也，在憔悴湘煙衡雨之時』的朦朧表達〔三〕魏序一，似在說明《楚詞箋註》是其在甲申之後隱居山中的創作，而『楚士之從遊者，皆得見之』，言之鑿鑿，意在隱瞞李陳玉自甲申至癸巳近十年間扶明抗清的遺民經歷。而據李陳玉所云，此書乃是在『癸巳，復過雲陽』之時，為了一洗《楚辭》的蒙塵，用了一個月的時間完成的，這一說法應該可信。

《楚詞箋註》絕非李陳玉賣弄學問、逞才使氣的象征物，而是他在經歷了復明無望的痛苦絕望後進行的二次選擇。這個二次選擇，就是太史氏所首倡的『發憤著書』。李陳玉在《自敘》中說：『向令屈子遭時遇主，則其文章全發舒於絲綸謀議之地，後世烏從而知之？惟其有才而無命，有學而無時也，是以長留後世之悲歌，而亦無所見其不幸焉。嗚呼！使余而亦為訓詁之文者，豈非屈子時命之累更數千年尚相波及也哉？』〔三〕自敘五他認為，『文章憎命達』，唯其時乖命蹇，才學之士方能留悲歌於後世，使後人見其不幸。而只為訓詁而訓詁，不只曲解了屈子的初衷，也失去了著述的意義。顯然，他是把箋註《楚辭》作為騷愁表達的載體看待的。

李陳玉自陳，他註《楚辭》有兩個原因：一是對以往註疏心存不滿、倍感厭惡。其《自敘》云：『後世註疏訓詁之文，見之輒欲寐，甚且嘔吐繼之，終日不平，況執筆而為之乎？』〔三〕自敘三究其原因，不外舊註之陳陳相因、了無新意，不外舊註之隔靴搔癢、止於皮相，而忽略其內在意蘊。這是他摒棄舊註方式、另打鑼鼓的動因之一；二是藉此以寄託個人宏圖未展、亡國破家的感慨。屈原的《楚辭》所彰顯的對美政理想的熱烈追求、強烈的愛國熱情、堅持真理寧死不屈的堅強意志和疾惡如仇的鬥爭精神，以及獨立不屈、光輝皎潔的忠臣形象，成為千百年來忠臣義士的精神家園和學習楷模。所以，每當朝代興廢之際，它都會為志士仁人所矚目並成為精神寄託之所。錢繼章準確地看到了這一點：『(李陳玉)既以侍御史休沐旋里，遭亂隱居……間以其餘為《楚詞箋註》，標義弘遠，多昔賢所未及。』[三] 錢序一 顯而易見，李陳玉箋註《楚辭》的目的就是要藉此完成他的騷愁表達。

進一步地說，李氏在眾多《楚辭》傳本中選擇朱子《楚辭集註》作為工作底本，也是出於騷愁表達的需要。眾所周知，《楚辭集註》的最大貢獻，就是把屈原的思想昇華為『忠君愛國』。在《楚辭集註・自敘》中，朱熹一方面肯定了屈原的『忠君愛國之誠心』，一方面指出了《楚辭章句》和《楚辭補註》于其『大義』『皆未嘗沉潛反復、嗟歎詠歌，以尋其文詞指意之所出』『或以迂滯而遠於性情，或以迫切而害于義理』的缺陷 [八] 楚目三，申明其自著目的就是要『使原之所為壹郁而不得申于當年』『晦昧不見白於後世』的君國大義昭示於天下 [八] 楚目三！李陳玉所看重的，正是朱子竭力闡發的『忠君愛國之誠心』之『大義』，而《楚詞箋註》所推崇的『忠君愛國』，正是從《楚辭集註》那里繼承的。陳子覯對此也有清醒的認識：『今先生值遵晦之際，篤不息之貞……而發露於是書，業又如此淵核幻逸，絕貫孤迴，闢訛淪窒，快無遺藴。』[三] 後序一 魏學渠則明確指出其『涉尤患，寓哀感』的騷愁情懷：『(李陳玉)有《離騷箋註》數卷，其詞非前人所能道，然而涉尤患，寓哀感，猶屈子之志也。』[三] 魏序二 顯而易見，『忠君愛國』就是李氏遺民騷愁表達的核心內容。

『忠君愛國』的遺民騷愁表達，應該採用怎樣的手段，也是李陳玉箋註《楚詞》時深思熟慮的問題。他對舊的註釋方式深惡痛絕而每欲作嘔，原因是舊註繼承的是漢唐經師一字之註動輒數百的繁瑣訓釋，而於深層意藴不置一喙，遠離了著述本旨；他對《楚辭集註》又情有獨鍾，因為它開啟了對屈子精神世界的探微；在傳統的傳、註、箋、疏之中，李氏獨鍾情於箋和註，也應該是有原因的，而論者往往忽略這一思考。對此，李陳玉在《自敘》中對這四種註釋方法予以了比較說明：

「箋」之為言綫也，不多之謂也。讀者之悟與作者之意，相遇於幽玄恍惚之地，一綫孤引，竟欲忘言，其文反略於作者，而以作者為我註腳，此為上上人語也；「註」則句櫛字比，求先故，推義類，入泥入水，現學究身說法，此為下下人語也；不屑屑於逐句逐字之櫛比，止擇其要，時為疏導，如水去滯，如草去穢，每一章節不過數處，此為中人語也；取作者之意，「傳」而出之，識窺岷源，學如大海，本末始終，鉅細精麤，靡不該攝條貫，謂之「傳」，此包上中下人而為語者也。是故「註」繁而「箋」簡，「傳」至繁，「疏」居繁簡之間。[三] 自敘一一二

他認為，「箋」的最大優長在於勾勒出文章綫索，能夠將作者的創作意圖與讀者的深切領悟在文章的幽隱之處溝通起來，臻於得意忘言的化境，有使作者為我所用的效果，即「箋」能夠體現個人的獨立思想；「註」不過是「句櫛字比，求先故，推義類」拖泥帶水、不厭其煩地「現學究身說法」的註釋方法，不可能寄寓著述者的懷抱；而「擇要疏導」的「疏」，是對舊註的再註釋，雖不能有獨立思考，但對閱讀全書有「去滯去穢」的輔助作用，簡明扼要；「傳」則逞才使氣，不論精粗，詳載始末，流於漫漶，主旨難明。李陳玉根據自己騷愁表達的需要，自然要選擇能夠暢情獨立思考的「箋」和簡約疏導的「註」了。陳子觀在《後敘》中對此作了進一步闡釋：「意不盡於所註者也，故能註；意又不盡於是註也，故能箋。斯二者詳約岐焉，而乃不僅岐於詳約。是故箋註之義明，而後箋註之道備。近世竟陵有言：「離乎其所註者而猶能為書，註者之精神能自立於所註者之中，而又遊乎其外者也。」」[三] 後敘一在李氏的箋註實踐中，對於那些「擇要疏導」而言不盡意的作者之「意」，採取了「箋」的方式，將其與「註」詳略互參，最終達成了以「箋註」闡釋文章精義，以「忠君愛國」完成其騷愁表達的效果。李氏這種「自立於所註」的騷愁表達，靠的就是「箋」和「註」這兩種形式。

雖然如此，在箋註的具體操作上，李氏的訓釋原則雖名為「箋註」，但並非首尾一貫，而是根據各篇內容的需要有所側重。《楚詞箋註》正文除沿用傳統的訓詁方法外，還結合多種方法，注重篇題章句文意的貫通，恪守了駁舊解誤的標準。并在《自敘》中交代了對各篇的處理方式：「是以《離騷》有箋而復有註，《天問》則有註而無箋，《九歌》以下則箋詳而註略，《招魂》《大招》則箋略而註詳，各有取爾也。」[三]卷一·四 而實際上，全書箋註的處理並非完全如此。《離騷》一篇，既有「箋」又有「註」，姑且不計文中繁密的句後小註，僅作品前的總箋和各段之後的分箋文字，據完全統計共九千九百字；而《天問》「有註而無箋」的說法並不準確，其具體處理是，每段後面「箋」「註」混雜，而「註」詳「箋」略，往往首句箋，其下註，此種文字共八千三百八十五字；《九歌》「箋詳而註略」的說法大致不差，而各篇箋文長短不等，箋文共兩千四百一十九字，多以勾勒文章脈絡為主，兼有主旨風格之評。如「河伯，水神。楚鄉祀江，亦稱河者，統名耳。此章描寫水神情狀，極蕩漾儵忽之致。」[三]卷三·十 而《九章》則是註詳而箋略，組詩箋文共九百零七字，篇後箋文多一句破題，極其簡潔。如《懷沙》「舊謂懷沙石以自死，非也。看前《涉江》《哀郢》，當是寓懷于長沙。謂當抱石沉淵，結局于此耳。」[三]卷三·二十四 而《抽思》《哀郢》《悲回風》三篇與《九歌》箋文形式相同；《遠遊》《卜居》《漁父》三篇，只有簡註而無箋；《九辯》有箋有註，而箋略註詳，分段疏解的形式與《離騷》相似，每段箋註又與《九章》接近；至於《招魂》和《大招》，以《招魂》為例，箋註文字共三千三百九十五字，首尾及文中箋文共八百二十四字，註文兩千五百七十一字，確是「箋略而註詳」。

至於李陳玉為什麼採取了如此不同的箋註方式，據個人私臆，大致也是出於其騷愁表達的考慮。正如李氏所云：「《騷》本詩類，詩人之意，鏡花水月，豈可做實事實解會？惟應以微言導之。則四家之中，箋所宜有事也。」[三]卷一·一 仔細品讀作品，不難發現，屈原作品每篇的思想內核是不盡相同的：《離騷》是一首帶有自敘性質的政治抒情詩，塑造了一位純潔高大、獨立不屈的忠君愛國者形象，其中既有現實鬥爭的回憶，又有思想鬥爭的抒寫，最能代表屈原的思想，所以採取了既能疏解文中疑惑又能反映箋註者獨立思考的箋註結合的形式。如《離騷》總箋曰：

《離騷》大意，只為『好修』二字。與人異趣，為人所忌，好修者必芳潔……一生吃虧，盡在於此。……故千古忠臣，悲痛未有如《離騷》者也。每讀一過，可以立身，可以事君，可以解憂，可以忘年。[三] 卷一．二

此段文字，總括了全詩大意，在闡發中寄予了李氏自身好修潔以事君、好修潔而吃虧的孤臣之慨和九死不悔的故國之懷，並抒發了讀《離騷》『可以立身，可以事君，可以解尤，可以忘年』的醉心療傷之情，可謂是一段以『微言導之』的騷愁滿紙的文字。

又如《天問》是屈原在被放後『憂心愁悴，彷徨山澤』的情緒下，藉助對整個宇宙、自然界和社會變革規律的發問『以洩憤懣』的創作。對這樣一篇帶有強烈情緒的詩作，李氏雖自云『有註無箋』，而實際上卻是『有註有箋』，其文中各段則先箋後註，而註詳箋略。其總箋曰：

天道多不可解。善未必蒙福，惡未必獲罪，忠未必見賞，邪未必見誅。冥漠主宰，政有難詰，故著《天問》以自解。此屈子思君之至，所以發憤而為此也。[三] 卷二．一

借天道難解，指出了『善未必蒙福，惡未必獲罪，忠未必見賞，邪未必見誅』的社會現象，既是對屈原忠君而蒙冤的同情，也是為自己的不幸叫屈，這也是一種變相的騷愁表達。

正如魏學渠在《序》中所說：『其所為《箋註》者，惻愴悲思，結撰變化，猶夫《離騷》之辭托於美人香草、山鬼漁夫，縹緲恍忽，而情深以正也。』〔三〕魏序三《箋註》所以因篇什不同，而採用了不同的箋註形式，就是魏氏所謂的『結撰變化』，這種種『結撰變化』與屈子假託香草美人、山鬼漁夫委婉抒情的手法一樣，雖然顯得有些縹緲恍忽，卻是李陳玉似海深情的委婉抒瀉，意在以其激烈的告白完成其堅貞不渝的遺民騷愁表達。

參考文獻

〔一〕黄宗羲.黄梨洲文集.谢时符先生墓志铭［M］.北京：中华书局,2009.
〔二〕周樹槐等脩，饒萃等纂.吉水縣志［M］.道光五年刊本.
〔三〕李陳玉.楚詞箋註［M］.康熙十一年魏學渠刻本
〔四〕江峰青等脩，顧復仁等纂.嘉善縣志［M］.光緒十八年刊本
〔五〕陸勤方.影響嘉善歷史的人和事.嘉興日報·嘉善周末［N］.2016年7月22日星期五第B5版
〔六〕曹爾堪.秋水軒唱和詞［M］.清康熙十年遙連堂刻本
〔七〕梁啟超.梁啟超史學論著四種·清代學術概論［M］.長沙：嶽麓書社，1985.
〔八〕朱熹.楚辞集註［M］.北京：人民文学出版社影印宋端平本,1952.

《楚詞箋註·自敘》

自敘

箋、疏、傳、註分四家[一]，世儒混而一之。『箋』之為言綫也，不多之謂也。讀者之悟與作者之意，相遇於幽玄恍惚之地【二】，一綫孤引，竟欲忘言，其文反略於作者【三】，而以作者為我註腳，此為上上人語也；『註』則句櫛字比[二]，求先故，推義類[三]，入泥入水[四]，現學究身說法[五]，此為下下人語也；不屑屑於逐句逐字之櫛比，止擇其要，時為疏導，如水去滯，如草去穢，每一章節不過數處，此為中人語也；取作者之意，『傳』而出之，識窺岷源[六]，學如大海，本末始終，鉅細精麤【三】，靡不該攝條貫[七]，謂之『傳』，此包上中下人而為語者也。是故『註』繁而『箋』簡，『傳』至繁，『疏』居繁簡之間。『傳』始於孔子《十翼》[八]，包羲文乃能言羲文也[九]；『註』始於周公《爾雅》[一〇]，以天地為經，而以我註之也；『疏』則漢儒專門；『箋』則儒書罕見，多見於方外，如禪家著語四家評唱白玉蟾於《道德》等經是也[一一]。

然而，世之不正其名者衆矣。毛公於《詩》，本『註』與『疏』，而乃謂之『箋』；向秀之於《莊》[一二]，酈道元之於《水經》，本『傳』也[一三]，而乃以為『註』；程正叔於《易》本『註』[一四]，而乃以為『傳』；陸璣《草木蟲魚》倘謂之『註』[一五]，則堪與《毛詩》《爾雅》並行，而乃又謂之『疏』。在毛、程則僭【四】，在陸則舛，在向、酈則降[一六]。甚矣，正名之難也！

予平生為『傳』，止《易》與《詩》；『箋』則微見於《易眼》一書[一七]。至於後世註疏訓詁之文，見之輒欲寐[五]，甚且嘔吐繼之，終日不平，況執筆而為之乎？

癸巳，復過雲陽[一八]，門人執《楚詞》為問，因取而觀之，為註家塗汚極矣。《天問》一篇，雲霧尤甚[一九]！乃拊几嘆曰：『屈子千古奇才，加以純忠至孝之言，出於性情者，非尋常可及，而以訓詁之見地通之，宜其蔽也[六]。且夫《騷》本詩類，詩人之意，鏡花水月，豈可做實事實解會[七]？惟應以微言導之。則四家之中，「箋」所宜有事也。』於是箋《離騷》，次《九歌》《九章》及宋子《九辯》《招魂》《大招》諸篇。獨是《天問》，即被人解壞，箋則愈益不解，乃為註以明之。自《天問》有『註』，又念《離騷》為《楚詞》開篇，不妨仍為中下人，入泥入水，使開篇便知大意，則以後曲折，竟如破竹矣。是以《離騷》有『箋』而復有『註』，《天問》則有『註』而無『箋』，《九歌》以下則『箋』詳而『註』略，《招魂》《大招》則『箋』略而『註』詳，各有取爾也。又提《天問》於《九歌》之上，與《離騷》並，比世本序次稍為更置者，以俱為屈子集中大篇，若鳥雙翼，若車二輪，使讀者先觀其大，則屈子之至性與屈子之奇情，觸目如有見，觸耳如有聞。《九歌》《九章》等篇，特其一端耳。凡三十日而書告成。

嗚呼！吾於是重有感焉：自古聰明聖智之士，不見之功業，必見之文章。見之功業者，必與皋、伊並價[二〇]；見之文章，其不幸也，然亦必與『六經』相上下，史氏所謂『爭光日月』也[二一]。向令屈子遭時遇主，則其文章全發舒於絲綸謀議之地，後世烏從而知之？惟其有才而無命，有學而無時也，是以長留後世之悲歌，而亦無所見，其不幸焉！嗚呼！使余而亦為訓詁之文者，豈非屈子時命之累，更數千年尚相波及也哉？

謙道人自題

校記

【一】玄：此版本為清康熙十一年魏學渠刻本，為避康熙皇帝玄燁諱，原本『玄』字缺筆。今改為正字。

【二】略：原本作『畧』，異體，今改。下仿此。

【三】钜細精麤：即『巨細精粗』，钜、麤為異體字。

【四】僭：原本作『僣』，異體，今改為正字。

【五】輒：原本作『輙』，異體，今改為正字。

【六】宜：原本作『冝』，異體，今改為正字。

【七】豈可做實事實解會：結合前句，此句『事』字前似多一『實』字。

註釋

［一］箋、疏、傳、註：箋：本指狹條形小竹片，古代無紙，用簡策，有所表識，削竹為小箋，系之於簡。《毛詩》篇首『鄭氏箋』，孔穎達疏：『鄭於諸經皆謂之「註」。此言「箋」者，呂忱《字林》云：「箋者，表也，識也。」鄭以毛學審備，遵暢厥旨，所以表明毛意，記識其事。故特稱為箋。』後因以稱註釋古書，以顯明作者之意為箋。疏：解釋前人註文的意義為『疏』；

註：解釋古書原文意義為『註』；傳：替經書作註的著作，指以記述詳實史事為主的史傳或一般紀傳文字。

［二］句櫛字比：猶言逐字逐句仔細推敲。櫛比：像梳子的齒那樣排列。

［三］求先故，推義類：尋找原因，推闡深層的意義。

［四］入泥入水：比喻深入細緻地研究。

［五］學究：舊時讀書人的通稱，此處指迂腐淺陋的讀書人。

［六］岷源：舊謂長江出於岷山，此處比喻作者的原意。

［七］該攝條貫：指全面而有條理。該攝：統攝，全面把握；條貫：條達貫穿。

［八］孔子《十翼》：《十翼》即《易傳》，是為《周易》作註的著作，包括《彖》上下、《象》上下、《文言》、《繫辭》上下、《說卦》《序卦》和《雜卦》，共十篇，故稱《十翼》，傳為孔子所作。清姚際恒《易傳通論》和康有為《新學偽經考》均認為，《易傳》非出自孔子之手。

［九］羲文：伏羲氏和周文王的並稱。伏羲畫八卦，文王作卦辭，故以『羲文』代指《易經》。

［一〇］周公《爾雅》：《爾雅》為辭書之祖，最早著錄於《漢書·藝文志》，但未載作者姓名。書中收集了較豐富的古漢語詞彙。《爾雅》還是《十三經》的一種，是中華傳統文化的核心組成部分。

［一一］禪家著語四家評唱白玉蟾於《道德》等經：白玉蟾（一一九四—？），南宋人。本姓葛，名長庚，字如晦，號瓊管，自稱神霄散史、海南道人、瓊山老人、武夷散人。定居福建閩清，內丹理論家，開創金丹派南宗。幼聰慧，諳九經，能詩賦，長於書畫。才華橫溢，著作甚豐。其所註《道德經》，重心性，且文字簡要，直入心源，在諸多《道德經》註本中獨具特色。其文本不僅與漢代『河上公章句』及王弼註釋本存在諸多不同，且其斷句也別出心裁。

［一二］向秀之於《莊》：關於《莊子註》的作者，向有兩種不同的說法：一是向秀先作《莊子註》，郭象在向秀的基礎上『述

而廣之』，加以發展；一是向秀基本上完成了《莊子註》，唯《秋水》《至樂》兩篇沒有註完就死了。郭象竊為己有，補了《秋水》《至樂》兩篇註，又改寫了《馬蹄》註，其余各篇只作了文字加工。兩說並存，迄無定見。但多取前說。

［一三］酈道元之於《水經》：酈道元（?—五二七年），字善長，範陽涿州(今河北涿州)人。北魏時期酷吏、地理學家，撰《水經註》四十卷。《水經註》看似為《水經》之註，實則以《水經》為綱，詳細記載了一千多條大小河流及有關的歷史遺跡、人物掌故、神話傳說等，是中國古代最全面、最系統的綜合性地理著作。其文筆雋永，描寫生動，也是一部優美的山水散文集，成為中國遊記文學的開創者，對後世遊記散文的發展影響頗大。

［一四］程正叔於《易》：程頤（一〇三三—一一〇七），字正叔，洛陽伊川（今河南洛陽伊川縣）人，世稱伊川先生，北宋理學家和教育家。程頤與其胞兄程顥同學於周敦頤，共創『洛學』，為理學奠定了基礎，世稱『二程』。其著作有《周易程氏傳》《遺書》《易傳》《經說》，被後人輯錄為《程頤文集》。

［一五］陸璣《草木蟲魚》：陸璣，三國吳學者。字元恪，吳郡（治今蘇州）人。有《毛詩草木鳥獸蟲魚疏》二卷，專釋《毛詩》所及動物、植物名稱，對古今異名者，詳為考證，是中國古代較早研究生物學的著作之一。自唐孔穎達《毛詩正義》至清陳啟源《毛詩稽古編》，多采此書之說。

［一六］在毛、程則僭，在陸則舛，在向、酈則降：指上文所列毛公《毛詩故訓傳》本應是『註』與『疏』卻名為『箋』，程頤《周易程氏傳》本應是『註』而命名為『傳』，均屬於以下犯上的尊卑僭越；陸璣的《毛詩草木鳥獸蟲魚疏》本應是『註』卻謂之『疏』，屬於弄亂了輩分；而向秀的《莊子註》和酈道元的《水經註》本應是『傳』卻命名為『註』，屬於降低了身份。

［一七］《易眼》：據《四庫全書總目》載，《易眼》為明李陳玉撰《三易大傳》所附，為其《易》學專著之一。

［一八］癸巳，復過雲陽：癸巳：此處癸巳應指清順治十年癸巳（一六五三年）；雲陽：今重慶市雲陽縣。

［一九］雲霧：比喻事物被遮蔽或障礙，使人看不清本質。

［二〇］必與皋、伊並價：事功與皋陶、伊尹相同。皋陶：上古時期偉大的政治家、思想家、教育家，被史學界和司法界公認為中國司法鼻祖。其主要功績有制定刑法和制度，幫助堯和舜推行『五刑』『五教』，使社會和諧，天下大治；伊尹：姒姓，伊氏，名摯。夏末商初政治家、思想家，商朝開國元勳、道家學派創始人之一。輔助商湯打敗夏桀，用『以鼎調羹』『調和五味』的烹飪理論治理天下，積極整頓吏治，洞察民心國情，推動經濟繁榮、政治清明。歷事商代成湯、外丙、仲壬、太甲、沃丁五代君主，輔政五十余年，為商朝建立和富強興盛立下了汗馬功勞。

［二一］史氏所謂『爭光日月』：語出《史記·屈原賈生列傳》：『其文約，其辭微，其志潔，其行廉。其稱文小而其指極大，舉類邇而見義遠。其志潔，故其稱物芳；其行廉，故死而不容自疏。濯淖污泥之中，蟬蛻於濁穢，以浮游塵埃之外，不獲世之滋垢，皭然泥而不滓者也。推此志也，雖與日月爭光可也。』用以極稱屈原的崇高品德。

後序

某年月日，梅先生《楚詞箋註》成。成三年，而授安成陳子覸讀之[一]，因申其序之之意於後。曰：意不盡於所註者也，故能註；意又不盡於是註也，故能箋。斯二者，詳約歧焉，而乃不僅歧於詳約，是故箋註之義明，而後箋註之道備。近世竟陵有言[二]：『離乎其所註者而猶能為書，註者之精神能自立於所註者之中【一】，而又遊乎其外者也。』先生自道之矣。『包羲文乃能言羲文』，其是之旨歟？

《楚詞》之為書也，推尊之者謂其及孔聖時當錄之經。夫經之與否，非後人能知，要其書，蓋性情之書也【二】。宋、景以後[三]，倣㮚者數十家【三】，詮釋者則不下百家。然東方、賈、揚而下[四]，不免有形似神似之異；至於詮釋，漢有不能盡得之劉、王[五]，宋有不能盡得之朱、洪者[六]，何以故？豈其學、識、才之爾殊也哉[七]？雖然，紫陽氏則偉矣[八]。《集說辨證序》云：『先生當慶元退居之時[九]，六經皆有訓傳，其殫見洽聞、發露不盡者，萃見於此。』嗚呼！偉矣！以先生之敬心質言，凡其所註，如臨六經之嚴。

今先生值遵晦之際[一〇]，篤不息之貞[一一]，《易》《詩》《書》三《傳》久行於世，有以廓千古之秘而奪百家之氣者。而發露於是書，業又如此淵核幻逸，絕貫孤迥，闢訛淪窒[一二]，快無遺蘊。覸手是編於顛沛造次之中[一三]，屢閱月而深求之，而歎服乎紫陽於先生所同與先生於紫陽所獨者【四】，又豈其學、識、才之爾殊哉？質的設，而天下之手無異鄉[一四]；日月揭，而天下之目無異屬[一五]；聖人之道獨立於中，而天下之心無兩從[一六]。《箋註》者，《楚詞》之日月質的也，天下後世之手目，其一矣夫！

嗟乎！先生於思陵時[一七]，由良司牧晉名侍御[一八]，五年報政[一九]，群庶賡德[二〇]，一奏入御，當寧動容。其為菌不改芳，驪不易騁[二一]，固已譜譯於潘鮑花驄矣[二二]，又奚待於正襟含毫，而後稱述作哉[二三]？林渭起應辰之撰《龍岡楚辭說》也[二四]，謂屈大夫不沉於汨羅，蓋比於浮家遯跡之意[二五]，覿深信以為然，敢併質之先生。

門人陳子覿拜譔

校記

【一】註：原本作『注』，為保持一致，今改為正字。下仿此。

【二】蓋：原本作『葢』，異體，今改為正字。下仿此。

【三】槼：原本作『槻』，誤。槻為木名。槼同規，為法度規矩之意。徑改。

【四】於：原本作『于』，今改為正字。下仿此。

註釋

［一］安成陳子覿：安成：郡名，三國吳寶鼎二年(公元二六七年)分豫章、廬陵、長沙等郡置。治所在平都（今江西安福東南)。轄境相當於今江西新余以西的袁水流域和永新、安福等縣。

［二］竟陵：秦朝所置竟陵縣，即今湖北省天門市。此處所謂竟陵乃是指明代竟陵派領袖、文學家鍾惺。

〔三〕宋、景：宋指戰國楚文學家、楚辭另一位重要作家湖北宜城人宋玉，景指《史記·屈原賈生列傳》提到的楚國文學家景差。

〔四〕東方、賈、揚：指漢代模擬楚辭的文學家東方朔、賈誼和揚雄。

〔五〕劉、王：劉指西漢成帝時期的校書郎劉向。劉向在校書過程中，將屈原、宋玉的楚辭創作匯集成書，定名為《楚辭》，似並未有所詮釋；王指東漢宜城人楚辭學家、文學家王逸。其所撰《楚辭章句》，為第一部詮釋《楚辭》的專著，是《楚辭》學史上的第一座里程碑。

〔六〕朱、洪：朱指南宋理學家、楚辭學家婺源人朱熹。其所撰《楚辭集註》，首次將『忠君愛國之思』打併入《楚辭》研究，影響至深，為《楚辭》學史上的重要里程碑；洪指北宋楚辭學家江蘇丹陽人洪興祖。其所撰《楚辭補註》既補王逸所未詳，兼糾王逸之疏誤。《補註》除訓詁名物而外，還大量徵引歷史傳說、神話故事，頗為詳贍。

〔七〕學、識、才之爾殊：學、識、才：學指著述所應具備的知識，識指著述應具備的見識和眼光，才指著述的才情和文字駕馭能力；爾殊：即細微的差別。爾通邇。

〔八〕紫陽氏：即南宋理學家、楚辭學家朱熹。朱熹之父朱松曾在紫陽山（在安徽歙縣）讀書，朱熹後居福建崇安，題廳事曰『紫陽書室』，以示不忘先人之意。後人因以『紫陽』為朱熹的別稱。

〔九〕慶元退居之時：慶元是南宋寧宗趙擴的第一個年號。慶元三年（一一九七年），胡紘上書朝廷，誣陷宰相趙汝愚，朱熹受到牽連，陷入慶元黨禁之中。所謂『慶元退居之時』，指的就是這一時期。

〔一〇〕遵晦之際：南宋以後以至元、明，朱熹的經學思想懸為科舉令甲，其所著《楚辭集註》也深受重視。晦，即指晦翁朱熹。

〔一一〕篤不息之貞：抱定堅定的節操。篤：志向專一；不息之貞：《易經·地風升卦》之語。不息指晝夜不停地循環，貞指堅定的節操。

[一二] 淵核幻逸，絕貫孤迥，闢訛瀹窒：使虛幻飄渺的事物得以深入考證，使孤立玄遠的道理得到貫通，使滯礙不通的事理得到澄清。

[一三] 顛沛造次：流離失所，生活困頓。語出《論語・里仁》：『君子無終食之間違仁，造次必於是，顛沛必於是。』

[一四] 質的設，而天下之手無異鄉：表面意思是，射箭的靶子確定了，天下射手的目標就一致了。引申為確立了《楚辭》的研究目標，天下學者就有了一個共同的研究方向。

[一五] 日月揭，而天下之目無異屬：表面意思是，日月升起來了，天下人的目光就都投向了一個方向。引申義同右。

[一六] 聖人之道獨立於中，而天下之心無兩從：聖人的思想獨立於宇宙之間，天下人的思想也就一致了。這是在說，朱子的《楚辭集註》為後世楚辭研究者明確了一個方向，即彰顯屈原的忠君愛國之思。

[一七] 思陵：明思陵簡稱思陵，是明思宗崇禎皇帝朱由檢與周皇后及田貴妃的合葬墓。此處以思陵代指崇禎皇帝統治的明末時期。

[一八] 由良司牧晉名侍御：指崇禎年間李陳玉由嘉善令升遷為侍御史之事。晉：升遷。

[一九] 報政：陳報政績。

[二〇] 賡德：賡揚其德政。

[二一] 菌不改芳，驪不易騁：芝菌改變不了它的芳香，駿馬不會失去馳騁的本性。比喻李陳玉的品德不為毀譽所動。

[二二] 譜譯於潘鮑花驄：謂李陳玉之美名已列於侍御史之列。潘鮑：疑為南朝文學家潘岳與鮑照，疑不能明。花驄：侍御史的雅稱。東漢人桓典曾任侍御史，不畏權貴。因常乘驄馬，時人有『避驄馬之御史』之語。『驄馬』亦即五花馬，故後以『花驄』喻贊御史。

［二三］述作：指撰述著作。

［二四］林渭起應辰之撰《龍岡楚辭說》：林應辰（一一六三—一二一〇），字蔚起（渭起），原名立己，江西泰順泗溪人，年十九與其兄拱辰同登淳熙八年（一一八一）進士。其楚辭專著《龍岡楚辭說》謂《離騷》使人『寄興高遠』，並將其分釋為二十段，而《九歌》《九章》諸篇亦隨長短分段。《龍岡楚辭說》已佚，陳振孫《直齋書錄解題》謂：『其推屈子不死於汨羅，比諸浮海居夷之意，其說甚新而有理。以為《離騷》一篇，詞雖哀痛而意則宏放，與夫直情徑行、勇於蹈河者，不可同日語；且其興寄高遠，登昆侖，歷閬風，指西海，陟升皇，皆寓言也，世儒不以為實，顧獨信其從彭咸葬魚腹以為實者，何哉？』其說為陳子龍在給李陳玉《楚詞箋註》作序時所引用。

［二五］浮家遁跡：在水上漂泊而隱身，代指歸隱。

李謙菴先生《楚辭箋註後序》

江與楚介[一]，春秋時隸吳，吳亡遂折入於楚，今稱兄弟之國。士大夫率刻厲名節[二]，持論高亢，而楚則鋒距尤甚焉[三]。其風土激壯，有固然者。

吉水李謙菴先生，獨深於性命之學[四]。其令吾邑也，拔薙澄水[五]，大率以剛致治，而膏霖溥被[六]，至今遺愛尚在棠茇之間[七]，殆得剛柔之正者乎？既以侍御史休沐旋里[八]，遭亂隱居，手註《詩》《書》《易》大三傳成【一】，間以其餘為《楚辭箋註》，標義弘遠[九]，多昔賢所未及。吾友魏子存視楚學政[一〇]，歸得之【二】，喜動顏色。而余則為之涕下不已也，歎曰：『傷哉！先生之志乎！』

先生家藏萬卷，胸具五嶽，拭其廉鍔[一一]，可以大用於世，屈平之扈蘺而紉蘭也[一二]；七年勞吏[一三]，八月臺班[一四]，適以其宗老懋明先生進位總憲[一五]，循例乞身[一六]。迨懋翁殉闖逆之難[一七]，先生北望陵闕，流涕汍瀾[一八]，屈平之《涉江》而《哀郢》也；既而遯跡空山，寒林弔影，亂峰幾簇，哀猿四號，抱膝擁書，燈昏漏斷，屈平之《抽思》而《惜誦》也。先生之志，非猶屈平之志乎？太史公曰[一九]：『屈平正道直行，竭忠盡智以事其君，讒人間之，可謂窮矣【三】。信而見疑，忠而被謗，能無怨乎？屈平之作《離騷》，蓋自怨生也。』是猶淺之乎窺屈平者耳！屈平以宗臣被放[二〇]，懷王乃輕身入虎狼之秦，流離不反[二一]，楚人哀之。此君父之慼，屈平所憔悴江潭，之死靡悔也，豈以其身之窮困遇之，否塞介介哉[二二]？

先生壯年筮仕[二三]，逮老而未獲一展，終身巖穴[二四]，窮愁著書，其遇雖不同而似有同者，宜其精神注射，曠百世而相感者哉！余與子存，均以文字受知先生[二五]，有國士之痛焉[二六]！梓成[二七]，敬敘於末簡，如此。

門人錢繼章拜跋　錢序二

校記

【一】註：原本作『注』，今改為正字，下仿此。

【二】歸：原本作『帰』，異體，今改為正字，下仿此。

【三】窮：原本作『竆』，異體，今改為正字，下仿此。

註釋

［一］江與楚介：江西與楚地相鄰。介：兩者之間，即相接。

［二］率刻厲名節：大都刻苦自勵，重視名譽和節操。率：大都。

［三］鋒距：猶鋒芒。距，雞爪後突出如趾的尖骨，相鬥時以刺對方。

［四］性命之學：中國古代哲學範疇。指萬物的天賦和禀受。《易・乾》：『乾道變化，各正性命。』孔穎達疏：『性者，天生之質，若剛柔遲速之別；命者，人所禀受，若貴賤夭壽之屬也。』朱熹《本義》：『物所受為性，天所賦為命。』

［五］拔薤澄水：比喻剷除豪強暴族。典出《後漢書・龐參傳》：『參為漢陽太守，郡人任棠者，有奇節，隱居教授。參到，

先候之。棠不與言，但以薤一大本，水一盂，置戶屏前，自抱孫兒伏於戶下。主簿白以為倨。參思其微意，良久曰：「棠是欲曉太守也。水者，欲吾清也；拔大本薤者，欲吾擊強宗也；抱兒當戶，欲吾開門恤孤也。」於是歎息而還。參在職，果能抑強助弱，以惠政得民。』後往往用為歌頌除暴安良官吏之典。

［六］膏霖溥被：甘霖普降，喻德澤廣佈。

［七］遺愛尚在棠茇之間：遺愛：指留於後世而被人追懷的德行、恩惠、貢獻等。棠茇：指西周召公奭居止其下的棠樹。典出《詩經·召南·甘棠》：『蔽芾甘棠。』

［八］休沐：休息洗沐，猶休假。

［九］標義弘遠：意義廣大深遠。

［一〇］視楚學政：李陳玉的弟子浙江武塘人魏學渠曾主持兩湖地區的文化教育。學政：即提督學政。

［一一］拭其廉鍔：揩拭其鋒芒，喻初試其鋭利的文辭或談吐。

［一二］屈平之扈蘺而紉蘭：指屈原《離騷》『扈江離與辟芷兮，紉秋蘭以為佩』之語。意謂李氏『胸具五嶽，拭其廉鍔』，亦與屈原具備『江蘺』『秋蘭』的脩能一樣。

［一三］勞吏：辛勞的地方官員。

［一四］臺班：侍御史的官職。

［一五］宗老懋明先生進位總憲：指李陳玉的季父李邦華升遷為都御史一事。依例，李陳玉當迴避不得繼任侍御史一職。

［一六］循例乞身：按照常例，應當請求退職。

［一七］殉闖逆之難：李邦華在李自成起義軍進京之後殉難。

［一八］汍瀾：淚疾流貌。

〔一九〕太史公曰：此段文字，出自《史記·屈原賈生列傳》。

〔二〇〕宗臣：與君主同宗之臣。

〔二一〕流離不反：流落在外，不得返國。

〔二二〕否塞介介：困厄阻隔。

〔二三〕筮仕：古人將出做官，卜問吉凶。亦指初出做官。筮的本義是用蓍草占卜，仕指出仕做官。

〔二四〕巖穴：指巖穴之士。隱居之士，往往以山間洞穴為棲身之所，故稱。

〔二五〕以文字受知：因文學創作而受人知遇。

〔二六〕國士：指國中才能最優秀者。

〔二七〕梓成：雕版而成，即將出版。

序

自漢代宗尚經學[一]，其時諸儒之以經名家者，訂補殘缺，訓詁辭義，而傳、註、箋、疏各自成書以傳於後。沿唐及宋，大儒輩出，作者益繁矣。然其書大抵依經切句[二]，傳會疏解[三]，無詭於經文大旨而已[四]，非有深思妙悟、傑然偉構能於經文之外獨標其所見也。唯《周易》一編，人更數聖，世歷三古[五]，其文列於《爻》《彖》《象》《繫》[六]，其原托於河洛龍馬[七]，仁者見仁，知者見知，在羲文周孔已無雷同[八]。後之為傳、註、箋、疏者，各抒其所獨得，而無不與經合，如江淮河漢，綿延萬里，終當朝宗於海耳[九]。

外此，有《南華》《離騷》[一〇]，其名理文藻，與經為表裏，歷數千百年，讀其書如見其人。或尊之為經，而傳、註、箋、疏亦多各抒其所獨得，而無不與作者合。蓋《南華》言理之書也，其指高曠微渺[一一]，惝怳幽深[一二]，流而不滯，博而不煩【一】。得《莊子》之學者，皆能合天倪，會自然[一三]，而不必剽竊其論。郭象註《莊》，後人亦謂《莊》註郭象[一四]，非所云通理者耶？《離騷》言情之書也，其詞繼《三百篇》之後，旨最近於風人[一五]，哀而不傷，怨而不悱[一六]。《詩》亡《騷》作，屈子殆情深而正者與！寄之美人香草以申其義，援之山鬼漁父以廣其說，而總不離於忠孝者近是。貞人誼士[一七]，讀其辭而感之，所為傳、註、箋、疏，豈徒牽合文義云爾？將以明其志，感其遇，惻愴悲思，結撰變化，千載而下，頑廉懦立[一八]，雖與日月爭光可也[一九]！

吉陽李石守先生，在崇禎朝以經術文章著；筮令敝邑，治行為海內最。時予在諸生中，先生亟稱其文，遇以國士。己卯闈試[二〇]，已受知於先生，擬冠一經[二一]，會有厄之者，不果。先生後知為余牘，歎惜久之。未幾，拜侍御史，直言正色，傾動一時。適先生季父為都御史，以迴避例歸里[二二]。遂有甲申三月之變[二三]，先生慷慨棄家入山，往來楚粵間，行吟澤畔，憔悴躑躅，猶屈子之志也。衡雲湘雨[二四]，往往作為詩歌【二】，以鳴其意。有《離騷箋註》數卷【三】，其詞非前人所能道，然而涉尤患，寓哀感，猶屈子之志也。頃予視學三楚，令嗣龍孫世兄過晤郢中[二五]，手是編示予[二六]，且謂予曰：『當先子淪落江楚[二七]，披髮長歌，時時不忘吾子，庶幾能述吾所學焉。今者履湘漢之故地，攬屈宋之遺文，吾子其有意乎？』余唯唯，受而付之梓人，亦曰先生之志，屈子之志也。其所為《箋註》者，惻愴悲思，結撰變化，猶夫《離騷》之辭托於美人香草、山鬼漁夫，縹緲恍忽[二八]，而情深以正也。余辱先生之知而未能詮次其義，自愧於宋大夫矣[二九]。

康熙壬子仲春　武塘門人魏學渠拜題[三〇]。

魏序三

校記

【一】博：原本作『愽』，異體，今改為正字。

【二】往往：原本作『徃徃』，異體，今改為正字。

【三】《離騷箋註》：李陳玉所作為《楚詞箋註》，非《離騷箋註》，誤。

註釋

［一］自漢代宗尚經學：經學產生於西漢。漢武帝即位後，為適應大一統的政治局面和加強中央集權，採納了董仲舒『罷黜百家，獨尊儒術』的建議，在中央設置五經博士，從此儒學獨尊。由於《樂》已無書，《詩》《書》《禮》《易》《春秋》五經超出了一般典籍的地位，成為崇高的法定經典，也成為士子必讀的經典。漢代儒生們即以傳習、解釋五經為主業。自此經學正式宣告誕生。

［二］依經切句：依照五經元典，切磋字句。即用以解經的章句之學。

［三］傳會疏解：依從經文，疏通解釋其大意。

［四］無詭：沒有錯誤理解。

［五］人更數聖，世歷三古：指《周易》經歷了伏羲、文王、周公和孔子幾代聖人的創作才得以完成。《史記·孔子世家》稱：『孔子晚而喜《易》，序《彖》《系》《象》《說卦》《文言》，讀《易》，韋編三絕。』《漢書·藝文志》認為，伏羲『始作八卦』，周文王『重《易》六爻，作上下篇』（即重八卦為六十四卦，每卦六爻，並作卦辭、爻辭），『孔氏為之《彖》《象》《繫辭》《文言》《序卦》之屬十篇。故曰：《易》道深矣，人更三聖，世曆三古』。三代：指夏、商、周三個朝代。

［六］《爻》《彖》《象》《繫》：《爻辭》以文句解釋每一爻的意義；《彖辭》所以解釋《卦辭》；《象辭》所以解釋全卦所從的象和每爻所從的象；《系辭》偏於說理，大致追述《易》義的起源，推論《易》學的作用，或解釋卦義以補充《彖辭》《象辭》。

［七］河洛龍馬：相傳，伏羲時，洛陽東北孟津縣境內的黃河中浮出龍馬，背負『河圖』，獻給伏羲。伏羲依此而演為八卦，

為《周易》來源。又傳，大禹時，洛陽西洛寧縣洛河中浮出神龜，背馱『洛書』，獻給大禹。大禹依此治水成功，遂劃天下為九州。又依此定九章大法，治理社會，流傳下來收入《尚書》中，名《洪範》。《易·繫辭上》所謂『河出圖，洛出書，聖人則之』，指的就是這兩件事。

［八］在羲文周孔已無雷同：指伏羲、文王、周公、孔子四位聖人對《易》的解釋已各有自己的見解。羲文周孔：即為《易》的完善做出貢獻的伏羲、文王、周公和孔子四位聖人。

［九］朝宗於海：指江河奔流入海。此處比喻後世的傳、註、箋、疏都要以經文為旨歸。朝宗：諸侯朝見天子，借喻百川入海。

［一〇］《南華》：即《南華經》。本名《莊子》，戰國中期莊子及其門徒所著。唐玄宗天寶元年，尊之為《南華經》，且封莊子為南華真人。

［一一］高曠微渺：高遠超逸，精微要妙。

［一二］惝怳幽深：恍惚而幽僻深遠。

［一三］合天倪，會自然：即妙照自然，與自然冥合為一。指《莊子》思想的最高境界。

［一四］郭象註《莊》，後人亦謂《莊》註郭象：郭象，字子玄，河南洛陽人。西晉玄學家。好《老》《莊》，有《莊子註》傳世。其《莊子註》有明確的詮釋思路：『莊子推平於天下，故每寄言以出意。』也就是說，莊子學說的內容本質上是『內聖外王之道』，而解《莊》的方法則應當是『要其會歸而遺其所寄』，即超越表達手段以把握精神實質，這可以說是對王弼『得意忘言』說的發揮與應用，玄學的味道很濃。所以，人謂其『《莊》註郭象』。

［一五］風人：指古代採集民歌民俗以觀民風的官員。此處特指《詩經·國風》的作者。

［一六］哀而不傷，怨而不悱：『哀而不傷』，語出《論語·八佾》：『子曰：《關雎》樂而不淫，哀而不傷。』即感情表達要

保持中和之美，悲哀而不傷痛。『怨而不悱』即『怨而不怒』，語出《國語·周語》：『昔吾驟諫王，王不從，是以及此難。今殺王子，王其以我為懟而怒乎？夫事君者，險而不懟，怨而不怒，況事王乎？』二語皆謂心有不滿，但能控制得住，不使之發展成為憤怒。

［一七］貞人誼士：守志不移和恪守大義、篤行不苟的人。

［一八］頑廉懦立：語出《孟子·萬章下》：『故聞伯夷之風者，頑夫廉，懦夫有立志。』意謂使貪婪的人能夠廉潔，使怯弱的人能夠自立，形容感化力量之大。

［一九］雖與日月爭光可也：語出《史記·屈原賈生列傳》。意謂即使與日月爭光輝也不為過。

［二〇］己卯闈試：崇禎十二年（一六三九）鄉試。闈：科舉時代稱試院。

［二一］擬冠一經：計劃定為解元。冠：名詞用如動詞，定為第一。

［二二］以迴避例歸里：因李陳玉要迴避其季父李邦華升遷為都御史一事，不得繼任侍御史一職，只得回鄉。

［二三］甲申三月之變：指崇禎十七年（一六四四）李自成起義軍攻佔北京，崇禎自殺，明朝覆亡。

［二四］衡雲湘雨：即衡湘雲雨。指李陳玉在歸里後棄家入山在湘粵間奔走時所遇到的惡劣環境。

［二五］令嗣龍孫世兄過晤郢中：先生的令郎龍孫到郢中來拜訪我。令嗣：對他人兒子的美稱。世兄：舊時對有世交的同輩的稱呼，也尊稱有世交的晚輩。郢中：即楚地。當時魏學渠正視學楚地。

［二六］手是編示予：拿著這本書給我看。手：拿著。

［二七］先子：對人稱自己的先父為先子。

［二八］縹緲恍忽：高遠隱約。

［二九］余辱先生之知而未能詮次其義，自愧於宋大夫矣：我愧對先生的知遇之恩，而沒能把他的著述之義予以編排發揚，自

愧不如大夫宋玉。魏氏將李陳玉比作屈原，將自己比作屈原後學宋玉。

〔三〇〕康熙壬子仲春 武塘門人魏學渠：康熙壬子是康熙十一年（一六七二）。武塘：即今浙江省嘉善縣魏塘鎮。魏學渠：字子存，號青城，浙江嘉善人。順治五年（一六四八）舉人，由成都推官遷刑部主事，出為湖廣提學道僉事，擢江西湖西道參議。康熙己未舉博學鴻詞。負詩才，工四六，兼善書法。擅駢文，名重於時。與王士禛、田紫來相倡和。

附記

先生之成是書也，在憔悴【一】湘煙衡雨之時〔一〕。楚士之從遊者，皆得見之。龍孫世兄語余曰：『頃過郢水〔二〕，已有梓成而自以其姓名傳者矣。』郭象註《莊》【二】，至今淆訛，要亦名流嚮往，藉高賢之筆墨，冀垂聲於千載耳。然辨有若之似以證尼父之眞〔三〕，後學之責也，亟為正之。

龍孫之言曰：『先祖諱良桂，故第四段註中有云「『菌桂』之『桂』，去『木』止書『圭』者，避先諱也」〔四〕，乃贗本仍之【三】。』以自我著述之書，避他人祖父之諱，彌見其謬耳。

先生《箋註》，至《大招》而止【四】；贗本於宋玉以下俱有所著，並為辨正，恐後之學者不悉其詳，則續貂者至亂眞也〔五〕。

學渠手識

校記

【一】憔悴：原本作『顦顇』，異體，今改為正字。

【二】郭象：原本誤作『郭向』，徑改。

【三】贋：原本誤作『膺』，徑改。

【四】至：原本誤作『自』，徑改。

註釋

［一］湘煙衡雨：即衡湘的煙雨之中。比喻惡劣的環境。

［二］鄖水：水名。在湖北省隨州市境內。

［三］辨有若之似以證尼父之眞：意為以辨別有若與孔子容貌相似來證明孔子長得就是如此，比喻辨別那些託名李陳玉《楚詞箋註》的盜版書證明不是李陳玉的原著不容易。典出《孟子·滕文公》：『昔者孔子沒……他日，子夏、子張、子游以有若似聖人，欲以所事孔子事之，強曾子。曾子曰：「不可。江漢以濯之，秋陽以暴之，皜皜乎不可尚已。」』

［四］避先諱：迴避先人的名諱。指書中正文多處將『桂』字改為『圭』字，是為了避祖先的名諱。

［五］續貂：比喻續加的不及原有的，前後很不相稱。典出《晉書·趙王倫列傳》：『其余同謀者咸超階越次，不可勝紀，至於奴卒廝役亦加以爵位。每朝會，貂蟬盈坐，時人為之諺曰：「貂不足，狗尾續。」』

《楚詞箋註》上 第一卷

吉陽李陳玉石守父箋註

離騷

自司馬遷解『離』為『遭』，解『騷』為『憂』，讀者相沿，遂謂《離騷》為遭憂而作[一]。嗣是詞賦之家，相與祖述，遂添『經』字於其下[二]。顏師古解『騷』為『擾動』之義[三]，皆非也。『騷』乃文章之名，自是風之一種，故風騷嘗合言之[四]。風之與騷，譬古詩之與樂府也。澹質靜穆曰古詩[五]，流動豔逸曰樂府[六]。風之為體，一如古詩；騷之為體，一如樂府。南方自有此體，《二南》廣漢之詩便已肇端[七]，不創自屈原。自屈原出，此體乃大乃妙爾。讀者不先明『騷』之得名，無怪於『騷』之下復添『經』之一字。『騷』既為文章之名，『經』字不重出乎？乃若『離』之為解，有隔離、別離、與時乖離三義。蓋君臣之交，原自同心，而讒人間之，遂使疏遠，相望而不相見，是謂隔離。此《離騷》中有『何離心可同』之語；一去而永不相見，孤臣無賜環之日[八]，主上無宣室之望[九]，是謂別離。此《離騷》中有『余既不難夫離別』之語；若夫君子小人，枘鑿不相入[一〇]，薰蕕不共器[一一]，是謂乖離。此《離騷》中有『判獨離而不服』之語。就《騷》解『騷』，方知作者當日命篇本意，而從來解者，皆妄添之名目也。

《離騷》大意，只為『好修』二字，與人異趣，為人所忌。好修者必芳潔，故喻諸香草，蘭芷、荃蕙、芰荷、芙蓉、薜荔、胡繩、木蘭、菌桂【一】、杜蘅、菊苣、揭車、江離之類，不一而足；小人好利好朋不好修，臭穢所集，故喻諸惡草，曰艾、曰椒、曰茅、曰宿莽、曰薋菉葹。既以兩不並立，自然朋黨。設問平生好修，原為潔白以事吾君，一間之後，君亦以好修為其眼中釘矣。一生吃虧，盡在於此，故篇首便曰『重之以修能』，曰『謇吾法夫前修』，曰『恐修名之不立』，曰『余雖好修姱以鞿羈』【二】，曰『吾將復修吾初服』，曰『予獨好修以為常』【三】，曰『爾何博謇而好修』【四】，曰『固前修以菹醢』，曰『孰信修而慕之』，曰『苟中情其好修』，曰『莫好修之害也』；即徘徊乎君，亦曰『靈修』，曰『靈修之故』，曰『傷靈修之數化』，曰『怨靈修之浩蕩』，望其君以好修也。一篇之中，反反覆覆，三致其意，只為此兩字。若曰孤臣有何罪過，所得罪者此而已。內問諸心，外問諸人，上問諸天，下問諸神，亦只此而已。殆至九死不悔，登天入地，終惟故國之懷。從先臣彭咸於江潭者，亦只結果此兩字公案而已。故千古忠臣，悲痛未有如《離騷》者也。每讀一過，可以立身，可以事君，可以解憂，可以忘年。

《離騷》當分作十四段，詳列於後。

校記

【一】桂：為避其祖父李良桂之諱，原本之『桂』皆作『圭』，今改為正字。

【二】修姱：原本誤作『姱修』，今依《楚辭集註》改。
【三】獨：原本作『獸』，異體，今改為正字；常：原本作『嘗』，避明光宗朱常洛諱，徑改。
【四】博：原本作『愽』，異體，今改為正字。

註釋

［一］自司馬遷解『離』為『遭』，解『騷』為『憂』，讀者相沿，遂謂《離騷》為遭憂而作：指《史記·屈原賈生列傳》謂：『「離騷」者，猶離憂也。』真正解『離』為『遭』、解『騷』為『憂』的，不是司馬遷，而是班固。班固《離騷贊序》云：『屈原以忠信見疑，憂愁幽思，而作《離騷》。離，猶遭也。騷，憂也。明己遭憂而作辭也。』其後王逸《楚辭章句》則云：『離，別也；騷，愁也。』大體意義皆出自司馬遷，意義相近，這是頗得公認的解釋。

［二］詞賦之家，相與祖述，遂添『經』字於其下：《離騷》稱『經』，始於王逸《楚辭章句》，而《九歌》至《九懷》不加『經』字，或為『傳』。至林雲銘《楚辭燈·凡例》對此表示不滿：『太史公止云「作《離騷》」，後人添出「經」字，且將《九歌》以下諸作皆添一「傳」字，不知何意。蓋「傳」所以釋「經」，從無自作自釋之例。而王逸《章句》以「經」字解作「徑」字之意，又與諸篇加「傳」之意不合矣……總之，絕世奇文，添一「經」字，未必增光；去一「經」字，豈遂減價？余惟以太史公之言為主，將「經」「傳」二字，及晦庵每篇加「離騷」二字，一概刪去，以還其初而已。』最為懇切。

［三］顏師古解『騷』為『擾動』之義：朱熹《楚辭後語》引顏師古註：『離，遭也。擾動曰騷。』謂遭擾而作此辭。清人錢澄之曰：『離為遭，騷為擾動。擾者，屈原以忠被讒，志不忘君，心煩意亂，去住不寧，故曰騷也。』

［四］故風騷嘗合言之：風騷是《詩經·國風》和《楚辭·離騷》的並稱。因二者同被視為中國詩歌發展的源頭和高峰，且影

響深遠，故有此説。李氏所謂『「騷」乃文章之名，自是風之一種，故風騷嘗合言』的説法有失公允。

［五］澹質靜穆：澹泊朴質，安靜莊嚴。指古詩之風格。

［六］流動豔逸：流利通暢，豔美飄逸。指樂府之風格。

［七］南方自有此體，《二南》廣漢之詩便已肇端：李氏認為，《詩經》中的風詩類同古詩，《楚辭》中的騷體類同樂府。南方本來就有騷體詩，《詩經》之《周南》《召南》中的『漢廣』就是此體的發端。這與《二南》就是《楚風》的説法一致。

［八］孤臣無賜環之日：指屈原沒有被詔賜還的日期。孤臣：孤立無助或不受重用的遠臣；賜環：亦作『賜圜』。舊時放逐之臣，遇赦召還謂『賜環』。語本《荀子・大略》：『絶人以玦，反絶以環。』

［九］主上無宣室之望：君王沒有招還屈原的意思。宣室：宮殿名。指漢代未央宫中之宣室殿。《史記・屈原賈生列傳》：『孝文帝方受釐，坐宣室。上因感鬼神事，而問鬼神之本。賈生因具道所以然之狀。』

［一〇］枘鑿不相入：方榫頭，圓榫眼，二者合不到一起，比喻兩不相容。枘鑿：『方枘圓鑿』的縮略語。枘：榫頭。鑿：榫眼。

［一一］薰蕕不共器：比喻好和壞不能共處。語出三國魏王肅《孔子家語・致思》：『回聞熏蕕不同器而藏，堯桀不共國而治，以其異類也。』薰蕕：香草和臭草。

帝高陽之苗裔兮，原是楚國同宗。朕皇考曰伯庸。又是同宗世臣。攝提貞於孟陬兮，惟庚寅吾以降。生年月日皆秉陽剛。皇覽揆余於初度兮［一］，肇錫余以嘉名。自小家教，便服名義。名余曰正則兮，字余曰靈均。不説出名字，以『正則』代名，以『靈均』代字，又是一樣寓言。

此第一段。言其為同姓親臣，恩深義重，本非可離之人。且受天之氣，稟父之教，自墮地來，便以正直為則。

高陽，顓頊帝也。顓頊之後有熊繹者，事周成王，封為楚子，初居丹陽。傳國至熊通，僭王，始徙都郢，是為武王。生子瑕，受屈為卿，因以為氏。人在胸中，初有微形曰朕。古者，上下謙詞，通稱。父死稱皇考。皇，大也。伯庸，其字。正則、靈均，既是寓名寓字，則伯庸亦非其字可知。攝提，星名，隨斗柄指十二辰。貞，正也。貞於孟陬，時正月也。陬，隅也，攝提時指東北隅也。降，舊解從母腹墮地，非也。乃『惟嶽降神』之降，此乃屈原自負不淺處與高岸不合時人處。高平曰原，所以名平而字原。正則，取平之法也，故以寓名。靈，善也。高原地勢雖高，而寬平容物，善均之象，故以寓字。詳原父當日揆度命名之意，亦早知原之骨，相他必磊落難平[一]，故以其名爵之[二]。又取字曰原，示以處地雖高，常守寬平【三】，此原所以因思君而悲親志也[三]。從來解者，於此忽過。

校記

【一】皇覽揆余於初度兮：通行本無『於』字。《補註》云，一本有『於』字。

【二】常：原本作『嘗』，避明光宗朱常洛諱，徑改。

註釋

[一] 磊落難平：胸懷坦蕩，光明正大，不能釋懷。

[二] 勗：古同『勖』，勉勵。

[三] 因思君而悲親志：因思念君王而引起對父親的懷念。

紛吾既有此內美兮，內有才。又重之以修能。外有行。扈江離與辟芷兮，紉秋蘭以為佩。芳潔自持。

此第二段。言其才行自負，一味修潔，焉有可離之端？然其致姤之繇卽在此[一]。

按：《離騷》動以芳草自況，如江離、辟芷、秋蘭等類；動以惡草況小人，如宿莽、蕭艾等類。蓋君子流芳，小人遺臭，所從來矣。古語有之，『賢奸不同國而治，薰蕕不共器而陳[二]』，《離騷》取義本此。有國家者，於小人則親之，於君子則疏之，是惡芳而植穢，未必芳穢都不知也。紛，言其盛，所負內美者非一也。此字文勢，當在『既』字之下，而提居『吾』字之上，此文章家倒句[三]。重，舊作『再重』之『重』，非，乃『輕重』之『重』也。蓋有才而無行，則人將輕之，是故以修能自重。修，是省察克治整飭上事。能，是禮樂兵農鍊習上事。離，卽蘼蕪，生江中，故曰江離。芷，卽白芷，生幽辟處，故曰辟芷。蘭得秋氣，其香彌烈，故曰秋蘭。扈，被也，猶下言芰荷為衣、芙蓉為裳也。佩，則巾帶之間也。

校記

【一】器：原本作『嚣』，俗字，今改為正字。

註釋

［一］繇：通『由』，原因。

［二］此字文勢，當在『既』字之下，而提居『吾』字之上，此文章家倒句：疑此處理解有誤。楚辭句法，多有將形容詞置於句首者，而其所形容者為名詞，非動詞。故不當在『既』之下『有』之上，而當在『內美』之上。

汩音密余若將弗及兮［二］，恐年歲之不吾與。大丈夫當乘時作事。朝搴阰之木蘭兮，進賢。夕攬洲之宿莽。退不肖。日月忽其不淹兮，春與秋其代序。六字驚骨，生人便從此老矣。惟草木之零落兮，恐美人之遲暮。年深月久，惟恐錯過，負我建立［一］。

此第三段。言欲乘時効用［二］，贊助吾君［三］，早建大業。所以速人致姤之繇卽在此［四］。

阰，山名。木蘭，木名，花白如蘭，去皮不死，亦香木也。生於高山之上，喻君子之孤芳挺立，不寄人籬落間，若無搴之者，不為人所賞矣。水中曰洲。宿莽，乃陳草蕪穢，未經芟薙，喻小人臭穢叢雜，無攬之者，將阻險盤踞不死矣。朝搴夕攬，朝夕為國家進賢除奸也。舊註並以宿莽為香物【三】，蓋始於郭璞之誤。郭以卷心草為宿莽，故有贊曰：『卷葹之草，拔心不死。屈平嘉之，諷詠以此。取類雖邇，興有遠旨。』不知卷葹卽後女嬃所云『薋菉葹以盈室』三惡草也。美人，舊以況君。味下『靈修』乃婦悅其夫之稱，復有『衆女嫉予蛾眉，謠諑謂予善淫』之語，則美人當日自況明矣。若曰予雖負此才美，早乘少年而用之，倘遷延歲月，鈍置廢閒[五]，圖事之氣衰，自然不及矣。譬之美人遲暮，從前精華不可惜邪？所以歎草木之零落，傷盛年之不再也。屈子可謂鋭於慕君矣。

校記

【一】汩余若將弗及兮：通行本『弗』作『不』。《補註》云，『不』一本作『弗』。

【二】並：原本作『併』，今改為正字。

註釋

［一］建立：古代立國君、皇后、太子，均可稱為建立。此處疑指對懷王的擁戴。

［二］効用：效勞，發揮作用。

［三］贊助：意思是支持並協助。語出南朝梁慧皎《高僧傳·義解二·道安》：『大富長者，並加贊助，建塔五層，起房四百。』

［四］速人致妬：招致他人的嫉妒。速：招致。

[五] 鈍置廢閒：因折磨、閒置而駑鈍、荒廢。鈍置：亦作『鈍致』。折磨，折騰。

不撫壯而棄穢兮，望君早回頭，回頭即是大度。何不改乎此度【一】。舊習難除，小人難捨。乘騏驥以馳音馳騁兮【二】，望君早着鞭，着鞭即是大路。來吾道夫先路。若肯向上，願為當先。昔三后之純粹兮，固衆芳之所在。君明則臣良。雜申椒與菌桂兮，豈維紉夫蕙茝！芳潔滿朝，不是一兩人。彼堯舜之耿介兮，堯舜着『耿介』二字，可思。既遵道而得路。聽君子指點，步步不錯。何桀紂之昌披兮【三】，夫唯捷徑以窘步【四】。聽小人指點，只為一個捷徑，費無數周折。惟黨人之偷樂兮【五】，路幽昧以險隘。言捷徑者，都是圖自便，於君不便。豈余身之憚殃兮【六】，恐皇輿之敗績。誤身事小，誤國事大。忽奔走以先後兮，及前王之踵武。且勿論堯舜三后，楚國先王，接踵更急。荃不揆余之中情兮【七】，反信讒而齌怒【八】。不能得賞，且得罪。余固知謇謇之為患兮，明知口說不出。忍而不能舍也【九】。卻要說。指九天以為正兮，此心惟天知。夫唯靈修之故也【一〇】。何敢使君知。

此第四段。言其諫君之誠，不畏人妒，乃釁所繇起【一】。

上但訴自己欲乘時建功，此下乃望君乘時建功，較自己為急。人君不乘年壯時棄其穢德，早自振刷【二】，則後無望矣。欲乘時者，先須改度【三】，將少年一副情性，翻然撇卻【四】，另起一個規模【五】，方有做好事分；欲改度者，又先須棄去小人，蓋小人惑君，動以捷徑二字相聳【六】，謂賢者為迂闊【七】。人君樂其言，眞以賢者為迂闊矣【一二】。豈知小人之所指捷徑，乃幽昧險隘之地，初以為捷徑，究竟車仆馬顛，皇輿敗績，反成窘步。若大路康莊【八】，有騏驥之乘，有先路之導，從安安行走。捷徑者，不惟趂不上，且不得到矣。天下無捷路，且有捷人【九】，得人而用，譬之騏驥，瞬息萬里。當日懷王之禍，受虧只在『捷徑』兩字，到敗績時，尚不悟也。卽如秦令絕齊，召會結姻，上官、子蘭輩，人人以為結好息民【一〇】，省無數勞擾【一一】，可謂捷徑之至矣。豈知伏兵見執，是幽昧也；老死不歸，是險隘也。予之不從，豈憚殃哉[一二]？正恐殃及君國耳！椒桂，比君子之辛辣。蕙，即零陵香[一三]，佩之可以已癘[一二]。茝，一云蘼蕪，一云白芷，比君子之沖和[一三]。申，地名，或云椒之美名。菌，本草之小者，或云凡木根香曰菌，葉香曰薰。今言菌桂，當是言其根香也。三后，夏、商、周也。昌披，一作昌被，言其狂惑若被衣不帶者；一作昌狓，則狂惑同於禽獸矣。黨人，朝廷結黨之人，是其所是，非其所非，以擯害忠良[一四]。偷樂者，明知國事蘊伏禍端，大家且偷一時安樂，二字是黨人病根。一味為其富貴受享，計說到國家正經事上，誰肯擔干係[一五]？止為此二字在胸中，所以戰守俱廢，互相遮瞞。有一人出頭來做，必然互相排擠，此千古公患，不獨靈均之楚事為然。故雖奔走先後，竭盡知謀，方將可繼楚國先王之業，而此輩之讒，將乘此起。荃，音蓀，即蓀也，香草，生溪澗中，似石菖蒲而葉無脊。陶隱居云[一六]：『古人多以此相稱，謂亦香美相憐之詞，故《離騷》謂君為荃云爾。』不揆度余之中情，反信讒而齌怒，此可憐者，亦堪惜矣。齌，吹餔疾也。靈修，有才智又善修飾之稱[一四]，古者婦人悅其夫之詞。藉以比君，與上『美人』相應。此心難於自剖，故指九天為正也。《楚詞》凡『駝騁』字，俱是『馳騁』，乃傳寫之誤[一七]。又『菌桂』之『桂』，去『木』只書『圭』者，避先諱也。後仿此。

校記

【一】何不改乎此度：《文選》作『何不改其此度』，《補註》等通行本此句無『乎』字。《補註》又云，一本有『乎』字。

【二】椉：《文選》作『策』，《補註》《集註》等通行本作『乘』。《補註》又云，一作『椉』；駝：《補註》等通行本作『馳』，《補註》又云，一作『駝』，異體。

【三】昌：《補註》作『猖』，又云，一作『昌』。《集註》作『昌』。
【四】唯：《補註》云，『唯』一作『維』。
【五】惟黨人之偷樂兮：《補註》云，『惟』字下一有『夫』字。
【六】豈余身之憚殃兮：《補註》云，一無『身』字；《集註》云，『身』一作『心』，『殃』一作『怏』。
【七】揆：《補註》作『察』，《集註》作『揆』；中：《補註》《集註》皆云，一作『忠』。
【八】齌：《補註》《集註》皆作『齋』，又皆云，一作『齊』，或作『齌』。
【九】忍而不能舍也：《補註》云，一本『忍』上有『余』字，一本無『而』字，一本無『也』字。
【一〇】夫唯靈修之故也：《補註》云，一本『唯』作『惟』，一本無『也』字。
【一一】闊：原本作『濶』，異體，徑改為正字。
【一二】憚：原本誤作『殫』，徑改。
【一三】零陵香：原本為『茶陵香』，零陵，地名。徑改。
【一四】飾：原本作『餙』，異體，今改為正字。下仿此。

註釋

［一］釁所繇起：指釁隙由此而引起。釁：縫隙。引申為感情上的裂痕、爭端、釁隙；繇：通『由』。
［二］振刷：整肅，振作。
［三］改度：通常指違背常理，此處指改變一貫的穢行。

［四］翻然撇卻：立卽拋棄掉。翻然：亦作『幡然』，迅速轉變貌。

［五］規模：規劃，籌謀，計畫。卽重新規劃。

［六］相聳：相慫恿。

［七］迂闊：迂腐而不切實際。

［八］大路康莊：卽康莊大道。語出《史記·孟子荀卿列傳》，原文是『康莊之衢』。指寬闊平坦的大路，比喻光明美好的前途。

［九］捷人：腿腳快捷之人。比喻國家的傑出人才。

［一〇］結好息民：與秦人締結姻好，使人民得到休養生息。

［一一］勞攘：紛擾，紛亂。

［一二］已癘：治療瘟疫。

［一三］沖和：淡泊平和。

［一四］擯害：排斥和傷害。

［一五］擔干係：指負責任。

［一六］陶隱居：卽南朝齊梁間道教思想家、醫學家、煉丹家、文學家丹陽秣陵人陶弘景。弘景自號華陽居士，卒謚貞白先生。入齊，為諸王侍讀，除奉朝請，征左衛殿中將軍。齊永明十年辭官赴茅山隱居，從孫岳遊學，並受符圖經法，遍歷名山，尋訪仙藥。梁武帝禮聘不至，卻每每就諮朝廷大事，時人稱為『山中宰相』。其思想源於老莊，並受葛洪道教影響，亦雜有儒佛觀點。主張儒、佛、道三家合流，鼓吹『百法紛湊，無越三教之境』。

［一七］《楚詞》凡『駝騁』字，俱是『馳騁』，乃傳寫之誤：《楚辭》傳本，多有將『馳』作『駝』者，實則異體，非傳寫

之誤。

曰黃昏以為期兮【一】，熱心方作事。羌中道而改路。冷眼忽相看。初既與余成言兮，後悔遁而有他【二】。只謂別有路，原來別有人。余既不難夫離別兮【三】，《離騷》『離』字，於此出頭。傷靈修之數化。被人穿鼻[一]。

此第五段。言君不見信，始則暫聽，終則回惑[二]，始知妒已入矣。古者婚禮多成於夕，故『婚』從『昏』。其期，以上燈時為度，故曰黃昏。羌，發語詞。今江楚之間所不解事問人，必曰『羌』，至今此語如故，但是『強』去聲，非平聲也。前既托喻美人，故此篇純以美人相約相求之事為言。初既約定行事，至中道忽改，尚不知其何故，乃知悔遁有他，始知已有他人矣。他人既入，從此豈可復望再合？悔則以余為拙，遁則終身不願相見。雖有成言，徒成話柄。天下事，若但是一人關係[三]，卽終身不見何妨？但恐所關者大。傷吾君更變無定，為人所窺破，自是受人牢籠耳[四]。

校記

【一】昏：《補註》作『昬』，異體。

【二】遁：《補註》《集註》皆云，一作『遯』，異體；他：《補註》《集註》皆云，一作『佗』，異體。

【三】余既不難夫離別兮：《補註》《集註》皆云，一無『夫』字。

註釋

[一] 穿鼻：指用繩索或環貫穿鼻中隔。比喻被人操縱控制，任人擺佈。

[二] 回惑：疑惑，彷徨。

[三] 關係：與之有關聯。

[四] 牢籠：關鳥獸的器具。此處比喻受人約束和限制。

余既滋蘭之九畹兮，又樹蕙之百畮【一】。畦留夷與揭車兮【二】，雜杜蘅與芳芷【三】。為君做定許多好事，安排定許多好人。冀枝葉之峻茂兮【四】，願竢時乎吾將刈【五】。假使從容長養，漸漸時至，將收其用。雖萎絕其亦何傷兮，哀衆芳之蕪穢。局面微更，一網打盡。衆皆競進以貪婪兮【六】，憑不猒乎求索【七】。好利之説進，則好修之事廢。羌內恕己以量人兮，各興心而嫉妒【八】。自己不做好人，反謂他人立異。忽馳騖以追逐兮【九】，非余心之所急。難道不知隨俗，只是識事緩急。老冉冉其將至兮，恐修名之不立。無閒工夫與人徵逐。朝飲木蘭之墜露兮，夕餐秋菊之落英【一〇】。清風自賞。苟余情其信姱以練要兮，『練要』二字是上『急』字精髓。長顑頷亦何傷【一一】？清風自足。擥音覽木根以結茝兮【一二】，貫薜荔之落蘂【一三】。矯菌桂以紉蕙兮【一四】，索胡繩之纚纚。孤芳愈堅。謇吾法夫前修兮【一五】，非世俗之所服。雖不周於今之人兮，願依彭咸之遺則。法古者自遺今。長太息以掩涕兮，哀民生之多艱。余雖好修姱以鞿羈兮，謇朝誶而夕替。潔身為民，不是好異。既替余以蕙纕兮【一六】，又申之以攬茝【一七】。還君子一個虛名，送歸林下。亦余心之所善兮，雖九死其猶未悔。天性生定，豈能為小人改。

此第六段。言為君樹芳去穢，作許多事，而為衆妒所奪，然我所自信，法前修而無悔也。到此釁已成矣。

百步為畝，十二畝為畹，疏隴為畦。蘭為國香，大賢之譬；蕙次於蘭，小賢之譬；留夷、揭車、杜蘅、芳芷，俱香草之至小者，又是一材一藝，可為國需者之譬；樹衆芳者，樹衆賢之譬也。一向為君留心如此，但待時來以為君用耳。今既不用我則已矣，其如衆賢何哉？自古一賢既去，則衆賢俱可以黨錮名目處之[一一]，故有衆芳蕪穢之譬。原其相妒之故，彼以貪婪為民生之害，又以貪教君，殊不念民生多艱也，我用是惡之。我惡彼，彼亦惡我，反謂我亦如是，天下焉有不愛錢、不愛官之人哉？『恕己量人』四字，說盡末世陋習。自己本可做好人，而曰我不能，謂之恕己；他人要做好人，則曰我不能，彼亦不能，謂之量人。不知人各有志，何可一斷也？故非不知和光同塵[二]，與之馳騖追逐，或可以免禍，奈我心更有急於免禍者。老至矣，修名不立，尚可隨波逐流，空過此一生邪？寧飲墜露，寧餐落英，以立吾修名。但要自信得眞，果是姱美，果是練要，須食不飽，面目憔悴，為顑頷亦何傷乎？『練要』二字，應上『急』字。理身理國，緊要處着功夫，一切馳騖追逐，皆末事也。要處不練，而貪婪是競，此楚國之所以敗也。曰攬曰結，曰貫曰紉，曰索曰矯，不但孤芳自樹，並要樹得堅固，八風吹不動，作一中流砥柱漢子，彼雖興心嫉妒，奈之何哉？薜荔，緣木而生，與胡繩皆香草。胡繩，根葉可作繩索。纚纚，條理交錯也。彭咸，殷賢大夫，諫君不聽，投水死。屈原胸中，蚤已有個榜樣。馬，韁在口曰鞿[一八]，絡在頭曰羈，繩簡之義也[三]。雖然繩簡在我，異乎貪婪之輩，無如君心在彼不在此。誶，多言也。替，廢也。朝誶夕替，猶云朝奏夕貶也。纕，佩帶也。當其替時，君猶以蕙纕見遺，又申以攬茝，謂子大夫所好者芳潔，亦聊以芳潔遺之而已，此決絕之甚也。然芳潔為吾心所善，雖歷九死不悔，豈以嫉妒遂移吾心哉？

校記

【一】晦：古『畮』字。《補註》作『畝』，《集註》作『晦』，異體。

【二】留夷：《集註》云，一作『莔荑』；揭：《集註》云，一作『藒』。

【三】蘅：《補註》《集註》皆作『衡』，又皆云，一作『蘅』。

【四】峻：《集註》云，一作『葰』。

【五】竢：《集註》云，一作『俟』。

【六】以：《補註》《集註》皆云，一作『而』。

【七】猒：同『厭』。

【八】興：《集註》云，一作『與』，恐非。

【九】馳：《補註》云，一作『駝』。

【一〇】餐：《補註》《集註》皆云，一作『湌』。

【一一】頷：《補註》《集註》皆云，一作『頜』。

【一二】擥：《集註》云，一作『掔』；茝：《集註》云，一作『芷』。

【一三】蘂：《補註》作『蕊』，異體。

【一四】蕙：原本誤作『蘭』，徑改。

【一五】謇：《集註》云，一作『蹇』。

【一六】余：原本誤作『予』，徑改；以：《集註》云，一本無『以』字。

【一七】茝：《集註》云，一作『芷』。

【一八】轠：同『繦』，異體。

註釋

[一] 黨錮：東漢桓、靈二帝統治時期，官僚士大夫因反對宦官專權而遭禁錮的政治事件。所謂『錮』就是終身不得做官。後泛指古代禁止某些政治朋黨參政的現象。

[二] 和光同塵：語出《老子》：『和其光，同其塵。』指不露鋒芒、與世無爭的消極處世態度。此處比喻同流合污。和光：混合各種光彩；同塵：與塵俗相同。

[三] 繩簡：用繩索銜勒。比喻控制、約束。

怨靈修之浩蕩兮，『浩蕩』二字妙！該盡願大欲奢，卻又渾[一]。終不察夫民心【一】。貪婪求索者，知此民心為何物？衆女嫉余之娥眉兮【二】，謠諑謂余以善淫【三】。指貞為淫，淫者常態。固時俗之工巧兮，偭規矩而改錯。當面極正。背繩墨以追曲兮，『追曲』二字妙！背地極邪。競周容以為度。彼此出力相護，方是世道中人。忳鬱邑余侘傺兮【四】，吾獨窮困乎此時也【五】。自是生非其時，斷不怨人。寧溘死以流亡兮【六】，余不忍為此態也【七】。與我周旋，寧做我[二]。鷙鳥之不羣兮，自前世而固然。冷面寒鐵[三]，方是執法之臣。何方圜之能周兮【八】，夫孰異道而相安？方圓無並畫。屈心而抑志兮，忍尤而攘詬【九】。藏頭取容[四]，事更難。伏清白以死直兮，固前聖之所厚。致命遂志，事反易。

此第七段。言衆妒已起，釁已成，忠臣受困矣，然明知而生性不能改也。讒人害人，必先進飛語中之[五]，謠歌亦其一也。《方言》：『楚南謂愬為諑。』諑如木椓之椓，釘入人罪，牢不可拔。到此說甚美人，管甚遲暮，善淫之言一入，永離別矣。舊註謂『偭』為背，非也。偭，面也。當面相看，個個都是規矩之言。改錯者，借規矩以文過也，其寔背地皆是追曲。木從繩則正，今反以從曲。總是護私人，做私事，止瞞君上一人耳。彼此周全相容，便是主盟大度，人人歸之。如此醜態，國事焉得不壞？鬱邑，胸懷不開也。忳，積聚也。侘傺，失志，行住不定之貌。鷙鳥，執伏衆鳥者，秉志剛厲，自然不與衆群。既為國家執法之臣，安得與人茍同哉？方則必不能圓，豈是生性與人異道？不如此則國事大壞，彼此俱不相安。屈心抑志，猶言降心相從也。忍尤攘詬，清議之非，更為難過。不如仗清白以死直，猶是前聖所與，大丈夫當知所以自處矣。

校記

【一】民：《補註》云，一作『人』。私臆其所據為唐本。

【二】娥：《補註》《集註》皆作『蛾』，又皆云，一作『娥』。

【三】以：《補註》《集註》皆云，一作『之』。

【四】邑：《補註》《集註》皆云，一作『悒』。

【五】窮：原本作『竆』，異體，今改為正字，下仿此。

【六】以：《補註》《集註》皆云，一作『而』。

【七】也：《補註》《集註》皆云，一無『也』字。

【八】圜：《補註》《集註》皆云，一作『圓』；又皆云，『周』一作『同』。

【九】詢：《集註》作『詢』，《補註》作『詬』，異體。

註釋

[一] 該盡願大欲奢，卻又渾：意謂『浩蕩』二字概括盡了野心大、慾望多的情狀，而糊塗不明事理。

[二] 與我周旋，寧做我：典出《世說新語・品藻》：『桓公少與殷侯齊名，常有競心。桓問殷：「卿何如我？」殷云：「我與我周旋久，寧作我！」』意謂與其與那些違背規矩、追求邪曲的人周旋，寧可做眞實的自己。

[三] 冷面寒鐵：形容鐵面無私。比喻公正廉潔，不懼權貴。

[四] 藏頭取容：隱藏自己的眞實感受，以取悅於他人。

[五] 飛語：同『蜚語』。指毫無根據的謠言。

悔相道之不察兮，延佇乎吾將反。去志已動。回朕車以復路兮【一】，及行迷之未遠。尚自徘徊。步余馬於蘭皐兮【二】，馳椒丘且焉止息【三】。退亦尋個乾淨地。進不入以離尤兮，退將復修吾初服【四】。不與人爭進，焉往而不得退。製芰荷以為衣兮【五】，集芙蓉以為裳【六】。初服甚不苟。不吾知其亦已兮，懷寶者不貧。苟余情其信芳。止要自信得眞。高余冠之岌岌兮，長余佩之陸離。越是罷休，越自古樣，何處不風流。芳與澤其雜糅兮，何所憔悴？惟昭質其猶未虧【七】。幸喜原樣在。忽反顧以遊目兮【八】，將往觀乎四荒。欲去復徘徊。佩繽紛其繁飾兮，芳菲菲其彌章。去亦與人不同。民生各有所樂兮，余獨好修以為常【九】。止要吾自有樂。雖體解吾猶未變兮，豈余心之可懲【一〇】？徒勞將刀劃水，萬古清流自若。

此第八段。言妒釁既深，便有抽身引退之思。然猶徘徊躊躕不忍去，尚冀覺悟，不然，退亦自樂矣。相道，卽前所云『來吾道夫先路』也。苦心佐助而不蒙察，便當告退，然猶延佇不去，但曰『吾將反』而已。蓋眷念吾君，尚冀行迷未遠，回車以待舊路，卽孟子王庶幾改三宿濡滯之意也【一一】。然雖延佇，而車馬暫頓之地，尚依乎蘭皋椒丘，非芳潔不止，決不以世不我知便不擇地。進不離尤，退可修吾初服，進退綽然，爾時之自處，亦不可謂不善矣。芰，菱也，生水中，葉浮水上。荷，蓮葉。芙蓉，蓮花之名。以此作上衣下裳，吾身雖退，而被服芳潔愈甚。但要自信得眞，安問知不知哉？且不但衣服已也，高冠長佩，古人規模，窮且益堅【一二】。芳澤得以雜糅，幸此光明之質未虧耳。若使被黨人汚壞，雖有芳澤，亦安所施哉？香曰芳，潤曰澤，脂粉之類是也。雜者，芳澤非一品。糅者，研摩調合，備極細密。陸離，所佩光彩不定也。反顧遊目，看得四海之大，不止此一都，便從此不合而去。吾所被服，不以不遇而減，較前彌章，則亦非黨人所能局促我矣【一三】。平生受禍，在『好修』二字，然樂此不為禍。黨人止謂吾窮困抳抑既甚，此心必懲，懲則必從其所為，豈知體解不變，薑桂之性，久彌辣哉？

校記

【一】回：《補註》《集註》皆云，一作『迴』。

【一二】臯：原本作『皋』，《補註》作『臯』，《集註》作『皋』，今依《補註》改。

【三】馳：《補註》云，一作『駝』，異體。
【四】復：《補註》《集註》皆云，一無『復』字。
【五】製：原本誤作『制』。《補註》《集註》皆作『製』，此乃『製衣』之『製』，非『制度』之『制』，徑改。
【六】集：《補註》《集註》皆作『雧』，又云，一作『集』。
【七】唯：原本誤作『惟』。《補註》《集註》皆作『唯』，乃『唯獨』之意，意近。徑改。
【八】遊：原本誤作『游泳』之『游』，《補註》作『遊』，又云，一作『游』，《集註》作『遊』。依《集註》徑改。
【九】修：《補註》《集註》皆云，一作『循』；常：原本作『嘗』，避明光宗朱常洛諱，徑改。
【一〇】豈：《補註》《集註》皆云，一作『非』；可：《補註》云，《文選》作『何』。《集註》云，一作『何』。

註釋

［一］孟子王庶幾改三宿濡滯：典出《孟子》：『孟子去齊。尹士語人曰：「不識王之不可以為湯武，則是不明也；識其不可，然且至，則是干澤也。千里而見王，不遇故去。三宿而後出晝，是何濡滯也？士則茲不悅。」高子以告。曰：「夫尹士惡知予哉？千里而見王，是予所欲也；不遇故去，豈予所欲哉？予不得已也。予三宿而出晝，於予心猶以為速。王庶幾改之。」』意謂留戀不願離開。
［二］窮且益堅：意謂處境越窮困，意志應當越堅定。窮：窮困；益：更加。
［三］局促：猶限制。

女嬃之嬋媛兮【一】，申申其詈予【二】。舉世皆婦人女子。曰：『鮌婞直以亡身兮【三】，終然殀乎羽之野【四】。汝何博謇而好修兮【五】，好修則孤立。紛獨有此姱節？薋菉葹以盈室兮，判獨離而不服。衆不可戶說兮，孰云察余之中情？世並舉而好朋兮，『好朋』是『好修』二字對頭。夫何煢獨而不予聽【六】？』

此第九段。託女嬃之詈，見衆妒之必不容。

從來詮者〔一〕，謂女嬃為屈原姊，不知何所根據，蓋起於袁崧之誤〔二〕。袁崧因夔州秭歸縣有屈原舊田宅在〔三〕，遂謂秭歸以屈原姊得名，曰：『屈原有賢姊，聞原放逐，亦來歸，喻鄉人，冀其見從，因名曰秭歸，卽《離騷》所謂「女嬃嬋媛」也。後人遂於宅之東北立女嬃廟，擣衣石猶存。』此與徐氏、貂嬋同妄矣〔四〕。則何不便名姊歸，其稱「秭」，豈有訛乎？不知秭歸之地，《誌》稱歸鄉，原歸子國，舜典樂官夔封於此〔五〕，故郡名曰夔州〔六〕。《樂緯》曰〔七〕：『昔歸典叶聲律。』然則歸卽夔，後人乃讀為歸來之歸。宋忠曰〔八〕：『歸卽夔，歸鄉蓋夔鄉矣。』酈道元好奇而不能辨，遂兩志之《水經註》〔九〕，故世互相沿習。按：天上有須女星〔一〇〕，主管布帛、嫁娶人間使女，謂之須女。須者，有急則須之謂。故《易》曰：『歸妹以須，反歸以娣。』言須乃賤女，及其歸也，反以作娣。娣者，正妃之次。古者，國君一娶九女，娣姪從之。後人加『女』於『須』下，猶『娣姪』之文，本不從『女』，後人各加『女』於其旁也。漢呂后妹，樊噲妻，名呂嬃。蓋古人多以賤名子女，祈其易養之意。生女名嬃，猶生男名奴耳。屈原所云女嬃，明是從上『美人』生端。女嬃，乃美人使喚下輩。見美人遲暮，輒亦無端詬厲〔一一〕。嬋媛，賣弄之態也。申申，所詈不一次也。大丈夫不能遭時遇主，建立奇功，致使小輩揶揄〔七〕，反來攻君子之短，而教君子以逢世之策〔一二〕，則亦足悲矣。舉鮌婞直、殀於羽山之野，所以貶屈原之剛，終須到此地位。婞，訓『狠』，非，乃女子不肯低眉、才色自負之態。博謇者，腹內雖然廣博，口中卻說不出。口嘴既說他不過[八]，已自受虧，況又好修為其所忌。爾既好修，彼亦好朋，此是君子與小人相形禍胎[一三]。君子雖好修，不過一人，故曰煢獨；小人好朋，則一唱百和，故曰盈室。以一人敵衆人，雖有姱美之節，塗汚何難[一四]？而舉世雷同，又不可戶說，反以衆口為是。議論一起，將於何處自白？徒有中懷鬱邑耳！薋，蒺藜也，三角刺人。菉，雞腳莎也，亦刺人之物。二俱喻黨人之荊棘[一五]。葹，卽前宿莽，卷心草也，拔心不死，又黨人善於翻身之喻。王逸《註》以為枲耳，非。以上惡草，今皆為人所服，以為香草矣。爾獨與之判別不服，則爾之煢獨，不亦宜乎？女嬃言止此。舊以『衆不可戶說』下為屈子自言，非也。

校記

【一】嬋媛：《補註》《集註》皆云，一作『撣援』。

【二】詈：《補註》《集註》皆云，一作『罵』；予：《補註》云，一作『余』。

【三】鮌：《補註》《集註》皆云，一作『鯀』；婞：《集註》云，一作『悻』；亡：《文選》作『方』。

【四】殀：《補註》《集註》皆云，一作『夭』。

【五】謇：《集註》云，一作『蹇』，非是。

【六】煢：《補註》作『焭』，又云，一作『惸』；《集註》作『惸』，又云，一作『焭』。均為異體。予：《補註》云，一作『余』。

【七】揶揄：原本作『梛榆』，俗字，今改為正字。

【八】口嘴既說他不過：上文既云『口中卻說不出』，則此處之『口』當為衍文。

註釋

［一］詮：解釋。

［二］袁崧：一作袁山松，字橋孫，陳郡陽夏人，著有《宜都記》。

［三］夔州秭歸縣：西漢置秭歸縣，舊屬夔州管轄，為屈原故里。世稱秭歸縣名源於《水經註》「屈原有賢姊，聞原放逐，亦來歸，因名曰姊歸」，「秭」由「姊」演變而來。

［四］與徐氏、貂嬋同妄：與傳說中三國時期巧施離間計的貂蟬、孫翊之妻徐氏的故事同屬虛妄之談，不可信。

［五］舜典樂官夔：舜帝時期掌管音樂的官員夔就被封在這裡。典：掌管。夔：古代音樂家，生活在荒僻邊遠的地方，具有非凡的音樂才能，後受到舜的賞識，提拔為樂官，主理樂舞之事。事見《尚書·堯典》。

［六］夔州：即今重慶奉節。古夔州自漢代起即為巴東郡、巴州、信州、夔州、夔州府等治地，一直為巴渝東北部政治、經濟、文化和軍事中心。縣城駐永安鎮，歷代曾為路、府、州、郡治地。

［七］《樂緯》：《樂緯》是漢代無名氏撰寫、承《樂經》而作的儒術與神學相結合的讖緯類典籍，故名《樂緯》。漢代流傳下來的《樂緯》有《動聲儀》《稽耀嘉》《葉圖征》三種。其詞語奇詭，內容神秘。宋以後殘佚。樂即《樂經》。緯常與讖並列，名異而實同。可見，緯和讖都是指以占卜征驗為特徵的神學著作。

［八］宋忠：字仲子。東漢末學者。南陽章陵（今湖北棗陽）人。與綦毋闓等撰《五經章句》，有《周易註》十卷，俱佚。又著有《太玄經註》九卷，《法言註》十三卷。

［九］兩志之《水經註》：酈道元遇到這一問題，也沒有詳加辨證，只好把這兩種說法都記載了下來。

〔一〇〕須女星：星宿名。與織女星、婺星相近。《太平廣記》卷六五「姚氏三子」條引五代杜光庭《神仙感遇傳》：「織女、婺女、須女星皆無光，是三女星降下人間。」

〔一一〕詬厲：猶詬病。譏評，辱罵。

〔一二〕逢世之策：謂治世之良策。逢世：遇到好世道。

〔一三〕禍胎：致禍的根源。

〔一四〕塗汚：侮辱，染汙。

〔一五〕荊棘：此處比喻奸佞小人。

依前聖以節中兮〔一〕，喟憑心而歷茲〔二〕。濟沅湘以南征兮，就重華而敶詞〔三〕。爾以予為鮌，請卽質之於舜。啓《九辯》與《九歌》兮，夏康娛以自縱。不顧難以圖後兮，五子用失乎家衖〔四〕。羿淫遊以佚畋兮〔五〕，又好射夫封狐〔六〕。固亂流其鮮終兮〔七〕，浞又貪夫厥家。澆身被服強圉兮〔八〕，縱欲殺而不忍〔九〕。日康娛以自忘兮〔一〇〕，厥首用夫顛隕〔一一〕。止為不肯誤君為太康一輩，所以婞直。夏桀之常違兮，乃遂焉而逢殃。后辛之菹醢兮〔一二〕，殷宗用之不長〔一三〕。止為不肯誤君為桀紂一輩，所以婞直。湯禹儼而祗敬兮〔一四〕，周論道而莫差。舉賢才而授能兮〔一五〕，循繩墨而不頗〔一六〕。止為望君為商周賢君，所以婞直。皇天無私阿兮，覽民德焉錯輔〔一七〕。止為告君敬天，所以婞直。夫維聖哲之茂行兮〔一八〕，苟得用此下土。止為告君師聖，所以婞直。瞻前而顧後兮，相觀民之計極〔一九〕。夫孰非義而可用兮？孰非善而可服？止為告君愛民，所以婞直。阽余身而危死兮〔二〇〕，覽余初其猶未悔。初心如此，本無悔。不量鑿而正枘兮〔二一〕，固前修以菹醢。前修如此，亦非不量。曾歔欷余鬱邑兮〔二二〕，哀朕時之不當。時自為之，於人何尤？攬茹蕙以掩涕兮〔二三〕，霑余襟之浪浪。跪敷衽以陳辭兮〔二四〕，耿吾既得此中正。既是中正，抑有何懼〔二五〕？駟玉虬以椉鷖兮〔二六〕，溘埃風余上征。

此第十段。歷舉前世善敗[一]，非好為婞直以犯人之情，直是事君之道當然耳！世事各執一說，不如依前聖中道，則是非得失辯矣。爾以吾為鮌，吾亦何言？惟有喟然長歎，但憑此心歷兹沅湘，以南質之重華爾。蓋當日殛鮌者，重華也。吾所以事君者，有一不合中正，則果是婞直，與鮌同歸，為重華之罪人矣。以下皆敷陳其所以事君者。《九辯》《九歌》，禹舊樂也，所以昭德而思前人之功也，何至太康便以為淫縱之具？一夫作難，家衖遂失。其後，太康為羿弑，羿又為其臣寒浞弑，浞與子澆又為少康滅[二]。其初止一淫縱，而後遂君臣父子相禍如此。夏桀違棄常道，辛紂葅醢賢人[三]，亦只是『淫縱』二字作祟。以此規君，可謂之婞直否乎？禹、湯、文武，祗敬論道[四]，舉賢授能[五]。以此繩墨望君，可謂之婞直否乎？且皇天所以無私者，只看人君有愛民之德者方與輔之，否則，不與置輔矣。卽聖哲茂行，下土歸心，非曰吾能用之也，但苟得而已。倘一不然，則下土去我矣。瞻前顧後，民心無極[六]，非義不為我用，非善不為我服，豈不可畏？甚哉！吾以此規君，亦何婞直之有？當時黨人，競導君為淫縱之事，上不畏天，下不畏民，屈原每事與之反，能無及乎[七]？鑿方枘圓[八]，以方投圓，自然不入。然寧如此，庶不謬乎前修。既前修不謬，吾得此中正，卽葅醢甘之矣！掩涕之泣，非為一身泣也，為國事泣也。柔茹之蕙，攬之在手，而人不愛，國事顛倒，尚忍言哉？虬，龍類，無角。鷖，鳳類。埃風，竢土而上之風。告重華畢，便欲為天上遊，棄此人間，益憤激之極也[二七]。

校記

【一】以：《集註》云，一作『之』。

【二】憑：《補註》云，一作『馮』。

【三】噉詞：《補註》云，一作『陳辭』；《集註》云，『噉』，古『陳』字，一作『陳』。

【四】衖：《補註》作『巷』，又云，一作『居』；《集註》云，一作『巷』，又云作『居』非是。

【五】畋：《補註》《集註》皆云，一作『田』。

【六】狐：原本誤作『弧』，徑改。

【七】鮮：《補註》《集註》皆云，一作『尠』，異體。

【八】澆：《補註》《集註》皆云，一作『奡』，五耗反；服：《集註》云，一作『於』。

【九】殺：《補註》《集註》皆無此字，又皆云，一本『欲』下有『殺』字，不改。

【一〇】以：《補註》《集註》皆作『而』，又皆云『而』一作『以』。

【一一】夫：《補註》《集註》皆云，一作『以』，又皆云，一無『夫』字；顛：《集註》云，一作『巔』。

【一二】菹：《補註》《集註》皆作『葅』。《補註》云，一作『菹』。

【一三】之：《補註》作『而』，又云，一作『之』；《集註》作『之』。

【一四】儼：《補註》《集註》皆云，一作『嚴』；祗：原本誤作『祇』，《補註》《集註》皆作『祗』，徑改。

【一五】才：《補註》云，一云『舉賢才』，有『才』字；《集註》有『才』字，又云，一無『才』字。

【一六】循：《補註》云，一作『修』，《集註》謂非是；頗：《補註》《集註》皆云，一作『陂』。

【一七】民：《文選》『民』作『人』，蓋為唐五臣註本；德：《補註》云，一作『悳』，異體。

【一八】之：《補註》作『以』；《集註》作『之』，且云，一作『以』。

【一九】民：《補註》云，一作『人』，已見前。

【二〇】死：《補註》《集註》皆云，一本『死』下有『節』字。

【二一】正：《集註》云，一作『進』。

【二二】邑：《補註》《集註》皆云，一作『悒』。

【二三】攬：《文選》作『擥』。《補註》云，一作『擥』，異體。

【二四】辭：《補註》《集註》皆云，一作『詞』。

【二五】懼：原本作『愳』，同『懼』，古今通假。

【二六】虬：《補註》《集註》皆云，一作『虯』；椉：《補註》云，一作『乘』。

【二七】『非為一身泣也，為國事泣也。柔茹之蕙，攬之在手，而人不愛，國事顛倒，尚忍言哉？虬，龍類，無角。鷖，鳳類。埃風，椉土而上之風。告重華畢，便欲為天上遊，棄此人間，益憤激之極也』。此段文字，由於底本字跡極為模糊難辨，兼此書只有此本，不能對勘，現根據字形，結合上文文意，一一疏通，展奉於此。

註釋

［一］善敗：即好與壞。

〔二〕太康為羿弑，羿又為其臣寒浞弑，浞與子澆又為少康滅：《左傳·襄公四年》云：『昔有夏之方衰也，后羿自鉏遷於窮石，因夏民以代夏政。恃其射也，不修民事，而淫於原獸，棄武羅、伯困、熊髡、尨圉而用寒浞。寒浞，伯明氏之讒子弟也，伯明後，寒棄之，夷羿收之，信而使之，以為己相。浞行媚於內，而施賂於外，愚弄其民，而虞羿於田，樹之詐慝，以取其國家，外內咸服。羿猶不悛，將歸自田，家衆殺而亨之，以食其子，其子不忍食諸，死於窮門。靡奔有鬲氏，浞因羿室，生澆及豷，恃其讒慝詐偽而不德於民，使澆用師，滅斟灌及斟尋氏，處澆於過，處豷於戈。靡自有鬲氏收二國之燼以滅浞而立少康。少康滅澆於過，後杼滅豷於戈，有窮由是遂亡，失人故也。』又見《史記·吳太伯世家》《潛夫論·五德志》，文字略同。

〔三〕夏桀違棄常道，辛紂菹醢賢人：夏桀荒淫無度，為了滿足自己的奢侈生活，不惜民力，大興土木，建傾宮瑤台。夏桀還設置『酒池肉林』，放餓虎於市中等等；紂菹醢梅伯之事見於《呂氏春秋·行論篇》：『昔者紂為無道，殺梅伯而醢之，殺鬼侯而脯之，以禮諸侯於廟。』據東漢高誘註，梅伯和鬼侯均為紂之諸侯。梅伯覺得鬼侯之女長得很美，勸紂取之。紂卻聽信妲己的譖言，謂之不美，結果醢梅伯，脯鬼侯。

〔四〕祗敬論道：《離騷》云：『湯禹儼而祗敬兮，周論道而莫差。』祗敬：恭敬。論道：討論治國之道。

〔五〕舉賢授能：推舉賢才，把職權交給有能力的人。

〔六〕民心無極：指人心不可測量。民心：人心。

〔七〕能無及乎：怎能不觸及黨人的利益呢？

〔八〕鑿方枘圓：語出宋玉《九辯》：『圜鑿而方枘兮，吾固知其鉏鋙而難入。』意為方榫頭不能插入圓孔。比喻不同道者不能相容，後遂用為道不同則不合之典。枘：榫頭。鑿：榫眼。方榫頭，圓榫眼，兩下合不來。比喻格格不入。

朝發軔於蒼梧兮，夕余至乎縣圃〔一〕。因叩重華而遠遊。**欲少留此靈瑣兮〔二〕，日忽忽其將暮。吾令羲和弭節兮，望**

崦嵫而勿迫【三】。路曼曼其修遠兮【四】，吾將上下而求索。世路儘寬。飲余馬於咸池兮，總余轡乎扶桑【五】。折若木以拂日兮，聊逍遙以相羊【六】。前望舒使先驅兮，後飛廉使奔屬。鸞皇為余先戒兮【七】，雷師告余以未具【八】。吾令鳳鳥飛騰兮，繼之以日夜。飄風屯其相離兮，帥雲霓而來御【九】。紛總總其離合兮，班陸離其上下【一〇】。明明畫出與天為徒，不屑人間樣子。吾令帝閽開關兮，倚閶闔而望予。時曖曖其將罷兮【一一】，結幽蘭而延佇。天上亦有此輩。世溷濁而不分兮，好蔽美而嫉妒。世情亦到天上。朝吾將濟於白水兮，登閬風而緤馬【一二】。天上不可居，又下人間仙丘。忽反顧以流涕兮，哀高丘之無女。思君道切，寓言無女。溘吾遊此春宮兮，折瓊枝以繼佩。及榮華之未落兮，相下女之可詒。也學時人，尋個通事。吾令豐隆乘雲兮，求虙妃之所在【一三】。求皇道之合。解佩纕以結言兮，吾令蹇修以為理【一四】。紛總總其離合兮，忽緯繣音畫其難遷【一五】。好事難成。夕歸次於窮石兮，朝濯髮乎洧盤【一六】。保厥美以驕傲兮【一七】，日康娛以淫遊。止為『康娛』兩字擔閣【一】。雖信美而無禮兮，來違棄而改求。皇道不可得求了。覽相觀於四極兮，周流乎天余乃下音虎。望瑤台之偃蹇兮，見有娀之佚女【一八】。求帝道之合。吾令鴆為媒兮，鴆告余以不好。小人毒口，往往見賣。雄鳩之鳴逝兮，余猶惡其佻巧。佻巧亦不可使，作合眞難。心猶豫而狐疑兮，欲自適而不可。自求合又不可，君子所以難遇。鳳皇既受詒兮【一九】，君子中亦無可託，鳩太奸惡，鳳皇又太忠厚【二〇】。恐高辛之先我。帝道又不可求了。欲遠集而無所止兮【二一】，聊浮游以逍遙。及少康之未家兮，留有虞之二姚。求王道之合，二姚卻是中興聖王配偶【二二】。理弱而媒拙兮，『理弱媒拙』四字，畫孤立寡援之情。恐導言之不固。世溷濁而嫉賢兮【二三】，好蔽美而稱惡【二四】。閨中既以邃遠兮【二五】，哲王又不寤。懷朕情而不發兮，說不得，哭不得，笑不得，是謂懷情不發。余焉能忍而與此終古？不能忍與此終古，較不共戴天為奇。

此第十一段。言既不為衆所容，則因往叩重華【二】，將遊於四表上下【三】，求索一遇，豈便無相合者？賈生所謂『歷九州而相君，何必懷此都也』【四】，而處處窒礙【五】，誰為道達【六】？雷師不具，飄風相屯，卽天帝左右，無人開關導引[七]，況人間乎？孤獨難處，譬之求佳人而無媒：在佳人雖美無禮，既不我就，驕傲反覆；在媒則理弱詞拙，鴆告不好，鳩亦輕佻[二七]，鳳皇雖佳，又受詒於他人。天上人間，皆蔽美稱惡。懷情不發，且奈何哉？故此一段纏綿悽惻[二八]，可謂思君之至矣。

蒼梧，虞舜葬處。縣圃，乃昆侖神人所居。門鏤曰瑣[八]，文如連瑣，以青畫之曰青瑣。靈之為言神也。羲和，掌日之官。弭節，言少停轡，使白日無遽落也。咸池、崦嵫，皆日落處。扶桑，日出處。若木，在崑崙西極，其華光照下地，折其枝，可以指日復進。相羊，卽徜徉之意。望舒，月神名。飛廉，風伯名。鸞皇，雌鳳之長。雷師，豐隆也。告以未具，駕未全具也。鳳鳥飛騰，飄風雲霓，皆空中之御。『紛總總其離合，班陸離其上下』，言空中之御，忽離忽合，忽上忽下，寓言天遊之樂，不屑屑於人間世也。帝閽，天帝守閽者。令之開關見帝，閽者倚閶闔而觀望，不肯為開關也。曖曖將罷，晴日已斜，上帝將罷朝也。『結幽蘭而延佇』，言懷芳不進也。蔽美嫉妒，乃人間之風，不謂天帝左右，亦有此習氣！白水，出崑崙之山。閬風，崑崙之峯也。緤馬，猶言繫馬也。行到高丘之上，不逢神女，寂寞無偶，能無掩涕耶？言求女者，求賢君之譬也。自此已下，皆求女之事：初求伏羲氏之女，皇風也；再求高辛氏之女，帝風也；又求少康之二姚，王風也。如商鞅之三變其說[九]，所求愈下，所遇愈難，故其情愈苦。但前有『衆女嫉予蛾眉，謠諑謂予善淫』之語，則知其以美人自況；此則到處求媒，又以美人況君，比喻變遷，倏忽無端，此《離騷》之情也。春宮，東方青帝之舍。下女，神女侍者。折瓊玉之枝以詒下女，將使其通意神妃。詒者，言詞哄騙之謂。俱寫出無聊一段癡想。豐隆性燥，令求虙妃所在，冀其必得[二九]。結言，求其允也。蹇修，人名，媒也。理者，陳說所求之情也。『紛總總其離合』，所言無頭緒，忽離忽合，不能結言之狀也。緯繣，糾纏不相交之狀。難遷，其意難移也。窮石，山名。洧盤，水名。言神女既不我就，且盤桓於山水之間[一〇]，無相見之意也。此女美則美矣，驕傲淫遊，一切不循理，將違棄我而改求他人，吾亦焉用求哉？寓言之意，蓋謂今日時君，誰不負才，皆是信美而無禮者，正若此矣。昔有娀氏有美女[三〇]，為築瑤台以飲食之，教以歌舞。佚，言其舞態翩躚[一一]。偃蹇，言其高居巍峨[三一]。後為帝嚳高辛氏之妃，即契母簡狄也[一二]。此託言求此女，恐高辛氏先得，蓋謂臣主之交，倘遇賢君，吾不先求，恐有人先入矣。鴆，惡鳥，毒可殺人，喻讒佞賊害人也。託之做媒，不言吾好，反舉所不好以告，則薦我處正是傾我[一三]。屈原所遭，盡是此輩。雄鳩雖然性快，一鳴即逝，便往為余說合，然性佻巧，又相扶不起，此亦小輩無關輕重之譬。『心猶豫而狐疑』，欲自往言，又嫌自媒；令鳳皇為我言，而鳳皇又太忠厚，恐受高辛之詒而先我矣，是君子中亦是不濟之譬。昔少康失國，逃於有虞，有虞之君以二女妻之[一四]，世稱二姚，舜之後也。乘少康未以為家之時，託人留之，亦自可偶。無奈理弱媒拙，導言者不肯堅固作合，蔽美稱惡，猶之乎鴆也。閨中邃遠，既不能自與二姚親訂，有虞之君雖明哲，誰為寤寐發之？虙妃、簡狄，皇帝之配，既不可得；二姚中興之合，亦不可遇。然則天之生我，使獨也？此終古無與，將誰忍乎？按當日懷王，屈子勸勿西行，是故篇之中上下求索，言縣圃崦嵫、咸池瓊臺、白水洧盤，皆西行之路，所謂魂魄猶應睠此。自蒼梧發軔，因陳詞重華，不自知其到此耳。

校記

【一】縣：《補註》《集註》皆云，一作『懸』。

【二】少：《集註》云，一作『夕』，非是；瑣：《補註》《集註》皆云，一作『璅』，異體。

【三】勿：《補註》《集註》皆云，一作『未』。《集註》謂非是。

【四】曼曼：《釋文》《文選》五臣註皆作『漫漫』；《集註》云，一作『漫』。

【五】總：《集註》作『摠』；扶：《說文》作『榑』。

【六】逍遙：《補註》《集註》皆云，一作『須臾』；羊：一作『佯』。

【七】皇：《補註》云，或作『凰』。《集註》云，一作『鳳』；余先：《集註》云，一作『我前』。

【八】余：原本作『予』，《補註》《集註》皆作『余』，又皆云『余』一作『我』。結合上文『為余先戒』語，此處當與之一致，徑改。

【九】帥：《補註》《集註》皆云，一作『率』；霓：《集註》云，一作『蜺』。

【一〇】班：《補註》《集註》皆作『斑』。《補註》云，一作『班』。《集註》云，或作『班』。

【一一】罷：《補註》云，一作『疲』。

【一二】緤：《補註》《集註》皆云，一作『絏』。

【一三】慮：《補註》作『宓』，又云，一作『虙』；《集註》作『虙』，又云，一作『宓』。

【一四】蹇：原本作『謇』，《補註》《集註》皆作『蹇』。蹇修，人名。《補註》曰『伏羲之臣』，徑改。

【一五】緯繣：《集註》云，『緯』一作『徽』，『繣』一作『憘』，二字一作『歞憘』。

【一六】乎：原本作『於』，《補註》《集註》皆作『乎』，徑改。

【一七】傲：《補註》《集註》皆云，一作『敖』。

【一八】佚：《集註》云，一作『妷』。

【一九】詒：《補註》《集註》皆云，一作『詔』。《集註》謂非是。

【二〇】太：原本作『大』，徑改。

【二一】集：《補註》《集註》皆云，一作『進』。《集註》謂非是。

【二二】聖：原本誤作『盛』，徑改。

【二三】世：《補註》云，一作『時』。

【二四】美：《補註》《集註》皆云，一作『善』。

【二五】既以：《補註》云，一無『以』字；《集註》云，『既』下一有『以』字。

【二六】忍而與此：《補註》無『而』字，又云，一『忍』下有『而』字；《集註》云，一無『而』字。

【二七】鳩：原本誤作『鴆』，徑改。

【二八】纏綿悽惻：原本脫一『綿』字，徑添。

【二九】冀：原本作『兾』，俗字，徑改。

【三〇】娀：原本誤作『娥』，徑改。

【三一】峨：原本作『峩』，異體，徑改。

【三二】虙：原本誤作『伏』，徑改。

註釋

［一］擔閣：同『擔擱』『耽擱』。指耽擱，遲延。

［二］因：隨之，隨後。

［三］四表上下：語出《書·堯典》：『光被四表，格於上下。』指四方極遠之地和天地，亦泛指天下。

［四］賈生所謂『歷九州而相君，何必懷此都也』：指《史記·屈原賈生列傳》所引賈誼《吊屈原賦》之『瞝九州而相君兮，何必懷此都也』，語句略有出入。

［五］窒礙：障礙，阻礙。

［六］道達：引導而達到目的地。

［七］導引：即引導。在前面引領。

［八］門鏤：即連瑣。鏤玉為連環叫瑣，後以金屬為之，變作『鎖』。

［九］商鞅之三變其說：商鞅，又稱衛鞅，戰國時期著名改革家，法家學派的代表人物。初次進入秦國，通過賄賂秦孝公寵臣景監，三次面見秦孝公，從而實施了春秋戰國史上規模最大、最徹底的一次變法運動，史稱商鞅變法。他三次面見秦孝公，主張皆不相同：一見孝公，講的是以堯、舜為代表的帝道治國；二見孝公，談的是三皇五帝以來堯舜禹湯治理國家的王道治國；三見孝公，講的是以法家為核心的對內實行嚴刑峻法、對外實行霸道治國。

［一〇］盤桓：徘徊，逗留。

［一一］翩躚：旋轉的舞姿。

【一二】帝嚳高辛氏之妃，即契母簡狄：高辛氏帝嚳是上古五帝之一，黃帝氏族的第三代孫。簡狄是上古時代傳說中商始祖契的母親，帝嚳的次妃，一作簡易、簡逿，因出於有娀氏，又稱娀簡。相傳她偶出行浴，吞燕卵而生契。

【一三】傾：傾覆，推翻。

【一四】妻：讀作去聲。動詞，為之娶妻之意。

索藑茅以筳篿兮【一】，命靈氛為余占之。天難問，故決之神。曰：『兩美其必合兮，孰信修而慕之？憐才者誰？思九州之博大兮【二】，豈惟是其有女？』天生我才必有用[一]。曰：『勉遠逝而無狐疑兮【三】，孰求美而釋女？艷色天下重，西施寧久微[三]。何所獨無芳草兮【四】，爾何懷乎故宇【五】？』行行重行行[四]。世幽昧以昡曜兮【六】，孰云察余之善惡【七】？屈子因靈氛之告，不覺情懷頓發。民好惡其不同兮【八】，惟此黨人其獨異！自是天生一種肺腸[五]。戶服艾以盈要兮，謂幽蘭其不可佩【九】。邪正顛倒。覽察草木其猶未得兮【一〇】，豈珵美之能當？芳臭尚且不知，何況至寶？蘇糞壤以充幃兮【一一】，謂申椒其不芳。謂糞壤為芳，申椒自合居臭。欲從靈氛之吉占兮，心猶豫而狐疑。止為遠逝甚難。巫咸將夕降兮，懷椒糈而要之。再決之巫咸。百神翳其備降兮，又決之百神。九疑繽其並迎【一二】。百神中，九疑二妃當告我。蓋重華二妃，我所陳詞故也。皇剡剡其揚靈兮，告余以吉故。靈氛說吉，不知其故，此下乃告之。曰：『勉陞降以上下兮【一三】，求榘矱之所同【一四】。湯、禹儼而求合兮【一五】，摯、咎繇而能調【一六】。但求同乎古人，不患無摯、咎繇之合。苟中情其好修兮，又何必用夫行媒【一七】？果能自信，用媒則甚？說操築於傅巖兮，武丁用而不疑。呂望之鼓刀兮，遭周文而得舉。甯戚之謳歌兮，齊桓聞以該輔。從來有君不患無臣，有臣亦不患無君。及年歲之未晏兮，時亦猶其未央【一八】。秖要乘時。恐鵜鴃之先鳴兮【一九】，使夫百草為之不芳【二〇】。』還恐時過。何瓊佩之偃蹇兮【二一】，衆薆然而蔽之？正為偃蹇，高而受抑。惟此黨人之不諒兮【二二】，恐嫉妒而折之。蔽止掩美，折則危身。時繽紛以變易兮【二三】，又何可以淹留？巫咸百神，更暢言靈氛遠逝之告。蘭芷變而不芳兮，荃蕙化而為茅。小人有變君子之力。何昔日之芳草兮，今直為此蕭艾也【二四】？豈其有他故兮，莫好修之害也【二五】！莫是好修之害，直決出病根。余以蘭為可恃兮，羌無實而容長。委厥美以從俗兮，苟得列乎衆芳。屈子又因巫咸之告，不覺懷情頓發，初恨小人蔽美，今尤恨君子不自立。椒專佞以慢慆兮【二六】，何意百煉鋼，化為繞指柔【六】。榝又欲充夫佩幃【二七】。假氣節，假忠直。既干進而務入兮【二八】，又何芳之能祗【二九】？君子干進，便為小人所賤。固時俗之流從兮【三〇】，又孰能無變化？誰能到此不淚？覽椒蘭其若茲兮，又況揭車與江離【三一】？大賢且變，何況小賢？惟茲佩之可貴兮【三二】，委厥美而歷茲。芳菲菲而難虧兮【三三】，芬至今猶未沬【三四】。孤芳到底止可自信。和調度以自娛兮，但求自娛，不因人熱。聊浮游而求女。連求女亦是信步行將去，繇天分付來【七】。及余飾之方壯兮，周流觀乎上下音虎。遠遊之說，至今不疑。

此第十二段，言求女如此其難，人事全不可問，請決之神。靈紛既告以遠逝，心尚狐疑；又決之巫咸、百神，確然告余不可淹留，一如靈氛所言，則吉。自此，決意與世長別矣。

自『索藑茅』至『豈惟是其有女』六句，是屈原問靈氛之詞。自『曰勉遠逝』至『爾何懷乎故宇』四句，是靈氛所告，告以歷九州而相君，何必懷此都也。自『世幽昧以眩曜兮』起，至『謂申椒其不芳』止，共十句，屈原因靈氛之告，觸發其不平之感，曰此時人情顛倒，反謂小人可用，君子不可用，猶之艾與糞壤反以為芳，而椒、蘭反謂不芳，遠逝之說誠然也。自『欲從靈氛之吉占』起，至『九疑繽其並迎』止，共六句，是屈原到底疑靈氛遠逝之言，未必便可舍去，故又決之巫咸、百神及九疑之神。自『皇剡剡其揚靈兮』起【三五】，至『莫好修之害也』，共三十句，是述巫咸、百神之告，謂爾但自好修，何必問媒？若是道將行，自有湯、禹、武丁、周文、齊桓之人出；如其不然，道隱則隱，不可淹留，靈氛之言是也。且爾之本意，欲乘壯年，早圖建立爾，然其如世變何？不但小人不容君子，並要盡變君子，使蘭芷荃蕙與蕭艾同。無他，止為爾好修之故耳。

『莫』是疑詞，猶云『莫不是』這些關竅也。自『余以蘭為可恃』以下，至『周流觀乎上下』，共二十句，是屈原因巫咸、百神之言，更觸發其不平之感，曰神之言果是矣。初猶恨是小人與君子為敵，今因神言而細思之，君子且盡變為小人矣，君子猶可恨也。蘭生幽谷，初以為孤芳可恃，及小人一挾，謂爾有芳而不結實，何容爾長於此？於是委其花而學衆草，且以草為衆芳，苟幸而得與列矣。又如：椒本芳烈之物，今且專佞，同衆人之怠慢淫慆；榝本茱萸，非椒種類，今亦濫列椒囊而充乎佩幃，儼然小人皆風節矣[八]。君子所以異於人，其孤芳為人祇敬者，為其不干進務入耳。今亦干進，亦務入，則必藉小人以進以入，又何芳之可敬哉？固時俗流從，本是無骨，今之君子，孰能無變化？其間有骨者其誰哉？椒蘭為衆芳之大者尚如此，揭車江離又可知矣！則是舉世將無一君子也，吾一人何獨淹於此乎？吾佩此椒蘭之芳，歷盡世艱，至今未虧未沫，則亦聊以自娛而已。卽向者歷高丘而求女，亦是浮遊，無可奈何，請自周流觀乎上下矣。此一段之大意也。

筳，是折竹為占。篿，是結草為占。筳法至今不傳。篿，卽楚人所謂茅卦，今民間猶往往用之。索藑茅，則是問篿而並言筳者，猶言筮者動曰卜筮也。幽昧，世人心事深也[九]。昡曜，世人門面大也[一〇]。旣無心事，又無門面，所以善反謂惡也。艾，臭草。盈要者，佩之徧腰。蘭喜生深谷，故曰幽蘭，賢人君子之性也。珵，美玉。《玉書》言：『珵大六寸，其燿自照。』[一一]蘇，採也。幃，香囊也。靈氛，古之善占者。巫咸，神巫，殷中宗世下降。椒糈，卽今粽子，以椒裹之，所以享神。翳其備降，神之來，蔽天日也。九疑，二妃之神，女侍紛紛，故曰『繽其並迎』。剡，神來之光也。鼓刀，呂望屠牛事[一二]。謳歌，甯戚飯牛之歌[一三]。該輔，總輔也。鵜鴂，卽鳴鵙。此鳥一鳴，則百草萎謝之時，以況建功立業，要在芳盛之年【三六】。偃蹇，高貌。薆然，群聚貌。

此段舊解，分靈氛、巫咸、屈子之言多溷，今正之。大都『余』字以下，方為屈子之言，細讀自見。

校記

【一】薆：《集註》云，一作『瓊』。

【二】思：《補註》作『悤』，古字。

【三】狐：《補註》《集註》皆云，一無『狐』字。

【四】草：《補註》云，一作『屮』，舊作『卉』。

【五】爾：《補註》云，一作『尒』；宇：《補註》《集註》皆云，一作『宅』。

【六】世：《補註》云，一作『時』；眩曜：《補註》作『昡曜』，又云，『昡』一作『眩』。《集註》作『眩曜』。從文意看，字從目為近。

【七】善惡：《集註》云，一作『美惡』。《補註》《集註》皆云，一作『中情』。

【八】民：《補註》云：一作『人』。

【九】其：《補註》《集註》皆云，一作『兮』，一作『之』。

【一〇】覽：《集註》云，一無『覽』字。草：《補註》云，一作『屮』，舊作『卉』。猶：《補註》《集註》皆云，一作『獨』。

【一一】以：《補註》《集註》皆作『㠯』，異體。

【一二】疑：《補註》《集註》皆云，一作『嶷』。

【一三】陞：《補註》《集註》皆云，一作『升』。

【一四】榘矱：《補註》《集註》皆云，一作『矩䪨』。

【一五】儼：《補註》作『嚴』，又云，一作『儼』。《集註》云，一作『嚴』。

【一六】咎繇：《補註》《集註》皆云，一作『皋陶』。

【一七】又：《補註》《集註》皆云，一無『又』字。

【一八】其：《補註》《集註》皆云，一作『而』。

【一九】鵜：《補註》《集註》皆云，一作『鶗』。

【二〇】夫：《補註》《集註》皆云，一無『夫』字；草：《補註》云，一作『艸』，舊作『卉』；為：《補註》《集註》皆云，一無『為』字。

【二一】佩：《補註》《集註》皆云，一作『珮』。

【二二】諒：《補註》《集註》皆云，一作『亮』。

【二三】以：《補註》作『其』，又云，一作『以』。《集註》云，一作『其』。

【二四】蕭艾也：《補註》《集註》皆云，一無『蕭』字，一無『也』字。

【二五】也：《補註》《集註》皆云，一無『也』字。

【二六】慢：《補註》云，慢一作『謾』，《釋文》作『嫚』；《集註》云，慢一作『謾』，一作『漫』。慆：《補註》《集註》皆云，一作『謟』。

【二七】夫：《補註》《集註》皆云，一作『其』。

【二八】而：《補註》《集註》皆云，一作『以』。

【二九】衹：原本誤作『祗』，徑改。

【三〇】流從：《補註》《集註》皆云，一本作『從流』。《補註》又云，一本『從』誤作『徙』。

【三一】揭：《補註》云，一作『藒』；離：《補註》云，一作『蘺』。

【三二】之：《補註》《集註》皆云，一作『其』。

【三三】而：《補註》《集註》皆云，一作『其』。

【三四】芬：《補註》《集註》皆云，『芬』下一有復出『芬』字。

【三五】自：原本誤作『是』，當為『自』，徑改。

【三六】年：原本作『秊』，異體，徑改。

註釋

〔一〕天生我才必有用：語出李白《樂府·將進酒》：『人生得意須盡歡，莫使金樽空對月。天生我材必有用，千金散盡還復來。』意謂上天生下我，一定有需要我的地方。

〔二〕去去莫莫問：未詳出處。意謂你只顧往前走，千萬不要有所疑慮。

〔三〕艷色天下重，西施寧久（原本誤作『九』）微：語出唐王維《西施詠》。意謂豔麗的姿色向來為天下所看重，美麗的西施怎麼能久處低微呢？比喻終會有出頭之日。

〔四〕行行重行行：語出漢文人五言詩《古詩十九首·行行重行行》。意謂往前走了又走，有一去不回之意。

〔五〕肺腸：語出《詩·大雅·桑柔》：『自有肺腸，俾民卒狂。』比喻內心，心思。

［六］何意百煉鋼，化為繞指柔：語出劉琨《重贈盧諶》。意謂經過千錘百煉的堅鋼，如今卻變為可以纏繞在手指上的柔軟之物。比喻經歷失敗變得無能為力。

［七］分付：處置，發落，安排。

［八］風節：風骨節操。

［九］心事深：心理陰暗。

［一〇］門面大：好面子。處處顯示自己，突出自己，以被別人重視。門面：面子，體面。

［一一］《玉書》言『珵大六寸，其耀自照』：王逸《楚辭章句》：『珵，美玉也。《相玉書》言：「珵大六寸，其耀自照。」』《廣韻》：『珩謂之珵。』珵和珩同物異稱。珩是一種佩玉，掛在身上，以玉音調節步行和動作的節奏。

［一二］呂望屠牛事：指姜子牙未遇文王時以賣麵屠牛為業事。《史記·齊太公世家》：『呂尚蓋嘗窮困，年老矣，以漁釣奸周西伯。』《史記索隱》：譙周曰：『呂望嘗屠牛於朝歌，賣飲於孟津。』

［一三］甯戚飯牛之歌：指甯戚遇齊桓公時所唱之歌。《呂氏春秋·舉難》：『甯戚欲干齊桓公，窮困無以自進，於是為商旅，將任車以至齊，暮宿於郭門之外。桓公郊迎客，夜開門，辟任車，爝火甚盛，從者甚衆。甯戚飯牛居車下，望桓公而悲，擊牛角疾歌。桓公聞之，撫其僕之手曰：「異哉！之歌者，非常人也！」命後車載之歸，任之以事。』《藝文類聚》卷九四引《琴操》：『甯戚飯牛車下，叩角而商歌曰：「南山矸，……生不逢堯與舜禪。短布單衣裁至骭，長夜漫漫何時旦？」齊桓公聞之，舉以為相。』

靈氛既告余以吉占兮，歷吉日乎吾將行［二］。自巫咸、百神、九疑一決，方知靈氛「遠逝」之言不妄。折瓊枝以為羞兮，精瓊爢以為粻。去亦不苟。為余駕飛龍兮，雜瑤象以為車。不是人間行程。何離心之可同兮，初時欲求其合，到此割捨，惟恐其合？

吾將遠逝以自疏。世棄君平，君平更棄世[一]。邅吾道夫崑崙兮，屈子一生夢魂，不忘西行[二]。路修遠以周流。揚雲霓之晻藹兮【三】，鳴玉鸞之啾啾。天路自曠。朝發軔於天津兮，夕余至乎西極。瞬息萬里，何為久拘？鳳皇翼其承旂兮【四】，高翱翔之翼翼【五】。燕省乎何爭[二]？忽吾行此流沙兮，遵赤水而容與。黃帝問道之鄉，窅然喪其天下[三]。麾蛟龍以梁津兮【六】，詔西皇使涉予。方將指揮天人，何有時輩在眼[四]？路修遠以多艱兮，騰衆車使徑待【七】。天上無徑路，亦無爭先者。路不周以左轉兮，與天同道。指西海以為期。與地同周。屯余車其千乘兮，天上無孤立之聖賢。齊玉軑而並馳【八】。天上無排擠之仙人。駕八龍之婉婉兮【九】，載雲旗之委蛇【一〇】。世間急促，哪能有此[一一]？抑志而弭節兮【一二】，神高馳之邈邈【一三】。奏《九歌》而舞《韶》兮，聊假日以媮樂【一四】。天路無窮，未可一往便盡。陟陞皇之赫戲兮【一五】，忽臨睨夫舊鄉。從高視下，舊都難忘。僕夫悲余馬懷兮【一六】，蜷局顧而不行。物猶如此，人何以堪[五]？

此第十三段，言從此便割絕矣。人間不可住，且以天遊自疏，黨人必不見妒，我從此逝矣。然而天路雖闊【一七】，周流雖適，從雲霄之上回見故鄉，又不勝僕悲馬懷，言念及此，安能恝然舍此長往邪[六]？寫到此，滿肚皮忠君愛國之懷，無處可揮淚矣。

瓊，紅玉也。羞，所以進飯也。粻，行糧也。所羞之物分段，若紅玉之潔美；所粻之糧春淨，若紅玉之精鑿。靡，猶粉也。邅，轉也。以雲霓為旗。晻藹，晴光閃爍之狀。以玉鸞為車上之節。啾啾，聲之清也。天津，析木之津，謂箕斗之間。蓋箕北天南，天河所經，而日月五星於此來往，故謂之津。交龍為旗，鳳凰翼而承之，乃仙子騎鳳，而豎旗於其上之狀也。流沙，西海居延澤。沈括云：『卽無定河活沙。履之，百步皆動，如行幕上。或陷，則人馬車駝以百千數無孑遺者。』[七]赤水，出崑崙。昔老子出流沙，訪古先生；黃帝遊赤水，失玄珠。屈子言此，亦託之乎棄智訪道，將謂昔人之遊也。容與，遊戲從容之意。西皇，西方之帝也。曰『麾蛟龍』，曰『詔西皇』，寫其睥睨千古、旁礴萬物之態[八]。不周，山名。《山海經》[九]：『西北海之外，有山不合，名曰不周。』軑，車之轄。節，車之導。抑志弭節，恐一往遂過去，欲從容徐行也。《九歌》，禹樂。《韶》舞，則舜舞。應前蒼梧重華陳詞也。皇，皇天。『陟陞皇之赫戲』，言不到天上，不知天上之尊嚴。赫，尊嚴也。戲，嘆辭，卽『於戲』之『戲』，舊解以為實字，誤矣。蜷局[一八]，馬毛縮起，不肯行之狀也。

校記

【一】吉：《集註》云，一無『吉』字。

【二】西：原本誤作『酉』，徑改。

【三】揚：《補註》《集註》皆云，一本『揚』下有『志』字，《集註》又云非是；藹：《補註》《集註》皆云，一作『靄』，一作『濭』。

【四】皇：原本作『凰』，《補註》《集註》皆作『皇』，徑改；翼：《補註》《集註》皆云，一作『紛』。

【五】之：《補註》《集註》皆云，一作『而』。

【六】以：《補註》作『使』，又云，一作『㠯』（『以』之異體）。《集註》云，一作『使』。

【七】待：《補註》云，一作『侍』。《集註》云，一作『持』。

【八】軑：《集註》作『軚』，音『大』，與《補註》《箋註》不同。

【九】婉婉：《集註》作『蜿蜿』，又云，一作『婉婉』。

【一〇】委蛇：《補註》《集註》皆云，『蛇』一作『移』。『委蛇』一作『逶迤』。

【一一】哪：原本作『那』，古無『哪』字，徑改。

【一二】抑：《集註》云，『抑』上一有『聊』字；弭節：《集註》云，一作『自弭』。

【一三】神高馳：《補註》云，一作『邁高馳』；《集註》云，一作『邁高地』。

【一四】假：《補註》《集註》皆云，一作『暇』。

【一五】陟陞：《補註》《集註》皆云，一無『陟』字，『陞』一作『升』。戲：《集註》云，一作『曦』。

【一六】悲：《集註》云，一作『思』。

【一七】闊：原本作『濶』，異體，徑改。

【一八】蜷局：原本誤作『踡局』，徑改。

註釋

〔一〕世棄君平，君平更棄世：意謂嚴君平一生不願做官，不是時代拋棄了他，而是他拋棄了時代。其所以棄世，是因為那個時代不容他出來做官。他看透了宦海浮沉、互相傾軋的現實，厭棄了社會的汙濁，所以以賣卜、讀書、著述的方式擺脫官場的煩惱。君平：即西漢晚期道家學者、思想家嚴君平。名遵，字君平，蜀郡成都人。好黃老。成帝時隱居成都市井中，以卜筮為業，『因勢導之以善』，宣揚老子《道德經》以惠衆人。歸隱後著述、設館授徒於郫縣平樂山，宣講《老子》《莊子》。

〔二〕燕省乎何爭：宴會酒醒之後，還爭競什麼呢？

〔三〕黃帝問道之鄉，窅然喪其天下：典出《莊子·在宥》：『黃帝立為天子十九年，令行天下。聞廣成子在於空同之山，故往見之，曰：「我聞吾子達於至道，敢問至道之精。吾欲取天地之精，以佐五穀，以養民人；吾又欲官陰陽，以遂群生。為之奈何？」廣成子曰：「而所欲問者，物之質也；而所欲官者，物之殘也。自而治天下，雲氣不待族而雨，草木不待黃而落，日月之光益以荒矣，而佞人之心翦翦者，又奚足以語至道！」黃帝退，捐天下，築特室，席白茅，閒居三月，復往邀之。』黃帝問道之鄉，即崆峒山。窅然喪其天下：語出《莊子·逍遙遊》：『堯治天下之民，平海內之政，往見四子藐姑射之山，汾水之陽，窅然喪其天下焉。』意謂神情悵然，忘記了自己的天下。

［四］方將指揮天人，何有時輩在眼：命令蛟龍、西皇為其服務，根本不把時人放在眼裡。形容氣勢豪邁。

［五］物猶如此，人何以堪：典出《世說新語·言語第二》：『桓公北征，經金城，見前為琅邪時種柳，皆已十圍，慨然曰：「木猶如此，人何以堪！」攀枝執條，泫然流淚。』此處意謂連僕人和馬都如此眷戀故鄉，更何況屈原自己呢？

［六］悐然：漠不關心貌，冷淡貌。

［七］沈括云『即無定河活沙。履之，百步皆動，如行幕上。或陷，則人馬車駝以百千數無孑遺者』：語出《夢溪筆談·辨證一》。

［八］睥睨千古、旁礴萬物：睥睨千古指傲視天下古今。睥睨：斜著眼睛看；旁礴萬物指兼容並包世間各種事物。旁礴：廣泛覆蓋。形容氣度不凡。

［九］《山海經》：中國古代地理類史書，十八卷，撰者不詳。全書包括山經五，海經十三。所載地理、博物、故事、巫術、神話極為豐富，自古號稱奇書，影響深遠。

亂曰：已矣哉［一］！國無人兮［二］，賢者不為其身悲。莫我知兮，到底卻無人聽［三］。又何懷乎故都！此是不解之言，非決絕之言。既莫足與為美政兮，吾將從彭咸之所居！打貼一死，千了萬了［一］。

此第十四段，收結一篇之意。從彭咸所居，蓋將誓以一死自明也。

凡曲終曰『亂』。蓋八音競奏［二］，以收衆聲之局，猶之涉水者截流而渡，將到岸也，故亦曰『亂』。楚詞有『亂』，故知其原入樂譜，非僅詞而已。彭咸諫君不聽，赴水而死。屈原已準備汨羅之遊［三］，從之得所歸矣[四]。第六段曰『雖不周於今之人兮，願依彭咸之遺則』，到此相應，固知屈原胸中先有定模[五]，不是因靈氛、巫咸之告，始尋結局也。

校記

【一】哉：《補註》《集註》皆云，一無『哉』字。

【二】兮：《補註》無『兮』字，亦不斷；《集註》與此本同，又云『人』下一無『兮』字。

【三】到底：『到底』後原有一『此』字，疑為衍文，徑刪。

註釋

［一］打貼一死，千了萬了：指人一死，萬事隨之完結。打貼：到底。

［二］八音：泛指音樂。指金(鐘、鎛、鐃)、石(磬)、絲(琴、瑟)、竹(簫、篪)、匏(笙、竽)、土(塤、缶)、革(鞀、雷鼓)、木(柷、敔)八類樂器演奏的音樂。

［三］汨羅：地名。即今湖南省汨羅市，其境內的汨羅江為屈原自沉之處。

［四］得所歸：找到了歸宿，即自沉以死之所。

［五］定模：確定的計劃。

《楚詞箋註》上 第一卷終

《楚詞箋註》上 第二卷

吉陽李陳玉石守父箋註

天問

天道多不可解[一]。善未必蒙福，惡未必獲罪，忠未必見賞，邪未必見誅。冥漠主宰[二]，政有難詰[三]，故著《天問》以自解。此屈子思君之至，所以發憤而為此也。不曰『問天』，曰『天問』者，『問天』則常【一】人之怨尤[四]，『天問』則上帝之前有此一段疑情，憑人猜揣[五]。柳子《天對》[六]，失其旨矣。

《天問》當分作三大段：自『曰遂古之初』起，至『曜靈安臧』止，為上段，共四十四句，是問天上事許多不可解處；自『不任汩鴻』，至『烏焉解羽』止，共六十八句，為中一段，是問地上事許多不可解處；自『禹之力獻功』起，至末『忠名彌彰』止，共二百六十一句，為後一段，是問人間事許多不可解處。

天既生君子，又生小人。有許多君子做得起，亦有許多君子做不起；有許多小人做不起，亦有許多小人做得起。究竟歸於君子有常名在世，纏綿悽惻[七]，不離忠孝之旨，此《天問》所以令人欷歔欲絕也[八]。

校記

【一】常：原本作『嘗』，避明光宗朱常洛諱，徑改。

註釋

［一］天道：天道是中國乃至東方古代哲學的重要哲學範疇。『天道』指天的運動變化規律，即萬物的規則、萬物的道理，一切事物皆有一定的規則。

［二］冥漠主宰：指主宰人世禍福的玄妙莫測的神靈世界。

［三］難詰：詰問辯難，質詢。

［四］怨尤：埋怨責怪。怨和尤都是埋怨、責怪的意思。

［五］猜揣：兼有揣測、推測之意和疑恨、忌恨之意。

［六］柳子《天對》：《天對》是唐代思想家、文學家柳宗元唯物主義自然觀的代表作之一，是對屈原《天問》中一些問題所作的解答，收錄於《河東先生集》《柳宗元集》。柳宗元認為，在天地形成之前，世界只是一團混沌的元氣，根本不存在有意志的天帝；他還認為，陰、陽、天三者統一而為元氣，世界萬物的運動變化是元氣自身陰陽二氣相互作用的結果，陰陽二氣之外並不存在其他神秘的動力。《天對》對闡發唯物主義思想有所貢獻，但也有時代的局限性。

［七］纏綿悽惻：糾纏不已，悲痛哀傷。

［八］欷歔：歎氣、抽咽聲。也作歔郗、唏嘘。

曰：遂古之初［一］，誰傳道之？上下未形，何由考之［二］？冥昭瞢闇，誰能極之？馮翼惟像，何以識之？

劈頭四語，便欲置身開闢之先［一］，問初頭第一個人是甚人，發問便奇。有是人，而後考到無形，傳到至今也。人所不見謂之冥，人所共見謂之昭，見不可思謂之瞢，可思而不能言謂之闇。極者，人有眼如豆，有足不飛，肚皮如椰子大，然而世界廣大微細，一一照徹，必有其故。《淮南子》云：『天地未形，馮馮翼翼。』［二］言其氣之莽蕩［三］，難控揣也［四］。惟像者，從無控揣中設出渾天等器［五］，使無像惟形者忽有其像也。蓋世間一切不可解事，從此起矣。

校記

【一】遂：原本作『邃』，《補註》《集註》皆作『遂』，依之徑改。

【二】由：原本作『繇』，《補註》《集註》皆作『由』，依之徑改。考：《補註》云，一作『知』。

註釋

［一］開闢：指宇宙的開始。古代神話，謂盤古氏開天闢地。

［二］《淮南子》云『天地未形，馮馮翼翼』：語出《淮南子・天文訓》。意謂天地還沒有形成時，一片混沌空濛。《淮南子》：

又名《淮南鴻烈》《劉安子》，是西漢淮南王劉安及其門客集體編寫的一部哲學著作，《漢書・藝文志》列於雜家。

[三] 莽蕩：遼闊無際貌。

[四] 控揣：引持，控制。

[五] 渾天等器：指模擬天體所作的測量儀器。渾天儀是渾儀和渾象的總稱。渾儀是測量天體球面座標的一種儀器，而渾像是古代用來演示天象的儀錶。

明明闇闇【一】，惟時何為？陰陽三合，何本何化？

明明闇闇，卽佛氏所謂空劫前事[一]，邵子《皇極經世》所謂『天開於子，地闢於丑』[二]。人物未生之時，三合則申子辰水，寅午戌火，巳酉丑金，亥卯未木，五行從茲而起[三]。因有五行，世界以起，本其氣所自來也，化其氣所自變也。舊註謂[四]，獨陰不生，獨陽不生，獨天不生，以此為三合。豈天外又有陰陽，陰陽外又有天耶？舛甚矣。

校記

【一】闇闇：原本誤作『闇闇』，徑改。

註釋

[一] 佛氏所謂空劫前事：《嗣同安志》載：鼎州梁山緣觀禪師，僧問：『如何是空劫已前事？』師曰：『擊動乾坤鼓，時人聽不聞。』意謂造化之初，宇宙之始。

[二] 邵子《皇極經世》所謂『天開於子，地闢於丑』：此句出處不見於邵雍《皇極經世》原文，唯見於清人王植於此書卷一《以元經會之一》之解說：『惟邵子天開於子、地辟於丑、人生於寅之義，乃灼然無疑，即復見天地之心。』邵子：即北宋哲學家、理學家、《周易》象數派的創始人邵雍。主要著作有《皇極經世》《梅花易數》《漁樵問對》《伊川擊壤集》等，最為歷代易學家所推重。《皇極經世》：又名《皇極經世書》，是邵雍畢生研究《周易》而自創的經天緯地之預測學。

[三] 三合則申子辰水，寅午戌火，巳酉丑金，亥卯未木，五行從茲而起：三合：即陰氣、陽氣、天氣相合。申子辰水，申為水長生，子為水帝旺，辰為水墓庫，當三者同時出現時，會合並水氣，形成水局。以下類推。五行：即金、木、水、火、土。

[四] 『舊註謂』以下四句：指《補註》所謂『引穀梁子云』四句。

圜則九重，孰營度之？惟茲何功，孰初作之？斡維焉繫[一]，天極焉加？八柱何當，東南何虧[二]？九天之際，安放安屬？隅隈多有，誰知其數？天何所沓？十二焉分？日月安屬？列星安陳[三]？

上問無形無相[四]畢[一]，到此方問有形有相[二]。世傳天有九重，地有四維八斡。營度初作，即今西洋天主教稱世界為天主所造是也，不謂中國數千年前已有人作此想矣。斡維必有所紐，紐繫南北二極，必有所附加，皆故為癡語。蓋天地原係一氣所成，既是一氣，天自在虛空中，地毬自在天中[三]。譬如人身全是一團活氣，欲上卽上，欲下卽下，在天地中間，本無依倚，有何所繫？有何所加乎？則九天之際，安放安屬，自知其故，不必問矣。世傳地下有八柱以關地脈[四]，既有八柱以當八方，則東南便不應虧，此所以云『何當』也。僻門謂之隈[五]，方隅謂之隅隈[六]，如二氏所稱天宮不一隅[七]，如五方丹天、蒼天、昊天、玄天、鈞天【五】之不同[八]。曆象之家動稱步天[九]，天豈有所沓乎？今以十二辰分天步者[一〇]，是焉分之？『日月安屬？列星安陳』，卽《中庸》『日月星辰繫焉』之意[一一]，換一『屬』字『陳』字，與前『安放』『安屬』同一幻想癡想。屈子非不知其故，特欲問下面人事種種，先為是迂遠之言[一二]，此文字之妙也。

校記

【一】斡：原本誤作『幹』，其下解說如之，徑改。《補註》《集註》皆云，『斡』一作『筦』。

【二】虧：《補註》云，一作『虧』。

【三】陳：《補註》作『陳』。

【四】相：原本誤作『像』，徑改。

【五】鈞天：原本誤作『鈞天』，徑改

註釋

［一］無形無相：指既看不見又摸不著，無法臆測的現象。此處指宇宙的終極本質。

〔二〕有形有相：眼睛能夠看到，身體能夠觸摸到的事物。這裡指宇宙間的萬物。

〔三〕地毬：即地球。毬通球，概指圓形的立體物。

〔四〕關地脉：連接地的脈絡。『地脉』亦作『地脈』，指地的脈絡。

〔五〕僻閒：幽僻而空曠。

〔六〕方隅：四方和四隅。

〔七〕二氏：指佛、道兩家。

〔八〕五方丹天、蒼天、旻天、玄天、鈞天：中國古代神話認為，天有九重，每重都有自己的名字。《淮南子》云：『中央曰鈞天，東方曰蒼天，東北旻天，北方玄天，西北幽天，西方皞天，西南朱天，南方炎天，東南陽天。』

〔九〕步天：數術家認為，天亦有步，故推演天步以預測吉凶。

〔一〇〕十二辰：中國古代對周天的一種劃分方法，與尋常所說的十二時辰不是一回事。大抵是沿天赤道從東向西將周天等分為十二個部分，用地平方位元元中的十二支名稱來表示，即子、丑、寅、卯、辰、巳、午、未、申、酉、戌、亥。它與二十八宿星座有一定的對應關係。

〔一一〕《中庸》『日月星辰繫焉』：語出《中庸·第二十六章》『今夫天，斯昭昭之多，及其無窮也，日月星辰系焉，萬物覆焉。』意謂今天我們所說的天，原本不過是由一點一點的光明聚積起來的，可等到它無邊無際時，日月星辰都靠它維繫，世界萬物都靠它覆蓋。

〔一二〕迂遠之言：迂闊而不切合實際的話。

出自湯谷〔一〕，次於蒙汜。自明及晦，所行幾里？夜光何德，死則又育？厥利維何，而顧菟在腹〔二〕？

有形有相中，無大於日月，故又取而單問之。湯谷，即暘谷[三]，日出處。海波如沸，故又名湯谷。日所入為大蒙汜，水涯也[一]。問以『所行幾里』，問得可謂極奇。月稱『夜光』，立名又奇。『死而復育』稱『何德』，『顧菟在腹』稱『何利』，都是滿肚皮幻想癡想也。

校記

【一】湯：《集註》云，一作『暘』。

【二】菟：《補註》《集註》皆云，一作『兔』。

【三】暘谷：原本誤作『陽谷』，徑改。

註釋

[一] 水涯：水邊，海岸。

女岐無合[一]，夫焉取九子？伯強何處？惠氣安在？

女岐，天之神女，無夫而生九子，此天之生氣不可測也[二]。伯強，大厲疫鬼，所至傷人，上天慈惠之氣安在[三]？既生女岐，又生伯強，豈天上亦有上官、子蘭輩耶[三]？

校記

【一】岐：《補註》作『岐』，《集註》作『歧』，兩者皆是。

註釋

〔一〕生氣：指生機與活力，卽生命力。

〔二〕慈惠之氣：慈善仁愛之氣。

〔三〕上官、子蘭輩：卽《史記·屈原列傳》所述上官大夫靳尚和懷王少子子蘭等奸佞小人。

何闔而晦？何開而明？角宿未旦，曜靈安臧〔一〕？

角，東方之宿，旦見於東方，日便出。曜靈，日名。角宿未旦，則不知曜靈所在。此亦是故作癡語。『何闔而晦？何開而明』，卽唐人『明從何處去？暗從何處來？但覺年光老，半是此中催』之意〔一〕。以上問天上許多不可解也，止此。

校記

【一】藏：《補註》作『藏』，《集註》作『藏』，又皆云，『藏』與『藏』同。

註釋

［一］唐人『明從何處去？暗從何處來？但覺年光老，半是此中催』：此為唐詩人韋應物《詠夜》詩。原作『年光』作『年』。韋應物（七三七至七九二），唐代長安人。因出任過蘇州刺史，世稱『韋蘇州』。其詩風恬淡高遠，以善於寫景和描寫隱逸生活而著稱。有《韋江州集》《韋蘇州詩集》《韋蘇州集》傳世。

不任汩鴻，師何以尚之【一】？僉曰何憂【二】，何不課而行之？鴟龜曳銜，鮌何聽焉？順欲成功，帝何刑焉？永遏在羽山【三】，夫何三年不施【四】？伯禹腹鮌【五】，夫何以變化【六】？纂就前緒，遂成考功。何續初繼業，而厥謀不同？

此段欲問地上事許多不可解處，而先從鮌、禹問起者，蓋地上事自鮌父子治水平土後始有可問處，亦以前女嬃之詈以鮌方之［一］，故胸中不平，丟開許多聖賢不問，而數數為鮌致詰也［二］，大有為鮌辯屈之意在。鴻，卽洪水之洪，古字通用。汩，治也。鮌既不任汩鴻，則在庭之衆，便不當稱舉且保任之［三］。卽帝不課而試［四］，亦明明信鮌之才可任也。功未成而身死，鴟龜曳銜其屍［五］，鮌聽帝刑而不敢爭者，亦勞臣服罪之小心也［六］。設使順其所欲為，安知不成功，而又何刑乎？乃永遏於羽山，三年不用。功成則天下頌功，功不成則天下稱罪，亦冤矣。禹自其腹出，而變化若是，遂乃告厥成功。然曰『前緒』，曰『成功』，曰『績初繼業』，明禹之功皆鮌之功。豈父子之間，亦有命邪？禹善變化，而鮌婞直，特謀不同耳[七]！

校記

【一】師：《補註》《集註》皆云，一作『鮌』；以：《補註》作『㠯』，異體。

【二】曰：《補註》《集註》皆云，一作『答』。

【三】山：《補註》《集註》皆云，一無『山』字。

【四】施：《補註》云，一作『弛』。《集註》云，一作『弛』。

【五】腹：《補註》作『愎』，又云，一作『腹』。《集註》作『腹』，又云，一作『愎』。

【六】何：《集註》云，『何』下一有『故』字；以：《補註》作『㠯』，異體。

註釋

[一] 以前女嬃之詈以鮌方之：所謂以前女嬃之詈，指《離騷》『女嬃之嬋媛兮，申申其詈予。曰鮌婞直以亡身兮，終然殀乎羽之野』數句。鮌：神話傳說中大禹之父，以治水不果被殺。事見《山海經》。方：比。

[二] 數數為鮌致詰：迫不及待地替鮌究問。數數：汲汲地，迫切地。致詰：究問，發問，刨根問底。

[三] 稱舉且保任：稱譽推舉並保薦。

［四］不課而試：不加以考察和試驗。課：考察。試：試驗。

［五］鴟龜曳銜其屍：貓頭鷹和烏龜分食他的屍身。關於此句的理解，向有不同。一說鮌受了貓頭鷹和烏龜的鼓動或啟發，用築堤的方式抵禦洪水，結果損失更為嚴重。

［六］勞臣服罪之小心：功臣認罪的一種謹慎表現。勞臣：功臣。

［七］特謀不同：只是他們的謀略不同罷了。特：只是。

洪泉極深，何以窴音塡之【一】？地方九則【二】，何以墳之【三】？應龍何畫？河海何歷【四】？鮌何所營？禹何所成？

此再問禹之治水。同一極深之洪泉，禹能窴之，而鮌何不能？同一地方，禹則水落地出，遂為高墳，施九則成賦［一］，而鮌又不能？應龍以尾畫地，卽水泉流［二］，禹豈有此神通邪［五］？江海之廣，一一疏導，而皆遍歷之，禹今成功，孰知皆鮌所營哉？

校記

【一】窴：《補註》《集註》皆云，『窴』與『塡』同。

【二】則：《集註》云，一作『州』。

【三】墳：《補註》《集註》皆云，一作『憤』，朱註以為非是。

【四】應龍何畫？河海何歷：《補註》作『河海應龍，何盡何歷』，考其下註文，其中『盡』當為『畫』字之誤。又云，此句一作『應龍何畫？河海何歷』；《集註》云，一作『河海應龍，何盡何歷』，以其失韻，非是。

【五】神通：原本作『神運』，疑為『神通』之誤，徑改。

註釋

［一］施九則成賦：實行了九等標準徵收地方貢賦。施：實行。九則：傳說大禹治水成功後，將全國土地分為九等，按不同的標準徵收貢賦。

［二］卽水泉流：應龍用尾巴畫地，遇到水就成了河流。卽：接近，遇到。

康回憑怒【一】，墜何故以東南傾【二】？九州安錯【三】？川谷何洿音戶？東流不溢，孰知其故？東西南北，其修孰多【四】？南北順墮【五】，其衍幾何？

自鮌父子平水土後，地上諸事，始一一可問。此下皆問地上諸事。康回，共工名。世傳共工與顓項爭帝［一］，憑其盛怒，觸不周之山［二］，因而『天柱折，地維絕。天頃西北，日月星辰就焉。地不滿東南，百川水潦歸焉』［三］，此荒唐怪謬之言，屈子借之與癡人說夢也［四］。錯，卽錯繡之義［五］。洿，卽洿美之義［六］。言水土之茂美，何其多也？水流盡東，必有銷歸之處［七］。且天道東西為經，南北為緯［八］，修言其長，順墮言其廣狹。衍，邊幅也。

校記

【一】憑：《補註》作『馮』，《集註》作『憑』。

【二】墜：《補註》《集註》皆云，一作『地』，異體；以：《補註》《集註》皆云，一無『以』字。

【三】安：《補註》《集註》皆云，一作『何』。

【四】修：《補註》作『修』，《集註》作『脩』。

【五】隳：《補註》云，《釋文》作『隋』，一作『墮』。《集註》云，一作『隋』，一作『墮』。

註釋

［一］共工與顓頊爭帝：神話傳說。事見《淮南子·本經訓》：『昔者，共工與顓頊爭為帝，怒而觸不周之山，天柱折，地維絕。天傾西北，故日月星辰移焉；地不滿東南，故水潦塵埃歸焉。』《山海經》作『刑天與帝爭神』，一說刑天即共工。

［二］不周之山：神話山名。最早見於《山海經·大荒西經》：『西北海之外，大荒之隅，有山而不合，名曰不周。』據王逸《章句》、高誘註《淮南子·道原訓》，均考不周山在昆侖山西北。

［三］天柱折，地維絕。天傾西北，日月星辰就焉。地不滿東南，百川水潦歸焉：語出《淮南子·本經訓》，文字略有出入。

［四］癡人說夢：出自宋·惠洪《冷齋夜話·癡人說夢》卷九：『此正所謂對癡人說夢也。』原指對傻子說夢話而傻子信以為真，比喻憑藉荒唐的想像胡言亂語。

［五］錯繡：色彩錯雜的錦繡。

［六］洿美：美麗的池沼。

［七］銷歸：消散歸依。

［八］東西為經，南北為緯：地理學稱，地球儀上，連接南北兩極、與赤道垂直的線為經；與赤道平行、東西向的線圈為緯。

崑崙縣圃【一】，其尻安在【二】？增城九重，其高幾里？四方之門，其誰從焉【三】？西北辟啓【四】，何氣通焉？

崑崙為地上第一大物，故言四方畢，卽首問之。世傳崑崙五峰，中峰齊天，上有縣圃，有城九重曰增城，四方皆有門，惟西北隅一門乃旁啓，以納不周之風者。縣，古『懸』字。懸圃者，神人之圃，懸於中峰之上，上不粘天［一］，下不粘地，故『尻』字最奇。尻，臀尾所坐處也。既是懸圃，則所坐當於何處？城既九重，積漸而增［二］，則高當幾里？四方有門，此極高入天之處，當誰從之出入？既居至高，以總天下之氣，又有何氣過於此者而納之？此數問，似癡似慧，以難倒天下一班大癡之輩。

校記

【一】縣：《集註》云，一作『玄』，又以為非是。

【二】尻：《補註》云，一作『居』。《集註》云，『尻』同『居』。

【三】其誰從焉：《補註》云，一作『誰其從焉』。

【四】辟：《補註》《集註》皆云，一作『闢』，一作『開』。

註釋

［一］粘：連接。

［二］積漸：逐漸累積而成。

日安不到？燭龍何照？羲和之未揚【一】，若華何光？

日既行天，決無有不到之處。而世傳天之西北有無日處，有龍銜燭照之。又有日出處，值羲和馭日尚未到［二］，則有木名若木［三］，赤華照地，以代日光，此光當從何來？若此木有光，則日光落第二項矣。

校記

【一】和：《補註》云，《釋文》作『龢』，古字。揚：《補註》《集註》皆云，一作『陽』。

註釋

［一］羲和馭日：典出屈原《離騷》：『吾令羲和弭節兮，望崦嵫而勿迫。』神話傳說，日御羲和每日駕著六龍牽引的車子，載著太陽在天上東升西落。

［一二］若木：神話樹名。太陽下落之地。典出《山海經・海經・海內經》：『南海之外，黑水青水之間，有木名曰若木，若水出焉。』

何所冬暖【一】？何所夏寒？焉有石林？何獸能言？焉有龍虯【二】，負熊以遊？雄虺九首，儵忽焉在？何所不死【三】？長人何守？靡蓱九衢【四】，枲華安居？靈蛇吞象【五】，厥大何如【六】？黑水玄趾【七】，三危安在？延年不死，壽何所止？鯪魚何所【八】？鬿堆焉處【九】？羿焉彃日【一〇】？烏焉解羽？

冬暖夏寒，以況得地者氣候不同也。西方有石林，其獸能言，舉能言之獸以況讒慝之輩皆獸而能言者也［一］。虯龍子負有力之熊而行，與九頭蛇皆為怪物之尤。儵忽，《莊子》所謂『北海之帝』也［二］。既有此帝，則以上怪物安得恣肆乎？不死之鄉，如小說雞窠中小兒乃七世祖父［三］。長人之鄉，如防風氏及《春秋》所載長狄［四］。若使人皆有此壽命，有此骨相，將何事不可為？世間小人盡如此，君子寧有幾存乎？靡蓱、枲華，似是言其小物受地氣之異，所生極大。蓱，本水中小草，可以塞九衢；枲，麻寔之有子者［五］，其花甚小。與『靡蓱九衢』同舉，則亦至大之謂，猶世所云棗大於瓜、葉大於樹也［六］。安居者，此徵實之詞也。萍九衢，蛇吞象，皆至小為大之況。黑水、三危，《禹貢》治水之地［七］。玄趾，即交趾。此又言西南之地，亦有延年之術，豈天之所私乎？抑人謀可至此乎？鯪魚，即鯪鯉，穿山甲也，能穿數十里山。喻小人之力，可入深密之地。鬿堆［一二］，食人之雀，出北號山，狀如雞，白首，鼠足。喻小人之惡，食不擇人。世傳堯時十日並出，羿射其九日，日中烏皆死。《穆天子傳》［八］：『北至曠原之野，為九烏解羽處。』天上之日，羿可彎弓彈之，則小人之力，天亦無奈何矣。此段語意深厚，解者多不達其問意，故為詳詮之。以上問地上許多不可解也，止此。

校記

【一】暖：原本作『煖』，《補註》《集註》皆作『暖』，於意為近，徑改。

【二】龍虬：《補註》作『虬龍』；《集註》作『龍虬』，並云『虬』或在『龍』字上，從叶韻看，非是。

【三】死：《補註》《集註》皆云，一作『老』，朱曰非是。

【四】蓱：《補註》《集註》皆云，一作『荓』。

【五】靈：《補註》作『一』，又云或作『靈』；《集註》作『靈』，又云，一作『一』。

【六】大：《補註》《集註》皆云，或作『骨』。

【七】玄：原本『玄』字缺筆，避康熙皇帝玄燁諱，徑改。趾：《補註》《集註》皆云，一作『沚』。朱云，一作『阯』。

【八】鮫：原本作『鮫』，《補註》《集註》皆作『鮫』，疑原本誤，徑改。又云，一作『陵』。所：《補註》云，一作『居』。

【九】虺：《補註》云，一作『魁』。

【一〇】彈：《補註》《集註》皆云，一作『斃』。朱云一作『彈』。

【一一】虺：原本作『虺』，恐非，徑改。

註釋

［一］讒慝之輩皆獸而能言者：邪惡奸佞的那些人都是些會說話的畜生。讒慝：邪惡奸佞。

［二］《莊子》所謂『北海之帝』：語出《莊子・逍遙遊》：『南海之帝為儵，北海之帝為忽，中央之帝為渾沌。儵與忽時相與遇於渾沌之地，渾沌待之甚善。儵與忽謀報渾沌之德，曰：「人皆有七竅，以視、聽、食、息，此獨無有，嘗試鑿之。」日鑿一竅，七日而渾沌死。』

［三］小說雞窠中小兒乃七世祖父：典出《古今圖書集成・山川典》卷一九二引宋錢易《洞微志》：『李員為承旨，太平興國中奉使過海，至瓊山，逢一翁自稱楊避舉，年八十，邀員見其父叔，皆年一百二十，祖宋卿年一百九十五。梁上雞窠中有小兒出頭下視。宋卿曰：「此吾九代祖也，不語不食，不知其年，朔望子孫列拜而已。」』此曰九世祖，彼曰七世祖，稍有出入。

［四］防風氏及《春秋》所載長狄：防風氏：上古神話傳說中的巨人族人物，身長三丈三尺，為遠古防風國的創始人，又稱汪芒氏，傳說為汪姓始祖。《春秋》所載長狄：長狄亦作『長翟』，古代少數民族之一。《春秋》載：『冬，十月甲午，叔孫得臣敗狄於咸。』《公羊傳》曰：『狄者何？長狄也。』又名鄋瞞，據孔子說是虞夏時的防風氏、商代汪芒氏後裔。因其人特別長大，號為長狄。

［五］蘇寔：枲蘇的籽兒。

［六］棗大於瓜，葉大於樹：典出《史記・封禪書》：『(李)少君言上曰：「臣嘗遊海上，見安期生。安期生食巨棗，大如瓜。安期生仙者，通蓬萊中，合則見人，不合則隱。」』

［七］《禹貢》：《尚書》中的古代地理學著作，囊括了各地山川、地形、土壤、物產等內容。作者說法不一。

［八］《穆天子傳》：又名《周王傳》《穆王傳》《周穆王傳》《周穆王遊行記》，是西晉時期發現的汲塚竹書的一種，撰者不詳，一說成書於戰國。《穆天子傳》以日月為序，分為六卷，記述了周穆王姬滿遊歷天下之事。《穆天子傳》所記周穆王遊歷之事，是我國文字記載中最早的旅行活動。該書在古代部族和中外文化交流等研究中具有獨特的參考價值。

禹之力獻功，降省下土四方【一】。焉得彼嵞山女【二】，而通之於台桑？閔妃匹合，厥身是繼。胡為嗜欲不同味【三】，而快鼂飽【四】？

此下至末，乃問人間事許多不可解處。而仍以禹起者，始終為『鮌婞直』一語不平也。嵞山女，世傳為九尾狐，遇禹於台桑。此若為禹分解，又若嘲之，此《天問》所以悲喜無端也[一]。言禹既纘父之功[二]，欲獻之帝，則降省下土四方之不暇，而與女子通乎？又代為解曰：憐憫厥妃，與之匹合者，為後嗣計耳。既而又嘲之曰：人與狐，嗜慾不同味，而快一朝之飽乎[三]？『鼂』與『朝』，《楚詞》通用。《天問》『會鼂爭盟』，《九歌》『鼂馳騖夫江皋，夕弭節乎北渚』【五】，皆作『朝夕』之『朝』通用，疑古篆文相似，抑簡冊流傳之訛爾。

校記

【一】下土四方：《補註》云，一無『四方』二字；《集註》作『下土方』，又云『土』下或有『四』字。余按：若無『四方』二字，則此句失韻。

【二】焉：《補註》《集註》皆云，一作『安』；『山』字下有『之』字。嵞：《補註》謂《釋文》作『塗』，《集註》云，一作『塗』。

【三】胡為嗜欲不同味：《補註》作『胡維嗜不同味』，《集註》作『胡為嗜不同味』，又皆云，一本『嗜』下有『欲』字。

【四】而快鼂飽：《補註》《集註》皆云，『快』下一有『一』字；鼂：《補註》《集註》皆云，一作『晁』，一作『朝』。

【五】二『夫』字：皆當作『兮』字。

註釋

[一] 悲喜無端：謂不知是悲是喜。無端：沒來由，沒道理。

[二] 纘：繼承。

[三] 快一朝之飽：以吃一頓早飯為快，比喻其行为苟且。快：形容詞的意動用法，以……為快事。

啓代益作后[一]，卒然離蠥[二]音孽。何啓惟憂，而能拘是達？皆歸射鞠音菊[三]，而無害厥躬[四]。何后益作革，而禹播降？啓棘賓商，《九辯》《九歌》。何勤子屠母，而死分竟古境字地[五]？

按《古歌謠》：『草木之怪謂之妖，禽獸蟲蝗之怪謂之蠥。』『蠥』『孽』同。禹既以天下傳益，則啓在所廢。見廢者拘，譬之於蠥，不令其出達，則啓用是憂矣。何一旦卒然離彼蠥名，仍不失獄訟、朝覲、謳歌之歸[一]？倘萬一事不成，則衆射之的，而衆人鞠罪之地矣[二]。究竟故物不失，身名又全，似后益方作革命之事，禹又播種下子矣。『啓棘賓商』，舊解謂啓夢上賓於天，得帝樂以歸，非也。棘，至也。蓋言啓之傳祚，直至商得天下，其後猶在三恪之位[三]。《九辯》《九歌》，禹祀不絕，可知禹當日『閔妃匹合，厥身是繼』，所為者長耳。不然，『降省下土四方』之日，何急急於得子，而所合之妃僅辛、壬、癸、甲四日遂從？此『死分境地』，非『勤子屠母』而何？古文『竟』『境』同，猶『縣』『懸』同也。世傳『禹治水，時自化為熊，以通軒轅之道。塗山氏見之而慙，遂化為石。時方孕啓。禹曰：「歸我子！」於是石破北方而啓生。其石在嵩山，卽化石也。』[四]若果如此解，屈原亦是與癡人說癡話也。

校記

【一】啓：《補註》為左右結構，《集註》為上下結構，異體。

【二】蠥：《補註》《集註》皆云，一作『孽』，一作『孼』。

【三】射：《補註》《集註》皆作『躲』，又皆云，一作『射』，異體。鞫：《補註》《集註》皆云，一作『鞠』。

【四】躳：原本作『䢼』，異體，徑改。

【五】地：《補註》《集註》皆云。一作『墜』。

註釋

[一] 不失獄訟、朝覲、謳歌之歸：典出《孟子·萬章》：『禹薦益於天，七年禹崩。三年之喪畢，益避禹之子於箕山之陰。朝覲、訟獄者不之益而之啟，曰：「吾君之子也。」』謂其雖然遭了孽，但那些想打官司的人、想要做官的人和謳歌王政的人，都歸依到了啟的門下。

[二] 鞫罪之地：審訊定罪之所。鞫，通『鞫』。

[三] 三恪：周朝新立，封前代三個王朝的子孫以王侯名號，稱三恪，以示敬重。周封三朝說法有二：一說封虞、夏、商之後於陳、杞、宋；一說封黃帝、堯、舜之後於薊、祝、陳。後世帝王亦多承三恪之制。

〔四〕禹治水，時自化為熊，以通軒轅之道：典出《淮南子》：『禹治洪水，通軒轅山，化為熊。謂塗山氏曰：「欲餉，聞鼓聲乃來。」禹跳石，誤中鼓。塗山氏往，見禹方作熊，慚而去。至嵩高山下，化為石，方生啟。禹曰：「歸我子！」石破北方而啟生。』

帝降夷羿，革孽夏民。胡射夫河伯【一】，而妻彼雒嬪？馮珧利決，封豨是射【二】。何獻蒸肉之膏【三】，而后帝不若？浞娶純狐，眩妻爰謀。何羿之射革【四】，而交吞揆之？

鯀禹之後，既寢昌矣〔一〕，胡為又生一夷羿以亂之〔二〕？且不但革孽夏民已也。河伯化為白龍，羿見而射，眇其左目〔三〕。雒嬪，伏羲氏女，羿又夢與之交，則是鬼神皆供其淫逞之具〔四〕。珧，蜃屬，甲可飾刀柄。決，以象骨為之，所以鈎弦開體者〔五〕。羿馮此二物〔六〕，天下莫能當。既射大豕，以刀斷之，蒸肉作膏，獻之上帝，帝亦不為順〔七〕。既不以為順，則又胡為縱之，傾人國家邪？浞，本羿臣，娶於純狐之女，其妻始為浞畫謀。蓋以羿負絕人之技〔八〕，射能貫革，彼此不兩立，終是交吞之局〔九〕，不如早下手為強耳。揆，策也。雖是天之假手〔一〇〕，然發策自婦人，假手在逆輩。堂堂鯀、禹苗裔，曾不得手刃以告天下，后帝佑善之謂何？

校記

【一】胡射夫河伯：《補註》《集註》皆云，一本『胡』下有『羿』字，朱云非是。『射』：二本皆作『䠶』，又皆云，一作『射』。

【二】射：《補註》《集註》皆作『䠶』，《補註》云，一作『射』。

【三】蒸：《補註》《集註》皆云，一作『烝』。

【四】射：《補註》《集註》皆作『䠶』；革：《補註》《集註》皆云，一無『革』字。

註釋

［一］寖昌：家族興旺。

［二］胡為又生一夷羿以亂之：為何又生出一個夷羿來攪亂了天下？夷羿：指夏代有窮之君后羿，名羿，因居東夷，故稱夷羿。太康無道，夏衰，夷羿因夏民以代夏政。後因溺於田獵，不修民事，為寒浞所殺。事見《左傳・襄公四年》。

［三］河伯化為白龍，羿見而射，眇其左目：王逸《楚辭章句・天問》註：『河伯化為白龍，游於水旁，羿見射之，眇其左目。』洪興祖《補註》曰：『河伯溺殺人，羿射其左目。』此處的羿是堯时射日的羿而非夏时有穷后羿，屈原把神話中的羿與夏代有窮之君夷羿混為一談了。

［四］淫遌：淫亂遌暴。

［五］鈎弦開體：射箭挽弦時，把象骨套子套在右手大拇指上，便於拉開弓弦。鈎弦：射箭挽弦時套在拇指上的象骨套子。《詩・小雅・車攻》：『決拾既佽。』《毛傳》：『決，鈎弦也。』朱熹《集傳》：『決，以象骨為之，著於右手大指，所以鈎弦開體。』

［六］馮：同『憑』，憑藉。

［七］不為順：不認為他是順從自己。

［八］負絕人之技：仗恃著過人的射箭本領。負：依仗。絕人：過人。

［九］交吞：聯合起來吞滅了他。

［一〇］假手：借他人之手達到个人目的。

阻窮西征，巖何越焉？化為黃熊【一】，巫何活焉？咸播秬黍，莆雚是營【二】。何繇並投，而鮌疾修盈？

羿，有窮之君也［一］。若謂窮越在險，阻夏之子孫與天下勤王之師［二］，阻於不能征，則彼可以越巖而來，我亦可以越巖而往。且以鮌之神靈［三］，死猶能為黃熊，隨巫祝而活［四］，今何不一發憤，佐其子孫赫怒邪［五］？秬黍，宗廟之粢盛［六］。莆雚，雜草，妨粢盛者。凡思禹之明德，無不種秬黍而屏莆雚［七］，今胡為而並投［八］？宗廟之祀半荒矣，則又歸過於鮌之不德，而曰其為子孫病者長滿也。甚矣！鮌之寃也，至子孫多歷年所猶不得白［九］，則何不仍一黃熊之化，以顯其赫赫邪［一〇］？

校記

【一】化為黃熊：《補註》《集註》皆云，一本『化』下有『而』字。

【二】莆雚：《補註》云，一作『黃雚』，一作『莆藋』；《集註》云，『莆』一作『黃』，『雚』一作『藋』。

註釋

［一］有窮：夏代國名。其地在今山東德州市南。《尚書·五子之歌》：『有窮后羿因民弗忍，距於河。』孔傳：『有窮，國

名。羿，諸侯名。』有，詞頭。

［二］勤王：此處指臣子起兵救援岌岌可危的王朝。

［三］神靈：神奇靈異。

［四］祝：此處指祝禱、祝告。

［五］赫怒：盛怒，此處指奮發有為。語本《詩・大雅・皇矣》：『王赫斯怒。』

［六］粢盛：指古代盛在祭器內以供祭祀的穀物。粢：穀子去殼後的小米。泛指穀物。粢古同『資』。

［七］屏：摒除，放棄。

［八］並投：並種，一起種。投：投種，種植。

［九］白：申述，洗白。

［一〇］赫赫：威勢顯著盛大貌。

白蜺嬰茀，胡為此堂？安得夫良藥［一］，不能固臧？天式從橫，陽離爰死。大鳥何鳴，夫焉喪厥體？

此下皆承上化熊事而廣引之。昔崔文子學仙於王子喬［二］，子喬化為白蜺，而嬰茀持藥與之。文子驚怪，引戈擊蜺，因墮其藥。俯而視之，子喬之屍也。須臾，化為大鳥，飛鳴而去。言王子喬有此仙術，鮌既有神，何不効之？嬰茀，猶言觸茀也。『臧』與『藏』同。『天式縱橫』，言得道者天度縱橫自如也。離，傷也。陽為受傷而死［三］，其寔不須臾而復活也［三］。屈子滿肚悲憤，其為文躑躅反覆［四］，不倫不理［五］，令人莫得其端緒，有如此。

校記

【一】安得夫良藥：《補註》《集註》皆云，一本『得』與『夫』之間有『失』字。

註釋

[一] 崔文子學仙於王子喬：事見晉干寶《搜神記》：『崔文子者，泰山人也。學仙於王子喬。子喬化為白蜺，而持藥與文子。文子驚怪，引戈擊蜺，中之，因墮其藥。俯而視之，王子喬之屍也。置之室中，覆以敝筐。須臾，化為大鳥。開而視之，翻然飛去。』

[二] 陽：通『佯』。假裝。

[三] 其寔：同『其實』。

[四] 躑躅反覆：原意為徘徊不前，此處指為文回環往復、一唱三歎。

[五] 不倫不理：原意為缺乏倫理，此處指為文不遵常法、富於獨創。

蓱號起雨[一]，何以興之？撰體脅鹿，何以膺之[二]？鼇戴山抃[三]，何以安之？釋舟陵行，何以遷之？

此又因化鳥之事而廣言之。蓱翳，雨師名。天撰十二神鹿[一]，一身，八足，兩頭，而共一膺。《神仙傳》[二]：『有巨靈之龜，背負蓬萊之山而抃舞[三]。』『釋舟陵行』，捨水而陸蕩舟也[四]。此四者，蓋言世間事無所不有：雨可無端而興，體可無端而雙，山可無端而抃，安舟可無端而陵行，皆有神力者化之。鮌獨不可再化，而為夏之子孫一發憤邪？

校記

【一】蓱：《補註》《集註》皆云，一作『苹』，一作『萍』。

【二】撰體脅鹿，何以膺之：《補註》作『撰體協脅，鹿何應之』；《集註》作『撰體脅鹿，何以膺之』，且云，『體』下一有『協』字，而『鹿』字屬下句，又無『以』字，一作『何鹿以應之』。

【三】戴：《補註》《集註》皆云，一作『載』。抃：《釋文》作『拚』；《集註》云，一作『拚』。

註釋

［一］天撰十二神鹿：上天創造了十二神鹿。王逸《天問》註曰：『言天撰十二神鹿，一身，八足，兩頭，獨何膺受此形體乎？』

［二］《神仙傳》：中國古代志怪小説集，東晉葛洪著，共十卷。書中收錄了古代傳説中的九十二位仙人事蹟，其中多數人物並非道士。《神仙傳》以想像豐富、記敘生動著稱。

［三］蓬萊之山：神話傳説仙山名，是仙人居住的地方，常泛指仙境。《史記・封禪書》：『自威、宣、燕昭使人入海，求蓬萊、方丈、瀛洲。此三神山者，其傳在勃海中。』抃舞：拍手而舞，極言歡樂。

［四］陸蕩舟：在陸地上行船，猶民俗之劃旱船。原本『蕩』誤作『盪』，徑改；陸：在陸地上。

惟澆在戶，何求於嫂？何少康逐犬，而顛隕厥首【一】？女岐縫裳【二】，而館同爰止。何顛易厥首【三】，而親以逢殆？

澆，浞子，淫其嫂女岐，徑至岐戶，佯有所求，因與淫亂。夏少康因獵放犬逐獸，遂襲殺澆。女岐為澆縫裳，於是共舍而宿。少康夜襲之，初誤以女岐頭為澆首，斷之。此節語意，從來解者亦不明。蓋言少康此舉，恰好相值［一］，皆天意默相［二］。使在羿時，肯如此默相一番，則禹祀久復矣，何為羿漏網而澆獨正罪邪［三］？

校記

【一】顛：《補註》云，俗作『顚』，下同。

【二】女岐：《補註》作『女歧』，《集註》作『女歧』。

【三】何顛易厥首：《補註》《集註》皆云，一本『顛』下有『隕』字，一有『天』字，一有『大』字。

註釋

［一］相值：相遇。

［二］默相：暗中默默幫助。

〔三〕羿漏網而澆獨正罪：夷羿成了漏網之魚，而只治了澆一個人的罪。此處的羿應是夷羿。正罪：治罪。

湯謀易旅，何以厚之？覆舟斟尋，何道取之？

舊註以此節為少康事，『湯』疑『康』字之誤，不知下文桀伐蒙山，此為湯事明矣。斟尋，國名，與斟灌皆禹後。昔夏相失國，依於二斟，為澆所滅。自是以後，凡失國而來依者，皆以斟尋為覆舟之戒〔一〕。湯謀治旅伐桀〔二〕，而於桀所親信之國，必先行芟除〔三〕，故始若厚之，究則取之〔四〕，《老子》所謂『將欲取而必固與』之術也〔五〕。一姓之興，必滅數姓，天意何獨為興者相，而使人謀一一皆臧邪〔六〕？秦欲取楚，而以結姻厚楚，召懷王西行〔七〕，此亦斟尋之覆舟也，而楚君臣不知，此屈子所以取況也〔八〕。

註釋

〔一〕斟尋覆舟之戒：斟尋翻船的教訓，比喻失敗的教訓。典出《左傳·襄公四年》：『昔有夏之方衰也，后羿自鉏遷於窮石，因夏民以代夏政。恃其射也，不修民事，而淫於原獸，棄武羅、伯困、熊髡、尨圉而用寒浞。寒浞，伯明氏之讒子弟也。伯明後寒棄之，夷羿收之，信而使之，以為己相。浞行媚於內，而施賂於外，愚弄其民，而虞羿於田，樹之詐慝，以取其國家，外內咸服。羿猶不悛，將歸自田，家衆殺而亨之，以食其子，其子不忍食諸，死於窮門。靡奔有鬲氏，浞因羿室，生澆及豷，恃其讒慝詐偽而不德於民，使澆用師，滅斟灌及斟尋氏，處澆於過，處豷於戈。靡自有鬲氏收二國之燼，以滅浞而立少康。少康滅澆於過，後杼滅豷於戈，有窮由是遂亡，失人故也。』指夷羿、寒浞、澆、靡、少康相代事。

〔二〕治旅：治軍，出兵。

［三］芟除：刈除，剷除。

［四］始若厚之，究則取之：其初像是幫助它，最終卻要取代它。厚：使……厚，給予、幫助。究：最終。

［五］將欲取而必固與：語出《老子·三十六章》：『將欲歙之，必固張之；將欲弱之，必固強之；將欲廢之，必固興之；將欲取之，必固與之。是謂微明，柔弱勝剛強。魚不可脱於淵，邦之利器不可以示人。』意謂想要從對方那裡得到利益，就必須先給對方一定的利益。

［六］使人謀一一皆臧：（天意）使人的謀劃一一得以實現。人謀：人為的謀劃。臧：善。

［七］秦欲取楚，而以結姻厚楚，召懷王西行：即《史記·屈原列傳》所載楚懷王受騙事：『其後，諸侯共擊楚，大破之，殺其將唐眛。時秦昭王與楚婚，欲與懷王會。懷王欲行，屈平曰：「秦，虎狼之國，不可信，不如毋行。」懷王稚子子蘭勸王行：「奈何絶秦歡？」懷王卒行。入武關，秦伏兵絶其後，因留懷王，以求割地。懷王怒，不聽。亡走趙，趙不內。復之秦，竟死於秦而歸葬。』

［八］取況：打比方。

桀伐蒙山，何所得焉？妹嬉何肆【一】，湯何殛焉【二】？

桀伐蒙山，而得妹嬉，因此肆為淫惡，湯遂殛之［一］。明明天生此女以亡人國［二］，而桀蒙惡名，則當問天之生是為何也？此蓋激於鄭袖而為是問也【三】。

校記

【一】妹：原本误作『妺』，径改。《補註》《集註》皆云，一作『末』。嬉：《集註》云，一作『喜』。

【二】殛：《補註》《集註》皆云，一作『極』。

註釋

［一］殛：殺死。

［二］明明天生此女以亡人國：明明是上天要降生這個女子來滅掉夏朝。妹喜：夏朝最後一位君主夏桀的王后，姓嬉，亦作妹嬉、末喜、末嬉，有施氏之女。史傳夏桀因寵愛她而亡國。

［三］蓋激於鄭袖而為是問：大概是受到了鄭袖的刺激而發出這一提問。鄭袖：戰國時期楚懷王寵妃。其姿色豔美，性格聰慧，但善妒狡黠，陰險惡毒，極有心計。鄭袖干涉朝政，收受賄賂，勾結靳尚，陷害屈原。

舜閔在家，父何以鱞？堯不姚告，二女何親【一】？厥萌在初，何所意焉【二】？璜臺十成，誰所極焉？登立為帝，孰道尚之？女媧有體，孰制匠之【三】？

此三段反覆女禍［一］，皆天生也。以舜之憂閔至孝，三十父不為娶，若非堯不告於姚而以二女妻之，則二女終非舜有矣。是舜未登庸以前［二］，天不為舜註婚姻之簿明矣［三］。獨至夏商之季，乃迭生妖孽以亡人之國［四］，抑獨何意哉？凡此等哲婦，未生以前[五]，天定有箇萌芽在。卽如紂寵妲己[六]，玉臺十重以處之，如此崇高之福，是誰極之邪？若無有極之者，此一亡國之妖孽，能享此厚福邪？舜之二妃能有此邪？且不獨如此而已也，甚且以女子而爲天子若女媧者。女媧，伏羲之妹。登明，伏羲之名。昔登明爲帝，其道爲萬世所尚[七]，本天生之以爲萬世尚也。旣生登明，便不應又生女媧，豈伏羲有何罪過，萌芽安在，而天生之邪？女媧之身，能一日七十化，此孰制之匠之，爲萬古妖異之始？此三段，蓋痛詛鄭袖之孽能移主心而爲楚禍也。

校記

【一】二女何親：《補註》云，一作『女何所親』。

【二】意：《補註》作『億』，又云，一作『意』；《集註》作『意』，且云『意』卽古『億』字，亦作『億』。

【三】匠：《集註》云，一作『匹』，且云非是。

註釋

[一] 反覆女禍：因女子造成的國家傾覆的禍患。反覆，同『翻覆』，傾覆。女禍：指受君王寵信而給國家帶來災禍的女子，亦指君主寵信女子而使國事敗壞。此處當指前者。

[二] 登庸：指登帝位。

[三] 註婚姻之簿：傳說男女婚姻皆是前生註定的。婚姻簿：卽月下老人註定的人間男女的婚姻簿冊。

[四]夏商之季，乃迭生妖孽以亡人國：史傳記載，上天降生了妹喜，加速了夏桀的滅亡；降下了妲己，加速了商紂的覆滅。迭生：一個接一個地降生。妖孽：指物類反常之象，古人以為不祥之兆。《禮記·中庸》：『國家將亡，必有妖孽。』

[五]哲婦：此處指饒於謀慮的婦人。

[六]紂寵妲己：據《史記·殷本紀》載，妲己為蘇氏諸侯之女，美若天仙，能歌善舞，為一代妖姬。商紂征伐蘇氏部落時，將其擄入宮中，尊為貴妃。紂王為其建酒池肉林，發明炮烙之刑，極盡荒淫之能事。

[七]尚：推崇。

舜服厥弟，終然為害。何肆犬豕[一]，而厥身不危敗[二]？

舜以兄事弟，畧無改悔犬豕之行，身安如故[一]，豈天縱其無行邪？

校記

【一】何肆犬豕：《補註》作『何肆犬體』，且曰，一云『何得肆其犬豕』，一云『何肆犬豕』；《集註》作『何肆犬豕』，且云一作『何得肆其犬豕』，『豕』一作『體』。

【二】危：《補註》《集註》皆作『危』，原本作『為』，恐誤，徑改。

註釋

[一] 署無改悔犬豕之行，身安如故：上句的主語是舜，此句的主語是舜之弟象。意謂雖然舜以對待兄長的禮節侍奉弟弟，但象一點也沒有改正悔過其豬狗之行的意思，依然像往常一樣心安理得。

吳獲迄古，南嶽是止。孰期去斯【一】，得兩男子？

舊以兩男子為泰伯、虞仲[一]，非也。蓋言泰伯之德可至古人，讓國而居南嶽之境，則宜其後有賢者出，乃有闔盧弑君、夫差亡國此兩男子[二]，何邪？

校記

【一】去：《補註》《集註》皆云，一作『夫』。

註釋

[一] 泰伯、虞仲：周太王古公亶父的長子和次子。因其父欲傳位於季歷，仲雍與太伯主動避讓，遷居到江蘇無錫、常熟一帶，斷髮文身，耕田自足。泰伯成為吳國的開國之君，因無子，仲雍繼位。

〔二〕闔廬弑君、夫差亡國：吳王闔閭，一作闔廬，姬姓，名光，公子光，吳王諸樊之子。吳王僚十二年，闔閭派專諸刺殺吳王僚，奪取吳國王位；夫差，闔閭之子，春秋時期吳國末代國君。夫差執政時期，極其好戰，國力空虛。勾踐不忘會稽之恥，國力逐漸恢復。趁夫差舉全國之力赴黃池之會時，越軍乘虛而入，殺死吳太子。前四七三年，越再次興兵，終滅吳國，夫差自刎。

緣鵠飾玉，后帝是饗。何承謀夏桀【一】，終以滅喪？帝乃降觀【二】，下逢伊摯。何條放致罰，而黎服大說【三】？

湯得鵠鳥，欲飾玉鼎為羹以饗獻后帝〔一〕，當時司割烹者伊摯也。帝降觀而見摯，遂以賜湯〔二〕。嗚條之放，致桀之罰〔三〕，皇皇后帝，豈以一杯羹遂亡人之國家邪？且以臣弑君，黎民反以大悅，豈天之所與〔四〕，人間公道遂可泯邪〔五〕？

校記

【一】何承謀夏桀：《補註》《集註》皆云，一無『夏』字。

【二】乃：《補註》《集註》皆云，一作『力』。《集註》又云，一作『之力』。

【三】服：《補註》云，一作『伏』；說：《補註》《集註》皆作『說』，原本作『悅』，恐誤，徑改。

註釋

〔一〕饗獻：即『獻饗』，獻酒食款待。

［二］帝降觀而見摯，遂以賜湯：王逸註：『湯出觀風俗，乃憂下民，博選於衆而逢伊尹，舉以為相也。』所謂『遂以賜湯』，即上天把伊摯賜給湯做良輔。伊摯：俗稱伊尹，名摯，小名阿衡。伊摯為商朝初年著名賢相、政治家、思想家，已知最早的道家人物之一。也是中華廚祖，中原菜系創始人。

［三］鳴條之放，致桀之罰：即指商湯戰勝夏桀的鳴條之戰。在這場戰爭中，商湯親率戰車七十乘、敢死士兵六千人進攻夏都。夏桀倉促率王師與商軍戰於鳴條，結果夏朝軍隊大敗。

［四］天之所興：上天所要幫助的一方。興：幫助，輔佐。

［五］泯：泯滅。

簡狄在臺，嚳何宜【一】？玄鳥致貽【二】，女何喜【三】？

契母簡狄，帝嚳之妃。侍帝嚳於臺上，有飛燕墮遺其卵，喜而吞之，生契［一］。若謂燕卵為天帝所遺，吞之而遂喜，則嚳亦安宜此婦人哉？且玄鳥之卵，又何所喜邪？此不可解者也。

校記

【一】嚳何宜：《補註》《集註》皆云，一作『帝嚳何宜』。

【二】貽：《補註》《集註》皆云，一作『詒』。

【三】喜：《補註》《集註》皆云，一作『嘉』。《集註》又云，一作『善』。

註釋

[一] 簡狄吞卵：上古神話傳說。《詩·商頌·玄鳥》云：『天命玄鳥，降而生商。』《史記·殷本紀》云：『殷契，母曰簡狄……三人行浴，見玄鳥墮其卵，簡狄取吞之，因孕生契。』簡狄為商始祖契之母，帝嚳之次妃，一作簡易、簡逷、娀簡。相傳其偶出行浴，吞鳦卵而生契。『鳦』，是『燕』的古文，即玄鳥。

該秉季德，厥父是臧。胡終斃於有扈，牧夫牛羊？干協時舞，何以懷之？平脅曼膚[一]，何以肥之？有扈牧豎，云何而逢[二]？擊牀先出，其命何從[三]？恒秉季德，焉得夫朴牛？何往營班祿，不但還來？

此數段，舊解不明。昔夏啓時，有扈之君先流落於民間，如楚懷王孫心為人牧牛[一]，故曰牧豎後嗣。有扈，俟位，見啓嗣父，頓懷不服，謂禹原傳賢而啓何以自利？季德，猶言德衰，非前輩長老之德也。雖然，啓獨秉此季德，固非盛德事，然亦猶有扈之嗣厥父也。同一為嗣厥父，故藏於民間，乃嗣位後受困於有扈之牧豎，此不可解矣。啓率六卿，戰於甘，不勝[二]。六卿請伐之，啓不可。遂班師，彷乃父昔年干羽兩階之舞、為七旬格苗之舉[三]。昔時憂戚[四]，形於顔色。今且膚體肥澤，若不以有扈介意者。未幾，有扈果服。啓乘其既服不備，出不意以滅之。方啓往攻，入有扈之室，不見有扈之君，擊牀一聲，而有扈之君先出，不待搜索，遂親於其牀上擊而殺之。牧豎既命當為君，何又逢此禍也？且啓既是衰德，則此牧豎譬之朴牛，天亦當憐而赦其死，何為使啓得之？啓之班師，亦已往矣，方須賞賚以營休兵，忽然還來襲之，此其舉動，豈有當於天心而天相之邪？此段問意，若曰有扈之君以牧豎之子，而能執堯舜傳賢大義以不服，則其人亦奇矣，便不當有擊床之報；若是啓之季德有當天心，則便不應有有扈之弊，二者將安取衷哉[五]！『藏』與『臧』同，『藏』有『守』義。『厥父是臧』者，猶言厥父是守也。

校記

【一】平脅曼膚：《補註》《集註》皆云，一作『受平脅曼膚』。

【二】云何而逢：《補註》云，一作『其爰何逢』，一作『其云何逢』。

【三】其命何從：《補註》云，一作『其何所從』；《集註》云，『何』一作『何所』。

註釋

[一] 楚懷王孫心為人牧牛：典出《史記·項羽本紀》：『於是項梁然其言，乃求楚懷王孫心民間。為人牧羊，立以為楚懷王，從民所望也。』一為牧羊，一為牧牛，略有出入。

[二] 啓率六卿，戰於甘，不勝：典出《呂氏春秋·先己》：『夏后伯啟與有扈戰於甘澤而不勝，六卿請復之。夏后伯啟曰：「不可。吾地不淺，吾民不寡，戰而不勝，是吾德薄而教不善也。」於是乎處不重席，食不貳味，琴瑟不張，鐘鼓不修，子女不飭，親親長長，尊賢使能。期年而有扈氏服。』

[三] 彷乃父昔年干羽兩階之舞、為七旬格苗之舉：彷照他父親當年舞干羽於兩階而招徠有苗的做法。典出《尚書·大禹

謨》：『帝乃誕敷文德，舞干羽於兩階。七旬，有苗格。』『干羽兩階之舞』泛指廟堂之舞。干音甘，盾也。格，至也。

［四］憂戚：同『憂慼』，憂傷。

［五］取衷：折中，判斷。

昏微遵迹【一】，有狄不寧【二】。何繁鳥萃棘，負子肆情？

黄昏隱微之事，循迹而行，有夷狄所不安者，而人肆情為之。如晉大夫解居父聘吴［一］，過陳之墓門，見婦人負其子，欲與之淫。婦人引《詩》刺之曰：『墓門有梅【三】，有鴞萃止。』［三］言雖無人，棘上猶有鴞，汝獨不愧也？今之肆情如此者多，蒼蒼者豈不之見邪［三］？

校記

【一】遵：《補註》《集註》皆云，一作『循』。

【二】有：《補註》《集註》皆云，一作『佚』。

【三】梅：原本誤作『棘』，徑改。

註釋

［一］晉大夫解居父聘吴：王逸註引《列女傳》：『解居父聘吴，過陳之墓門，見婦人負其子，欲與之淫泆，肆其情欲。』

［二］墓門有梅，有鴞萃止：語出《詩經·墓門》：『墓門有棘，斧以斯之。夫也不良，國人知之。知而不已，誰昔然矣。墓門有梅，有鴞萃止。夫也不良，歌以訊之。訊予不顧，顛倒思予。』墓門前有一株梅樹，梅樹上還有一只貓頭鷹。意謂雖然無人，上蒼有眼。

［三］蒼蒼者：指青天。此處指主宰世界的上天。

眩弟並淫，危害厥兄【一】。何變化以作詐，而後嗣逢長【二】？

象之眩惑［一］，欲使二嫂治棲［二］，害兄行詐，後嗣且長。福善禍淫［三］，將無虛語邪？

校記

【一】害：《補註》《集註》皆云，一作『虞』。

【二】而後嗣逢長：《補註》作『後嗣而逢長』，又云，一作『而後嗣逢長』；《集註》云，『而』一在『嗣』下。

註釋

［一］眩惑：迷戀，沉溺。

［二］治棲：整理臥具，即侍寢。

［三］福善禍淫：語出《尚書·湯誥》：『天道福善禍淫，降災於夏，以彰厥罪。』指行善者得福，作惡者受禍。

成湯東巡，有莘爰極。何乞彼小臣，而吉妃是得？水濱之木，得彼小子【一】。夫何惡之，媵有莘之婦？

成湯東巡，至有莘之邊界，得見伊尹而才之[一]。因乞之於有莘之君，其君使以其女歸湯[二]，而使伊尹為媵[三]。世傳伊尹產自空桑[四]，人以為不祥，惡之，故使為媵，隨有莘之婦而來。第乞一小臣[五]，而併得一吉妃，天之福人[六]，何其奇也！以此智臣，而產於水濱之木，為人所賤，天之顛倒英賢[七]，又何其奇也！

校記

【一】彼：《補註》《集註》皆云，一無『彼』字。

註釋

［一］得見伊尹而才之：成湯見到了伊尹，認為他很有才。才：意動用法，以……為才。
［二］歸：嫁給。
［三］媵：古代指隨嫁，此處指隨嫁的人。
［四］伊尹產自空桑：神話傳說。典出《呂氏春秋》：『先氏女子採桑，得嬰兒於空桑之中，獻之其君居。』
［五］第：只是。
［六］天之福人：上天降福於人。福：名詞用如動詞，降福。
［七］顛倒英賢：類同『顛倒黑白』。即把英才、賢才視為蠢才、庸才。

湯出重泉，夫何辠尤【一】？不勝心伐帝，夫誰使挑之？

桀囚湯於夏臺[一]，卽重泉地。既出省，無辠尤，不勝忿忿之心，因而伐帝。若夫重泉之囚湯，亦無挑之者，此殆天意夫！豈人謀？

校記

【一】辠：《補註》《集註》皆云，古『罪』字。

註釋

[一] 夏臺：夏代獄名。又名均臺。在今河南省禹縣南。《史記·夏本紀》載：『桀不務德而武傷百姓，百姓弗堪。乃召湯而囚之夏臺。』司馬貞索隱：『獄名，夏曰均臺。皇甫謐云：「地在陽翟。」是也。』

會鼂爭盟【一】，何踐吾期？蒼鳥群飛【二】，孰使萃之？到擊紂躬【三】，叔旦不嘉。何親揆發【四】，定周之命以咨嗟【五】？授殷天下，其位安施【六】？反成乃亡【七】，其罪伊何？爭遣伐器，何以行之？並驅擊翼，何以將之？

此段言周武伐紂之事。會鼂，卽會朝。爭盟者，四方諸侯盟師恐後也。紂遣膠鬲請師期[一]，武王期以甲子[二]。會天大雨，武王恐甲子之期不踐，紂必殺膠鬲。武王師至，蒼鷹群集，如白魚赤烏之異[三]，非舊註將帥鷹揚之謂也[四]。既到，卽斬紂，叔旦以為不善。朕親揆定畫策者[五]，卽叔旦也。定周之命，一以咨嗟，行之伐國，而有不忍之色，此聖人之權也[六]。『授殷天下』四句，卽公旦咨嗟之言，曰：紂受殷之天下，居天子之位，而無仁義之施，反商道之成，以至於亡，其罪伊何？當與天下共見之。方是時，四方諸侯以師畢集，無以督之而自行，兩翼夾擊，並驅爭先，無以將之而自奮[七]。凡此，得不歸之天乎？烏効靈，人効力，天之興一姓以敗一姓又如此。

校記

【一】會鼂爭盟：《補註》《集註》皆云，一作『會晁請盟』。

【二】蒼：《補註》《集註》皆云，一作『倉』。

【三】到：《補註》云，一作『列』；《集註》作『列』，又云，一作『到』，又云非是。躬：原本作『船』，異體，徑改。《集註》云，一作『射』，又云非是。

【四】何：《補註》《集註》皆云，一無『何』字。《補註》此句後有『足』字。

【五】定周之命以咨嗟：《補註》作『周之命以咨嗟』，又云，一作『周命咨嗟』；《集註》云，『定』一作『足』，屬上句，又云非是。又無『之』『以』二字；咨：原本誤作『啓』，徑改。

【六】位：《補註》云，一作『德』。

【七】反：《補註》《集註》皆云，一作『及』。

註釋

［一］膠鬲：人名。即《孟子·告子》篇裡提到的『舉於魚鹽之中』者。膠鬲原以販賣魚鹽為生，後西伯姬昌將其舉薦給商紂，商亡後輔佐周武王。

［二］甲子：干支之一。干支順序中的第一個。中國傳統干支紀年中一個循环的第一年亦稱『甲子』年。

［三］白魚赤烏之異：一作『白魚赤烏』。典出《史記·周本紀》：『武王渡河，中流，白魚躍入王舟中，武王俯取以祭。既渡，有火自上複於下，至於王屋，流為烏，其色赤，其聲魄云。』白色的魚，紅色的烏，指祥瑞之兆。

［四］鷹揚：威武貌。語出《詩·大雅·大明》：『維師尚父，時維鷹揚。』毛傳：『鷹揚，如鷹之飛揚也。』

［五］肰親揆定畫策者：但親自制定計劃的人。肰：古同『然』。親：親自。揆定：制定。畫策：策略，計劃。

［六］權：變通，權變。

［七］自奮：自我奮發。

昭后成遊，南土爰底。厥利維何［一］，逢彼白雉？穆王巧梅［二］，夫何為周流［三］？環理天下，夫何索求？妖夫曳衒，何號於市？周幽誰誅？焉得夫褒姒？

此段舉周三后敗亡之事，若皆出天意者。昭王不逢白雉之獻，則不底南土而取膠舟之沒［一］；穆王不因八駿之異馬，又得造父之巧梅奇技，則不致環理天下而有徐方之亂［二］；幽王不因槩弧箕服之妖夫得所棄女奔褒，褒人入之為后，則不至易嫡而有犬戎之禍［三］。不先不後，至期恰逢［四］，此孰為之哉？彼懷王之上官、子蘭、張儀、鄭袖，皆此類也。

校記

【一】維：《補註》《集註》皆作『惟』。

【二】掏：《補註》云，一作『瑚』。《集註》謂從『手』，從『木』從『玉』均非。

【三】夫何為周流：《補註》云，一作『夫何周流』。《集註》作『夫何周流』，又云『周』上一有『為』字。

【四】恰：原本作『恪』，當為『恰』字之誤，徑改。

註釋

〔一〕膠舟之沒：西周初年，昭王率大軍涉黃河、渡漢水、跨長江而南征，取得了一系列戰果，後因輕敵而慘敗。傳說周昭王在漢水之上因乘坐楚人的『膠船』而落水身亡。《史記·周本紀》稱其『王道微缺』，在南方『巡狩』時『卒於江上』。

〔二〕徐方之亂：事見《史記·秦本紀》：『造父以善御幸於周繆王，得驥温驪驊騮騄耳之駟，西巡狩，樂而忘歸。徐偃王作亂，造父為繆王御，長驅歸周，一日千里以救亂。』

〔三〕犬戎之禍：周幽王八年(前七七四年)，廢黜王后申后和太子姬宜臼，而立寵妃褒姒為王后、立褒姒子姬伯服為太子，並加害太子姬宜臼。周幽王十一年(前七七一年)，申侯聯合繒國、西夷犬戎攻打周幽王，在驪山下將其殺死，西周滅亡。周平王繼位，東遷至雒邑，史稱東周。犬戎之禍成為西周與東周的歷史分界事件。

天命反側，何罰何佑？齊桓九合【一】，卒然身殺【二】。

齊桓以出亡公子反國致霸，是天佑也；身死不得斂，蟲流出戶，是天罰之也【一】。佑亦是天，罰亦是天，何反側不常乃爾邪【三】？

校記

【一】合：《補註》作『會』，又云，一作『合』。《集註》作『合』，又云，一作『會』。

【二】殺：《集註》云，一作『弑』。

【三】常：原本作『甞』，避明光宗朱常洛諱，徑改。該書往往如此，隨文徑改。

註釋

［一］齊桓事：春秋時期，齊桓公採用管仲的建議，打出『尊王攘夷』的旗號，團結其他諸侯，北擊山戎，南伐楚國，在諸侯國中樹立了威信。後，齊桓公召集諸侯在葵丘會盟，『九合諸侯，一匡天下』。周王室也正式承認了齊桓公的霸主地位，遂成為春秋時期第一位霸主。齊桓公晚年昏聵，管仲去世後，任用易牙、豎刁等小人，最終在內亂中餓死，死後不得殮葬，蛆蟲爬出室外，後果悲慘。

彼王紂之躬，孰使亂惑？何惡輔弼，讒諂是服【二】？比干何逆，而抑沈之？雷開何順【三】，而賜封之【三】？何聖人之一德，卒其異方：梅伯受醢，箕子詳狂【四】？

紂本聰明才智之人[一]，不應惡輔弼而服讒諂。比干賢者，抑沈如此；雷開佞人，賜金如彼。畢竟冥冥之表，有以惑亂之故如此也[三]。且同一聖人，其受禍亦有不同：梅伯受醢，較箕子之徉狂，禍尤酷烈。冥冥之表，何不作主張邪？

校記

【一】諂：《補註》作『諂』，《集註》作『謟』（chǎn），《集註》作『謟』（tāo），又皆云，一作『讇』。

【二】雷開何順：《補註》作『雷開阿順』，又云，一作『雷開何順』。《集註》作『雷開何順』，又云，『何』一作『巧』，又云非是。

【三】之：《集註》云，一作『金』。原本『之』後有『口』字，衍文，徑刪。

【四】詳：原本作『徉』，恐誤。《補註》《集註》皆作『詳』，又云，一作『徉』。今依二書徑改。

註釋

[一] 紂本聰明才智之人：據《史記·殷本紀》載：『帝紂資辨捷疾，聞見甚敏；材力過人，手格猛獸；知足以距諫，言足以飾非；矜人臣以能，高天下以聲，以為皆出己之下。』紂王本是聰明穎悟、資質頗高的人，後因惑於小人，寵信妲己，殘暴不仁，不行君道而亡國。

［一二］惑亂：迷惑擾亂。

稷維元子，帝何竺音篤之［一］？投之於氷上［二］，鳥何燠之［三］？何馮弓挾矢［四］，殊能將之？既驚帝切激［五］，何逢長之？

此節正足上問之意。謂箕比梅伯，天不能張主邪［一］？則后稷之初生，以為不祥，棄之。置之氷上，鳥為卵翼燠之，則又何邪？豈非帝所篤邪？帝既可以為此，則亦可以為彼。同一聖人，而佑德者異方［二］，此天道所以難解也。且紂之生，材力過人［三］，馮弓挾矢，殊能皆天將也。既無道之資驚上帝而切怒之矣［四］，則便當使之不祿［五］，何逢長之而使居天位邪［六］？舊以此為稷及武王事，誤。

校記

【一】帝何竺之：《補註》《集註》皆云，一云『帝何竺』，下無『之』字。又皆云『竺』一作『篤』。
【二】氷：《補註》作『冰』，《集註》作『氷』，異體。
【三】鳥何燠之：《補註》《集註》皆云，一云『鳥何燠』，下無『之』字。又皆云，『燠』一作『懊』，又云非是。
【四】馮：《補註》云，一作『憑』；挾：《集註》云，一作『接』。
【五】驚：《補註》《集註》皆云，一作『敬』；切：《補註》《集註》皆云，一作『功』。

註釋

［一］張主：主張，作主。

［二］佑德者異方：對有德者的幫助方式方法卻不一樣。

［三］材力過人：此處應指勇力，膂力。

［四］切怒：切齒憤怒。

［五］不祿：此處是死的諱稱。古人據地位不同，死也有不同的稱法：天子曰崩，諸侯曰薨，大夫曰卒，士曰不祿，庶人曰死。

［六］居天位：居天子之位。

伯昌號衰【一】，秉鞭作牧。何令徹彼岐社，命有殷之國【二】？遷藏就岐，何能依？殷有惑婦，何所譏？受賜茲醢，西伯上告。何親就上帝罰【三】，殷之命以不救？

文王僻在一隅，紂令之為西方諸侯之長，因得號令於殷衰之時，秉鞭以作諸牧，無敢不從其號令者。則是伯昌之興，亦因乎殷也。遂得徹彼岐社而全有殷國，此曷故邪？岐社始自古公由邠遷所藏而來［一］，誰爲依之？厥妃姜女也［二］。周以姜女興，而紂以妲己亡。同一所愛，而此曰『惑婦』，豈天生婦人，亦有不同邪？且紂醢梅伯，又醢西伯之子伯邑考［三］，以其肉賜西伯。西伯上告天帝，帝爲之動［四］，親就上帝之罰，殷之命遂以不長。乃梅伯獨非醢邪？同一受禍，而動天之異又何邪？

校記

【一】號：《補註》《集註》皆作『号』，《集註》又云，一作『號』。
【二】命有殷之國：《補註》《集註》皆作『命有殷國』，《補註》又云，一作『命有殷之國』。
【三】何親就上帝罰：《補註》《集註》皆云，『帝』下一有『之』字。

註釋

［一］古公：姓姬，名亶父，被周武王追謚為『太王』。古公亶父上承后稷、公劉之偉業，下啟文王、武王之盛世，是上古時代周族的領袖。
［二］厥妃姜女：即太姜，周朝先祖古公亶父的正妃，周文王的祖母。據《史記·周本紀》：『古公有長子曰太伯，次曰虞仲。太姜生少子季歷，季歷娶太任，皆賢婦人，生昌，有聖瑞。』她以『貞順』的女德，成為丈夫得力的左膀右臂，是周朝創業之時的賢德婦人。
［三］伯邑考：姓姬，名考，文王姬昌嫡長子，武王姬發同母兄，母太姒。文王被紂王囚禁後，伯邑考在殷商為質，給紂王駕車。紂王烹殺伯邑考，做成肉羹賜給周文王吃。
［四］動：感動。

師望在肆，昌何識【一】？鼓刀揚聲，后何喜？武發殺殷，何所悒？載屍集戰，何所急？

太公爲武王師，故曰師望。古記曰：『呂望者，老婦之出夫也[一]，嘗屠牛而牛敗[二]。文王於屠牛之肆，聞其鼓刀之聲，異而舉之[三]。』何所識，何所喜，言必有所以作合之者，豈非天乎？以八十垂老之人，而教武王以殺殷，彼胸中何所不平於殷乎？且載文王之木主以集戰[四]，當何所急而為此乎？天生是人，垂老而後大用，此又奇矣！

校記

【一】識：《補註》云，一作『志』，《集註》謂『識』同『志』。

註釋

[一] 出夫：姜太公曾是被逐出的贅婿。據劉向《說苑·尊賢》：『太公望，故老婦之出夫也，朝歌之屠佐也，棘津迎客之舍人也，年七十而相周，九十而封齊。』

[二] 屠牛而牛敗：姜太公曾經營過屠牛的生意，但做得很失敗。《太平御覽》七一引《水經註》：『呂望，東海人也。老而無遇，以釣干周。呂望行年五十，賣食棘津，七十則屠牛朝歌。行年九十，身為帝師。』

[三] 異而舉之：周文王認為他不一般，推舉他做了相。異：意動用法，以……為異。

[四] 載文王之木主以集戰：用戰車載著文王的牌位，與商紂王的軍隊打了一場會戰。木主：死人的牌位。集戰：會戰。

伯林雉經，維其何故【一】？何感天抑墜【二】，夫誰畏懼？

此晉太子申生之事[一]。申生雉經於伯林[二]，天地爲之震動。倘肯爲申生辨白，亦有何難？而竟未聞造物之憐，豈上帝亦有所畏懼邪？

校記

【一】何：《補註》《集註》皆云，一無『何』字。

【二】墜：《補註》云，即『地』字。

註釋

[一] 晉太子申生：晉獻公子，初被立為太子。後獻公寵愛驪姬，欲立驪姬子奚齊而廢太子，遂命其出居曲沃並任下軍帥。前六六〇年，令伐東山赤狄。後為驪姬讒毀，被迫自殺。

[二] 雉經：自縊。『雉』通『緻』。《國語·晉語二》載：『驪姬退，申生乃雉經於新城之廟。』孔穎達云：『雉，牛鼻繩也。申生以牛繩自縊而死也。』

皇天集命，惟何戒之？受禮天下，又使至代之[一]？

天爲一姓集命，則萬方俱服；又無號令約束，而萬方自集，此何故也？且既受禮天下，則便當子孫長守，何以至期又有代者？其無常乃爾邪？

校記

【一】又使至代之：《補註》云，一無『又』字，『代』一作『伐』。

註釋

［一］無常乃爾：竟這樣變化不定。乃爾：竟然如此。

初湯臣摯，後茲承輔【二】。何卒官湯【三】，尊食宗緒？

伊尹初為小臣［一］，湯之名呼者也［二］，後茲承輔，竟爲湯師。古之王者得一奇士，亦須經歷年歲，或至子孫時始尊顯之［三］。何以卽在湯時而爲大官，尊食鼎養［四］，傳之子孫，宗廟承緒［五］，與殷咸休［六］？天之橫發斯人［七］，又何奇也？

校記

【一】承：《補註》云，一作『丞』。

【二】卒：《集註》云，一作『萃』。

註釋

[一] 伊尹：即前文提到的伊摯。
[二] 名呼：直呼其名。形容不受尊敬。
[三] 尊顯：動詞，致人於尊貴顯赫的地位。
[四] 尊食鼎養：列尊而食，賜鼎而養。形容高度重視。
[五] 宗廟承緒：祖宗祭祀代不乏人。指世代為官、香火不絕。
[六] 與殷咸休：與商朝的命運共存亡。
[七] 橫發：充分顯露。

勳闔夢生，少離散亡。何壯武厲，能流厥嚴？

吳王闔廬有開吳之功[一]，故曰『勳闔』。本是壽夢之孫[二]，少遭散亡，可謂至弱。迨其壯也[二]，一旦武厲弑王僚而自立，能流厥威嚴，使人不測。天之生人，何其前尫羸而後雄武若此[三]？

校記

【一】迨：原本作『殆』，參考文意，疑為『迨』字之誤，徑改。

註釋

[一] 吳王闔廬：一作闔閭，姬姓，名光，公子光，吳王諸樊之子。吳王僚十二年，闔閭派專諸刺殺吳王僚，奪取吳國王位。為春秋五霸之一。

[二] 壽夢：姬姓，名壽夢，字熟姑，亦稱攻盧王、吳興王，吳侯仲雍十九世孫，吳侯去齊之子，春秋時期吳國國君。壽夢在位期間，奠定了吳國的強盛基礎，始稱吳王。

[三] 尫羸：瘦弱，虛弱。

彭鏗斟雉，帝何饗？受壽永多，夫何久長【一】？

籛鏗[一]，堯時諸侯，國於彭[二]，壽八百歲，世稱彭祖。嘗斟雉羹獻於堯[三]，堯饗之，壽亦百有餘歲。天何以壽考錫之一人[四]，而此人又能以壽與人？食其一杯羹者，皆得上壽[五]，何邪？此節解者亦憒憒[六]。

校記

【一】夫何久長：《集註》作『夫何長』，且云『長』上一有『久』字。

註釋

［一］籛鏗：即神話人物彭祖，先秦道家先驅之一。又稱籛鏗、彭鏗，陸終第三子。彭祖生於四川彭山，封於徐州彭城，子孫以國為氏。大彭國第一代始祖彭祖籛鏗本為堯舜時人，由於經常和神農時神巫巫咸、黃帝時神醫巫彭、夏彭伯壽、商彭伯考、商賢大夫彭咸、周柱下史老子混為一談，遂有『長年八百，綿壽永世』『非壽終也，非死明矣』等傳說。

［二］彭：國名，又名大彭國。由彭氏部落首領彭祖建立，是夏朝比較強大、政治關係較密切的屬國。商王武丁在位時，滅掉了大彭國。其存國約八百年。

［三］雉羹：上古烹飪食品。為烹飪鼻祖籛鏗首創，用野雞加稷米同燉而成。

［四］錫：同『賜』。賞賜。

［五］上壽：三壽中之上者。《莊子・盜跖》：『人上壽百歲，中壽八十，下壽六十。』

［六］憒憒：昏庸，糊塗。

中央共牧〔一〕，后何怒？蠭蛾微命〔二〕，力何固？驚女采薇，鹿何祐〔三〕？北至回水，萃何喜？

同在此世界中央，同爲民牧[一]，而上帝於其中獨有所怒，遂至滅絕覆亡，不以爲念。試觀蠭蟻微命，上帝且憐之，其力甚固，無有如人類之受禍者，何也？昔有避難之女，采薇而食[二]，至於回水之上[三]，遇神鹿救之，銜草而爲之食，則又何所喜乎？此皆天之不絕乎人也，而有國者獨不能得與女子同憐，則又何也？

校記

【一】牧：《補註》《集註》皆云，一作『枚』。《集註》又云，一作『收』。

【二】蠭蟻：《補註》《集註》皆作『蠭蛾』，又皆云，一作『蠭蟻』。《集註》又云，一作『蝨』，又云非是。

【三】祜：《補註》《集註》皆作『祐』，《補註》又云，一作『佑』。結合此節上文姑韻，竊疑『祜』是。

註釋

[一] 民牧：舊時稱治理民衆的君王或地方長官。《陳書·世祖紀》：『朕自居民牧之重，托在王公之上，顧其寡昧，郁於治道。』

[二] 薇：多年生草本植物。結莢果，中有種子五六粒，可食。嫩莖和葉可做蔬菜。通稱『巢菜』『人巢菜』『野豌豆』。

[三] 回水：神話水名。不詳。

兄有噬犬，弟何欲？易之以百兩，卒無祿？

舊註以爲秦子鍼之事[一]，未必是否。詳其語意，其兄有犬，善搏噬[二]，每得出獵之利[三]。其弟欲之，以百兩相易[四]，迨易後而弟死【一】。在兄則得利，在弟則妨生[五]。同一小物，而同氣之親利害相反[六]，此又何也？

校記

【一】迨：原本作『殆』。考此句文意，當為『等到』『及』之意，其文當為『迨』字，徑改。

註釋

[一] 秦子鍼之事：王逸《章句》註：『秦伯有齧犬，弟鍼欲請之。』
[二] 搏噬：撕咬。
[三] 每得出獵之利：出獵總能得到獵物。
[四] 百兩：一百輛戰車。『兩』通『輛』。
[五] 妨生：危害性命。
[六] 同氣之親：指同胞兄弟。

薄暮雷電，歸何憂？厥嚴不奉，帝何求？伏匿穴處，爰何云？

昔有高士穴處[一]，薄暮雷電扼其歸路[二]。上帝雖威嚴，此人平生無罪過干犯[三]，抑又何求？且穴處之人，抑將何所言邪？此蓋屈子自況：吾立身修潔，遺棄身家[四]，君卽震怒於我[五]，我無過可搜求耳！

註釋

[一] 穴處：住在山洞裡。卽隱居之意。
[二] 扼：指利用險要地形堅守防禦。此處指堵住。
[三] 干犯：冒犯。
[四] 遺棄身家：指不顧個人性命。
[五] 震怒：雷霆大怒。

荊勳作師【一】，夫何長【二】？悟過改更【三】，我又何言【四】？

王逸曰：『荊勳作師，乃二國邊邑處女採桑爭界，兩家因怒而相攻。』夫爭界者，不過爭長爭先耳。爭長者，吾大國，爾小國也；爭先，歷年邊界所管，誰在先也。世間事皆起於小，若彼此悟過更改，則又何言乎？屈子言外之意，謂吾與上官、子蘭輩，亦不過一時之爭耳，吾豈敢尤人？今當端居悟過[一]，尋其端緒而改更之[二]。難道上天不爲人作主，而復有何言乎？

校記

【一】作：原本作『狗』，《補註》《集註》皆作『作』，疑誤，徑改。

【二】夫何長：《補註》云，一云『夫何長先』；《集註》云，『長』下一有『先』字，又云非是。

【三】悟：《補註》《集註》皆云，一作『寤』。

【四】我：《集註》云，一無『我』字，又云非是。

註釋

［一］端居：謂平常居處。

［二］尋其端緒而改更之：尋找頭緒，改正前非。

吳光爭國，久余是勝。何環穿自閭社丘陵【一】，爰出子文？吾告堵敖，以不長【二】，何試上自予【三】，忠名彌彰【四】？

子文，卽楚令尹鬭穀於菟也。楚人謂虎爲於菟。昔若敖娶於邧［一］，生鬭伯比［二］。若敖卒，從其母，畜於邧［三］，淫於邧子之女，生鬭穀於菟【五】。邧女棄之閭社丘陵間，虎爲之乳［四］，遂奇而收養之［五］。爲楚名卿。方吳光爭國，時尚未敢與楚敵，及其久也，數勝楚。自子文出，而楚復強，吳不敢侵。當日環穿於閭社丘陵而得者，自非天意，誰能知所自邪？楚人謂未爲君而死者曰敖。堵敖，即杜敖，名熊勝，楚文王子，成王兄，若敖之先也。子文之爲令尹，忠直自矢[六]，言無不盡，今零落如此。吾嘗有堵敖之後不長之疑，楚人忌子文者，謂爲『試上自予』。試上者，謂罔上也[七]。自予者，謂自賢也[八]，每事過任也[九]。然至今忠名彌彰，則子文亦可無憾矣！獨是當日天生之甚奇，虎尚爲乳，厥後何不大行其志，而使至今僅以『忠』名邪？

《天問》結末至此，屈子蓋亦自託於楚國之先賢，但求無憾於『忠』之一字矣！悲夫！以上問人間許多不可解也。

校記

【一】環穿自閭社丘陵：《補註》《集註》皆云，一作『環閭穿社以及丘陵，是淫是蕩』。

【二】以不長：《集註》云，一本『以』下有『楚子』二字。

【三】試：《補註》云，一作『誠』；《集註》云，一作『譏』。予：《補註》《集註》皆云，一作『與』。

【四】彰：《補註》《集註》皆云，一作『章』。

【五】闘穀於菟：原本脫一『闘』字，徑添。

註釋

［一］邭：同『鄖』。古代諸侯國名，為楚所滅，故地在今湖北安陸縣(一說在鄖縣)。

［二］闘伯比：人名。芈姓，闘氏(若敖氏)，名伯比，亦名熊伯比。春秋時期楚國第十四任君主楚若敖熊儀幼子，楚霄敖熊坎

弟，鬬邑人。春秋時期楚國令尹，亦為歷史考證楚國第一位令尹，鬬氏鼻祖。

［三］畜於邧：養在鄖國。

［四］乳：動詞，餵奶。

［五］奇而收養之：認為他很奇特並收養了他。奇：意動用法，以……為奇。

［六］忠直自矢：忠誠正直，立志不移。

［七］罔上：欺騙君上。

［八］自賢：自以為賢能。

［九］過任：過分自信。

《楚詞箋註》上　第二卷終

《楚詞箋註》下　第三卷

吉陽李陳玉石守父箋註

九歌

舊《序》稱：楚俗尚鬼，每當祀時，使巫覡作樂，歌舞以娱神。俗陋詞俚，『不無褻慢淫荒之雜。屈原放逐，見而感之，頗爲更定其詞。又因彼事神之心，寄吾忠君愛國眷戀不忘之意』[一]。朱子則謂：『諸篇皆以事神不答而不能忘其敬愛，比事君不合，不能忘其忠赤，尤足以見其懇切之意。』[二]兩俱頗有發明【一】。

第《九歌》所以名篇之故，俱未嘗言也。按：《離騷》中『啓《九辯》與《九歌》兮』，此《九歌》之名所由見也。《書》曰：『九功惟敘，九敘惟歌。』[三]蓋治定功成，而後播之於樂。屈原少時，鋭於致主[四]，自謂當其壯年，一切成辦可以無愧臯禹[五]。豈意有才無命，淪落江濵，一至於此！偶見巫覡所祀，不覺隨手爲之點定，蓋亦借此《清廟・登歌》之手[六]，小用之《下里》之奏也[七]。

《九歌》之外，又有《九章》，疑卽《九辯》之别名，以應《騷》中之語。初疑文詞與《九歌》不類，《九歌》高簡奥澀[八]，《九章》繁富明衍[九]，或是擬作。所以，歷代簡冊，退《九章》於《天問》之後，不與《九歌》相連，亦序書者之傳疑也。及細讀之，煩寃苦恨，非屈子不能自道，今取而連之。宋玉爲屈原弟子[一〇]，憐師以忠直被禍，明擬《九辯》以配師《九歌》，今取而附之。《招魂》《大招》，則又宋玉擬配《天問》也。自出手眼[一一]，殆所謂青出於藍[一二]，其可敬也夫？

校記

【一】發：原本作『癹』，俗字，徑改。

註釋

[一]『舊《序》稱』一段：指朱熹《楚辭集註·九歌敘》，開頭文句稍有出入。

[二]朱子則謂：此亦朱熹《楚辭集註·九歌敘》原敘後面的補充文字。

[三]九功惟敘，九敘惟歌：語出《尚書·大禹謨》：『禹曰：「吁！帝念哉！德惟善政，政在養民。水、火、金、木、土、谷，惟修；正德、利用、厚生，惟和。九功惟敘，九敘惟歌。戒之用休，董之用威，勸之以九歌，俾勿壞。」』中原典籍中的『九歌』即關於水、火、金、木、土、穀、正德、利用、厚生九功之歌，與楚地的神話《九歌》和楚辭《九歌》不是一回事。

[四]鋭於致主：專心於使國君接踵堯舜，做一個有為之君。鋭：謂用心專一。

[五]成辦：作為，作法。皋禹：皋陶和大禹。皋陶：上古傳説中的人物，偉大的政治家、思想家、教育家，被史學界和司法界公認為中國司法鼻祖，與堯、舜、禹齊名的『上古四聖』之一。禹：姒姓，夏后，號禹，後世尊稱大禹。夏后氏首領，治黄河

水患有功，受舜禪讓繼帝位。又劃定九州，並鑄造九鼎，與堯、舜齊名。

〔六〕《清廟·登歌》：即隋代《郊廟歌辭·武后享清廟樂章十首·第三登歌》。李氏藉此說明屈原本為王朝歌手，在此借鑒了當地祭祀民歌創作了《九歌》。

〔七〕《下里》之奏：指戰國時代楚國民間流行的歌謠。典出宋玉《對楚王問》：『客有歌於郢中者，其始曰《下里巴人》，國中屬而和者數千人……其為《陽春白雪》，國中屬而和者不過數十人。』

〔八〕高簡奧澀：『高奧簡澀』的錯文。指文句高深玄奧，晦澀難讀。

〔九〕繁富明衍：指文句意蘊豐富，明白流暢。

〔一〇〕宋玉爲屈原弟子：關於這一問題，一直是學術界的一樁疑案。有關宋玉的歷史資料實在太少，唯一可靠的只有《屈原列傳》末尾『屈原既死之後，楚有宋玉、唐勒、景差之徒者，皆好辭而以賦見稱。然皆祖屈原之從容辭令，終莫敢直諫』的幾句話，但其中也沒有明確說明宋玉就是屈原弟子。而『楚有宋玉、唐勒、景差之徒者』的話，也不是『弟子』之意；而東漢王逸『宋玉，屈原之弟子也』的話就更顯得遊談無根，不可信從。參照其創作，可以斷定宋玉是屈原的後輩，曾學習並從事過楚辭創作，大體可以肯定。

〔一一〕自出手眼：謂出於自己的才識和眼光。指對文學藝術創作有獨到的鑒賞品評能力。

〔一二〕青出於藍：語出《荀子·勸學》：『青，取之於藍，而青於藍。』青：靛青。藍：蓼藍之類可作染料的草。青是從藍草裡提煉出來的，但顏色比藍更深。比喻學生超過老師或後人勝過前人。

東皇太一

吉日兮辰良，穆將愉兮上皇。『穆將愉』三字，儼有一笑河清之意[一]。撫長劍兮玉珥[二]，璆鏘鳴兮琳瑯[二]。上帝之容，想像劍佩之間，可謂善於形容。瑤席兮玉瑱[三]，盍將把兮瓊芳。蕙肴蒸兮蘭藉[四]，奠桂酒兮椒漿[五]。珍御芳潔，儼然溢人鼻眼中。揚枹兮拊鼓[六]，疏緩節兮安歌，一聲動處萬物靜，『安歌』之義也。『疏』盡態，『緩』盡韻，『節』盡變，寫得雄壯，空壁欲響[七]。陳竽瑟兮浩倡。一聲動處萬聲起，『浩倡』之義也。靈偃蹇兮姣服[八]，芳菲菲兮滿堂。五音紛兮繁會，君欣欣兮樂康。『樂康』二字，屬民物上；『君欣欣』，則天下太平矣。六字歌譜。

太一，天之尊神，祠在楚東，以配東帝，故云。太一之佐五帝，故稱太一爲上皇。紫微宮中天極星，其一明者，卽太一常居[九]。

此章分兩段：自『吉日兮』到『琳瑯』四句，言東皇太一容貌、劍佩之尊嚴；自『瑤席』句至末，言迎神宴舞之樂。

校記

【一】劒：《補註》作『劍』，《集註》作『劒』，異體。

【二】鏘：《集註》云，一作『鎗』；瑯：《補註》《集註》皆作『琅』，又云俗作『瑯』。

【三】瑱：《補註》《集註》皆云，一作『鎮』。

【四】蒸：《補註》《集註》皆云，一作『烝』，一作『菸』。

【五】桂：原本作『圭』，為避其祖父李良桂之諱，今改為正字。

【六】枹：《補註》《集註》皆云，一作『桴』。

【七】壁：原本作『璧』，誤刻，徑改。

【八】姣服：《補註》《集註》皆云，一作『妖般』。

【九】常：原本作『嘗』，避明光宗朱常洛諱，徑改。

註釋

［一］一笑河清：見到笑容比見到黃河水變清還難。比喻絕少有笑容。

雲中君

浴蘭湯兮沐芳，華采衣兮若英。靈連蜷兮既留【一】，爛昭昭兮未央。俱言神之芳潔。『連蜷』二字，確是雲態，且寫鬼神蓄縮，情狀如見。謇將憺兮壽宮【二】，即『觀者憺兮忘歸』之憺[一]。與日月兮齊光【三】。確是雲頌。龍駕兮帝服，聊翺遊兮周章。來得忙，去得速。『周章』二字情盡。靈皇皇兮既降，猋遠舉兮雲中【四】。覽冀州兮有餘，橫四海兮焉窮。即李長吉『遥望齊州九點煙，一泓海水杯中瀉』之意[二]。蓋雲在天中，處地高耳。思夫君兮太息，右用女巫竟以神爲夫君，奇！極勞心兮忡忡【五】。前章想其來時儀貌[三]，此章想其去後光彩，皆文章之妙。

祀雲神也。見《漢郊祀志》[四]。壽宮，供神之處。

此章分兩段：自『浴蘭』句起至『周章』句止，言雲中君衣服、容貌之美；自『靈皇皇』句起至末，言雲中君降後便行、舉止軒軒之態[五]。蓋雲神倏忽[六]，故其去來急疾，此善於相體作文者[七]。篇中不復言降神之禮，高甚！脱甚[八]！

校記

【一】靈：《補註》云，一本『靈』下有『子』字。

【二】謇：《補註》作『蹇』，《集註》作『謇』。

【三】齊：《補註》《集註》皆云，一作『爭』。

【四】猋：《補註》作『猋』，去疾之貌，且云從『火』作『焱』非是；《集註》作『猋』。

【五】憹憹：《補註》《集註》皆作『憹憹』，又皆云，一作『忡忡』。

註釋

［一］『觀者憺兮忘歸』：語見《東君》：『羌聲色兮娛人，觀者憺兮忘歸。』憺：安穩愉悅貌。

［二］李長吉『遙望齊州九點煙，一泓海水杯中瀉』：出自唐代詩人李賀的《夢天》詩。意為遙望九州宛如九點煙塵浮動，那一汪清淺的海水像是從杯中傾瀉。李長吉：即唐代詩人李賀，字長吉，『長吉體』詩歌的開創者，有『詩鬼』之稱，與『詩聖』杜甫、『詩仙』李白、『詩佛』王維齊名。

［三］前章想其來時儀貌：指《東皇太一》對太一神的描寫。

［四］《漢郊祀志》：即《漢書·郊祀志》，分上、下兩卷。其所載先秦至漢武時代的郊祀和封禪內容，多取自《史記·封禪書》而略事修改，並補充了漢武至王莽時期有關的郊祀內容而成。

［五］軒軒之態：儀態軒昂貌。

［六］倏忽：倏與忽是古代形容極短時間的名詞，此處形容行動急速。

［七］相體作文：根據描寫對象而撰述文字。

［八］脫：灑脫。

湘君

君不行兮夷猶，想其鄭重之致。蹇誰留兮中洲？想其孤遠之蹤。美要眇兮宜修【一】，想其綽約之態。沛吾乘兮桂舟。令沅湘兮無波，使江水兮安流。想其恬靜之功。望夫君兮未來【二】，吹參差兮誰思【三】？想其貞一之德。駕飛龍兮北征，邅吾道兮洞庭。特降則不敢望，便道而降何妨？薜荔拍兮蕙綢【四】，想其帷帳皆麗。蓀橈兮蘭旌【五】。想其行節皆香。望涔陽兮極浦，橫大江兮揚靈。與波俱渺，又恰是無波不靈。揚靈兮未極，女嬋媛兮為余太息！衆女俯伏，候久不至〔六〕。橫流涕兮潺湲，淚可成川。隱思君兮陫側。愾然如見。桂櫂兮蘭枻【七】，劃然有響。斲冰兮積雪【八】。凜然神寒。采薜荔兮水中，搴芙蓉兮木末。存誠凝望，久久遂成妄想。心不同兮媒勞，恩不甚兮輕絕。候久不至，反似怨望，所以激神也。卻是屈子借他人酒杯，澆自己磊塊處〔一〕。石瀨兮淺淺，飛龍兮翩翩。水淺路曠，但不來耳！要來便來！交不忠兮怨長，期不信兮告余以不閒【九】。此是《離騷》『成言悔遁』『中道改路』註腳。鼂騁騖兮江皋【一〇】，夕弭節兮北渚。鳥次兮屋上，水周兮堂下。候神非一朝夕。鳥經幾宿，水經數長。捐余玦兮江中，遺余佩兮澧浦【一一】。先致殷勤。采芳洲兮杜若，將以遺兮下女。君卽不可得見，侍者邊通個消息。時不可兮再得【一二】，聊逍遥兮容與。到底要求一降，從容以俟，可謂心堅力定。

湘君，堯長女娥皇，舜之正妃。舜陟方死於蒼梧，二妃死於江湘之間，楚人廟祀之〔二〕，稱曰『湘君』。夫君，指舜。參差，簫也。女嬋媛，與祭衆女也。下女，湘君侍女也。

此章極力描寫思神來而得來之狀，又思其來時光景，將來不來時徯首望幸之態〔三〕。捐玦遺佩，神究不來，已到盡頭矣。末二句『時不可乎再得，聊逍遥乎容與』【一三】，畢竟要等到神來方休，以前都是反語。水窮山盡，忽然出此一路想頭，體格可謂絕奇[四]！蓋湘君與湘夫人皆陰神，故極難降，而詞亦鄭重帶激。鬼神之家，有用激請者，屈子可謂博通天人之情矣[五]。末後竟不言神降後事，可謂高脫中更復高脫！

校記

【一】眇：《補註》云，一作『妙』；《集註》云，『眇』與『妙』同。宜：《補註》《集註》皆云，『宜』上一有『又』字。

【二】末：《補註》云，一作『歸』。來：《集註》云，一作『歸』，又云非是。

【三】參差：《補註》《集註》皆云，一作『篸䇧』。

【四】拍：《補註》《集註》皆作『柏』，又皆云，一作『拍』。

【五】蓀：《補註》《集註》皆云，一作『荃』。旌：《補註》《集註》皆云，一作『旍』。《集註》又云，此句上或有『乘』字，或有『承』字，或有『采』字，『旌』或作『旗』，皆非。

【六】候：原本誤作『侯』，徑改。

【七】桂：原本作『圭』，為避其祖父李良桂之諱，今改為正字。枻：《補註》云，一作『栧』。

【八】斲冰：《補註》云，一作『斲層冰』；冰：原本作『氷』，異體，徑改。

【九】余：《補註》云，一作『我』。閒：原本誤作『間』，徑改。

【一〇】鼂：《補註》云，一作『朝』；《集註》云，『鼂』與『朝』同。

【一一】佩：《補註》《集註》皆云，一作『珮』。澧：《補註》作『醴』，又云，一作『澧』；《集註》作『澧』，又云，一作『醴』。

【一二】時：《補註》《集註》皆作『旹』，古『時』字，又云，一作『時』。

【一三】兩『乎』字，皆『兮』字之誤書。

註釋

[一] 借他人酒杯，澆自己磊塊：比喻屈原借男女情事抒發君臣難以遇合之情。語出明李贄《焚書·雜說》：『奪他人之酒杯，澆自己之塊壘。』磊塊：同『壘塊』『塊壘』，比喻心中鬱積的不平之氣。典出《世說新語·任誕》：『阮籍胸中壘塊，故須酒澆之。』

[二] 廟祀：立廟奉祀。

[三] 徯首望幸：翹首仰望，期冀臨幸。徯：仰望。幸：臨幸。

[四] 體格：指詩文的體裁格調，體制格局。

[五] 博通天人：知識廣博，貫通自然和社會。

湘夫人

帝子降兮北渚，目眇眇兮愁余【一】。『眇』字較『望眼欲穿』四字更深。嫋嫋兮秋風，洞庭波兮木葉下。寫得淒清空冥，千古詞人拾瀋不盡[一]。登白薠兮騁望【二】，薠為鴈食。鴈來則帝子來矣[三]。與佳期兮夕張【四】。神降必以夜。著『佳期』二字動人。鳥何萃兮蘋中【五】？鳥萃蘋中，鳥亦迎候矣。罾何為兮木上【六】？罾掛木上，居民都棄業以候矣。沅有芷兮澧有蘭【七】，聞香思佳人。思公子兮未敢言。古者呼君女爲女公子。稱帝子，尊之也；稱公子，親之也。『未敢言』三字，有數十字在內。荒忽兮遠望【八】，觀流水兮潺湲。二女竟是親見帝子矣，屈子悟頭奇甚[二]。麋何為兮庭中【九】？蛟何為兮水裔【一〇】？麋、蛟是所設迎神儀從。解者憒憒[三]。朝馳余馬兮江皋【一一】，夕濟兮西澨。求之在此乎？求之在彼乎？聞佳人兮召予，將騰駕兮偕逝。築室兮水中，葺之兮荷蓋【一二】。蓀壁兮紫壇【一三】，匊芳椒兮成堂【一四】。桂棟兮蘭橑【一五】，辛夷楣兮葯房。罔薜荔兮為帷，擗蕙櫋兮既張【一六】。白玉兮為鎮【一七】，疏石蘭兮為芳【一八】。芷葺兮荷屋【一九】，繚之兮杜衡【二〇】。無端幻想，築室水中，窮諸芳潔。合百草兮實庭，建芳馨兮廡門。備諸庭，實亦是芳潔。九嶷繽兮並迎【二一】，靈之來兮如雲【二二】。神來便來，有何難事？捐余袂兮江中，遺余褋兮澧浦【二三】。湘君贈玦珮，湘夫人贈袂褋，等差尤不苟。搴汀洲兮杜若，將以遺兮遠者【二四】。湘君侍人，上女不敢遺，但遺下女而已；湘夫人侍人，近者不敢遺，但遺遠者而已。猶古人曰『敢以犒君下執事』也[四]。可謂恭敬之至矣。時不可兮驟得，《湘君》曰『不可再得』，《湘夫人》曰『不可驟得』，亦有差等。聊逍遙兮容與【二五】。斷要從容俟降。

湘夫人，舜次妃也。娥皇稱君，次妃稱夫人，文有分寸，卽此見屈子通達國體一斑【二六】。

此章與前篇用意俱同，皆是迎神而極寫神不肯來之狀，所以冀神之必來也。

校記

【一】余：《補註》《集註》皆作『予』，又皆云，一作『余』。

【二】登：《補註》無『登』字，又云，一有『登』字，非是；《集註》有『登』字，又云，一無『登』字。薠：《補註》《集註》皆云，或作『蘋』字，又云非是。

【三】子：原本誤作『了』，徑改。

【四】與佳期兮夕張：《補註》《集註》皆云，一本『佳』下有『人』字，一作『與佳人兮期夕張』。

【五】何：《補註》無『何』字，且云一本『萃』上有『何』字；《集註》有『何』字，且云一本無『何』字。

【六】何：《集註》云，一本無『何』字。

【七】芷：《補註》作『茝』，又云，一作『芷』；《集註》作『芷』，又云，一作『茝』。澧：《補註》作『醴』，又云，一作『澧』；《集註》作『澧』，又云，一作『醴』。

【八】荒忽：《補註》《集註》皆云，一作『慌惚』。

【九】為：《補註》作『食』，又云，一作『為』；《集註》作『食』，又云，一作『食』。

【一〇】裔：《補註》《集註》皆云，一作『裛』。

【一一】朝馳余馬兮江皋：《補註》云，一作『朝馳騁兮江皋』。

【一二】葺之兮荷蓋：《補註》《集註》皆云，一本『荷』上有『以』字。考《九歌》中『兮』字，多有介詞之功能，『兮』字之後一般不再使用介詞，故此處不應有『以』字。

【一三】蓀：《補註》《集註》皆云，一作『荃』。

【一四】匊芳椒兮成堂：《補註》云，一作『播芳椒兮盈堂』；《集註》云，『匊』古『播』字，『成』一作『盈』。

【一五】桂：原本作『圭』，為避其祖父李良桂之諱，今改為正字；蘭橑：《補註》云，一作『星橑』。

【一六】擗：《補註》云，字一從『木』，一作『擘』；《集註》云，一作『辟』；櫋：《補註》云，一作『槾』。

【一七】鎮：《補註》《集註》皆云，一作『瑱』。

【一八】疏石蘭兮為芳：《補註》《集註》皆云，一本『兮』下有『以』字。考《九歌》中『兮』字，多有介詞之功能，『兮』字之後一般不再使用介詞，故此處不應有『以』字。

【一九】芷葺兮荷屋：《補註》《集註》皆云，『葺』下一有『之』字。

【二〇】繚之兮杜蘅：《補註》云，一本『兮』下有『以』字。考《九歌》中『兮』字，多有介詞之功能，『兮』字之後一般不再使用介詞，故此處不應有『以』字；蘅：《補註》《集註》皆作『衡』，又云，一作『蘅』。

【二一】嶷：《補註》《集註》皆云，一作『疑』。

【二二】如：《補註》云，一作『若』。

【二三】澧：《補註》作『醴』，又云，一作『澧』。

【二四】者：《補註》云，一作『渚』。

【二五】與：《補註》《集註》皆云，一作『治』。

【二六】斑：原本誤作『班』，徑改。

註釋

［一］拾瀋：拾取汁水。此處比喻汲取滋養。

［二］悟頭：開頭。此處指本詩開頭『帝子降兮北渚，目眇眇兮愁余』兩句奇特。

［三］憒憒：昏庸，糊塗。

［四］下執事：謂供使令之人。《左傳·僖公三十年》燭之武退秦師時，有『敢以煩執事』的話。

大司命

廣開兮天門，紛吾乘兮玄雲【一】。令飄風兮先驅，使涑雨兮灑塵【二】。爲神先驅，作巫者語亦有身分。君迴翔兮以下【三】，踰空桑兮從女。『女』乃巫代神向主祭者言，『女』不可不感神恩，蓋空桑之生，不由父母，神之力也。今來從『女』，過於空桑，可謂善於佞神矣〔一〕。紛總總兮九州，何壽夭兮在予！此又巫者代神自詡〔二〕。高飛兮安翔，乘清氣兮御陰陽【四】。神無虛行，一行都是造萬物命。吾與君兮齊速【五】，導帝之兮九坑【六】。九州謂九坑，可知都在坑穽中〔三〕。無帝誰育？無神誰爲帝育？靈衣兮被被【七】，玉佩兮陸離。壹陰兮壹陽，衆莫知兮余所為。描寫神降威光，造化隨身，鑪錘在手〔四〕。折疏麻兮瑤華，將以遺兮離居。老冉冉兮既極【八】，不寖近兮愈疏【九】。此又屈原自澆磊塊處〔五〕。不近愈疏，吾與吾君用此老矣【一〇】，神又何敢？乘龍兮轔轔【一一】，高駝兮沖天【一二】。結桂枝兮延佇【一三】，羌愈思兮愁人。神去不可留。愁人兮奈何？願若今兮無虧。但能謹身，即是事神。固人命兮有當，孰離合兮可為【一四】？既有大司命在，吾與君離合皆有命在，豈合怨人？

《周禮·大司命·宗伯》：『以槱燎祀中司命。』《星傳》云：『三臺：上臺曰司命。』又：『文昌宮第四，亦曰司命。』故有兩司命也。

此章寫其從天門下人間一段威神，而絕無所求，亦無所訴，此是屈子最高處【一五】。

校記

【一】玄：原本缺筆，避康熙皇帝玄燁諱。此本為康熙十一年魏學渠刻本。

【二】灑：《補註》《集註》皆云，一作『洒』。

【三】迴：《補註》云，一作『回』。以：一作『來』。

【四】清：《補註》《集註》皆云，一作『精』。

【五】齊：《補註》作『齋』；《集註》作『齊』，又云，一作『齋』，非是。

【六】導：《補註》《集註》皆云，一作『道』。坑：《補註》《集註》皆云，一作『阬』。

【七】被：《補註》《集註》皆云，一作『披』，『被』與『披』同。

【八】極：《補註》云，一作『終』。

【九】濅：《補註》《集註》皆云，一作『侵』，一作『浸』。兮：《補註》云，一作『而』，依《九歌》『兮』字句法，當為『兮』字。愈：《補註》《集註》皆云，一作『踰』。

【一〇】與：原本誤作『於』，徑改。

【一一】轔轔：《補註》謂《釋文》作『軨』；《集註》云，一作『軨軨』。

【一二】駝：《補註》云，一作『馳』。沖：《集註》云，一作『翀』。

【一三】桂：原本作『圭』，為避其祖父李良桂之諱，今改為正字。

【一四】孰離合兮可為：《補註》云，一作『孰離合兮不可為』；《集註》云，『可』一作『何』，非是。

【一五】最：原本作『冣』，異體，徑改。

註釋

〔一〕佞神：巧言諂媚神靈。

〔二〕自詡：自吹自擂。

〔三〕坑穽：泛指深坑。

〔四〕造化隨身，鑪錘在手：比喻以天地為師，不拘一格，變化掌握在自己手中。造化：創造化育。爐錘：比喻以天地為洪爐鐵錘。

〔五〕澆磊塊：謂借酒消愁。典出劉義慶《世說新語·任誕》：『王孝伯問王大：「阮籍何如司馬相如？」王大曰：「阮籍胸中壘塊，故須酒澆之。」』壘同『磊』。三國魏阮籍，性曠達，因不滿現實，常縱情痛飲，以解胸中鬱結的痛苦。

少司命

秋蘭兮麋蕪【一】，羅生兮堂下。綠葉兮素枝，芳菲菲兮襲予。言神在衆香國中〔一〕。夫人兮自有美子【二】，蓀何以兮愁苦【三】？言神在長春國中〔二〕，絕不知人間有愁苦事。不曰『美人』曰『美子』，奇！秋蘭兮青青【四】，綠葉兮紫莖。滿堂兮美人，忽獨與余兮目成。以情語逗之，此乃女巫自家賣弄處。入不言兮出不辭【五】，乘回風兮載雲旗。天人出有入無〔三〕，不可窺測，十四字中道盡。悲莫悲兮生別離，樂莫樂兮新相知。以艷詞爲迎神曲〔四〕，古今所少。荷衣兮蕙帶，儵而來兮忽而逝【七】。來去不測。夕宿兮帝郊，君誰須兮雲之際？作妒語，妙！與女遊兮九河，衝風至兮水揚波【八】。與女沐兮咸池【九】，晞女髮兮陽之阿。上天下地，長願相隨。望美人兮未來【一〇】，臨風怳兮浩歌。寫神悵望多情之致。孔蓋兮翠旍【一一】，登九天兮撫彗星。攘除兇邪。慫長劍兮擁幼艾【一二】，英烈男子，風流丈夫。蓀獨宜兮為民正。曲終奏雅〔五〕。

少司命，大司命之副，一云『文昌第四星』。『夫人兮自有美子』，言為神之夫人，自有美女子也。蓀，古者相憐之稱，註見前《離騷》『荃不揆予』句下〔六〕。

此章極情欵燕昵之致者〔七〕，蓋此神好聲音伎樂，故以此樂之。全首皆齊梁間艷詞〔八〕，而見之祭祀典禮中，可謂千古有數奇文矣！

校記

【一】秋：《補註》作『秋』，又云，一作『穐』；《集註》作『穐』，又云，一作『秋』，古『秋』字。麋：《補註》《集註》

皆云，一作『蘼』，從『艸』。

【二】夫人兮自有美子：《補註》作『夫人自有兮美子』，又云，一作『夫人兮自有美子』；《集註》作『夫人兮自有美子』，又云，『兮』字在『自有』下。

【三】蓀：《集註》云，一作『荃』。以：《補註》作『吕』，又云，一作『為』。

【四】秋蘭：《補註》云，一本『蘭』字後有『生』字。秋：同上。

【五】辭：《補註》《集註》皆云，一作『詞』。

【六】畫：原本作『画』，俗字，徑改。

【七】儵：《補註》《集註》皆云，一作『倏』。來：《補註》云，一作『徠』，『徠』為『招徠』之意，恐誤。

【八】與女遊兮九河，衝風至兮水揚波：《補註》《集註》皆云，古本無此二句，王逸無註。《文選》『遊』作『游』，『女』作『汝』。此二句為《河伯》首二句，與下文有水到渠成之妙，而與此情境不諧。疑為錯簡。

【九】咸池：《補註》云，一作『咸之淹』；《集註》云，『咸』下一有『之』字，『池』一作『沱』。

【一〇】美：《集註》作『媺』，又云，一作『美』。來：《補註》作『來』；《集註》作『徠』，且云一作『來』。『徠』為『招徠』之意，恐誤，徑改。

【一一】孔蓋兮翠旍：《補註》《集註》皆云，一本此句上有『揚』字；旍：《補註》《集註》皆云，一作『旌』。

【一二】慫：《補註》作『竦』；《集註》作『慫』，又云，一作『竦』。

【一三】昵：原本作『眤』，徑改。

註釋

［一］衆香國：喻百花盛開的境界。此處指百花盛開。

［二］長春國：喻四季如春的境界。此處指珠圍翠繞。

［三］出有入無：出入於有無之中，即出入於神仙之境。語出《雲笈七籤》卷一〇四：『或與衆仙策空駕虛，出有入無，分形散影，處處遊集。』

［四］艷詞：此處指描寫情愛之詞，亦指情話。

［五］曲終奏雅：樂曲到終結處奏出了典雅純正的樂音，後比喻文章或藝術表演在結尾處特别精采。典出《漢書·司馬相如傳贊》：『揚雄以為，靡麗之賦，勸百而風一，猶騁鄭衛之聲，曲終而奏雅，不已戲乎？』

［六］荃不揆予：即《離騷》『荃不察余之中情兮，反信讒而齌怒』。與原文略有出入。

［七］情欵燕昵：情意誠摯融洽，如雙燕之呢喃。

［八］齊梁間艷詞：南朝齊、梁間出現的一種輕靡浮艷的詩風。詩歌内容多吟詠風雲月露、兒女情長，題材狹窄；形式上多追求音律精細，對偶工整，辭藻巧豔。

東君

暾將出兮東方【一】，照吾檻兮扶桑【二】。撫余馬兮安驅，夜皎皎兮既明【三】。朝日之禮，從日出時，起手便見嚴肅〔一〕。駕龍輈兮乘雷，載雲旗兮委蛇【四】。嚴駕以待。長太息兮將上，心低佪兮顧懷【五】。將上時尤嚴。羌聲色兮娛人【六】，觀者憺兮忘歸。嚴肅中忽出情欵語以樂神〔二〕，遂爲詞家鼻祖〔三〕。緪瑟兮交鼓【七】，簫鍾兮瑤簴【八】。鳴篪兮吹竽【九】，思靈保兮賢姱。急管繁絃中〔四〕，又代女巫自詩，情節甚妙。翾飛兮翠曾，展詩兮會舞。應律兮合節，靈之來兮蔽日。以上七句，是『聲色娛人』『憺忘歸』註腳。青雲衣兮白霓裳，東方青帝，故衣色青；以白為配，故裳色白。筆下分寸〔五〕。舉長矢兮射天狼【一〇】。操余弧兮反淪降，援北斗兮酌桂漿【一一】。撰余轡兮高駝翔【一二】，杳冥冥兮以東行。天上步虛之曲〔六〕，豈是人間樂章？

東君，日神也。《禮》曰：『天子朝日於東門之外。』〔七〕《漢志》亦有東君〔八〕。靈保，巫也。賢姱，指女巫也。『曾』『層』通。

此章寫東君來時一段光景，極其雄俊〔九〕，又是一種音節。此《楚詞》之變幻也。

校記

【一】暾：《集註》缺筆，當為朱子避宋光宗趙惇諱。

【二】照：原本作『炤』，異體，徑改。

【三】皎皎：《補註》《集註》皆云，一作『晈晈』。『晈』字從『日』，與『皎』同。

【一四】委蛇：《補註》《集註》皆云，一作『逶虵』。

【一五】低：《補註》《集註》皆云，一作『俳』，一作『儃』。

【一六】聲色：《補註》《集註》皆云，一作『色聲』。

【一七】緪：《補註》《集註》皆云，一作『絚』。

【一八】簫：《補註》《集註》皆云，一作『蕭』。

【一九】鯱：《補註》《集註》皆云，一作『篪』。

【二〇】射：《補註》《集註》皆云，一作『躲』，異體。

【二一】桂：原本作『圭』，為避其祖父李良桂之諱，今改為正字。

【二二】駝：《補註》云，一作『馳』。《補註》《集註》又云，一無『駝』字。

註釋

〔一〕起手：開頭。

〔二〕情欸：情意誠摯融洽。

〔三〕鼻祖：始祖。引申為某一學派或某一行業的創始人。此處指『羌聲色兮娛人，觀者憺兮忘歸』兩句描寫，開莊嚴肅穆中以情語娛神的先河。

〔四〕急管繁絃：形容各種樂器同時演奏的熱鬧情景。急：快；繁：雜。語出白居易《憶舊遊》：『修蛾慢臉燈下醉，急管繁弦頭上催。』

［五］筆下分寸：指下筆極其講究，有分寸。

［六］步虛之曲：步虛曲是道士在醮壇上諷誦詞章採用的曲調行腔，傳說其旋律宛如衆仙飄渺步行虛空，故名『步虛聲』。其詞多寄託對神仙世界的嚮往或對修道生活的追求，曲折地反映了作者對現實世界的不滿。

［七］《禮》曰句：見於朱熹《楚辭集註》：『此日神也。《禮》曰：「天子朝日於東門之外。」』又見於戴震《屈原賦註》：『《禮記・祭義篇》曰：「祭日於壇。」又曰：「祭日於東。」』

［八］《漢志》亦有東君：見於洪興祖《楚辭補註》：『《漢書・郊祀志》有東君。』

［九］雄俊：雄壯俊偉。

河伯

與女遊兮九河，代女巫與河伯爲一體之言，方能招河伯。衝風起兮横波【一】。寫得隨手生波之致，逼眞。乘水車兮荷蓋【二】，駕兩龍兮驂螭【三】。登崑崙兮四望，萬水源頭着眼。心飛揚兮浩蕩。要知何以登崑崙四望，遂有『飛揚浩蕩』之想。日將暮兮悵忘歸，惟極浦兮寤懷。河伯儵忽萬里【四】，如行一室，故以情逗之。魚鱗屋兮龍堂，紫貝闕兮朱宮。靈何為兮水中？有狹小龍宮之意，方能招之爲人間遊。乘白黿兮逐文魚【五】，與女遊兮河之渚。流澌紛兮將來下。說得逍遙自在，令神樂降。子交手兮東行【六】，萬水東流，故云『東行』。送美人兮南浦。此『美人』乃送神雜綵中以侑神者，借此作情欸樂神。波滔滔兮來迎，魚鱗鱗兮媵予【七】。媵字妙！大為河伯娶婦生色〔一〕。予，代美人言也。

河伯，水神。楚鄉祀江亦稱河者，統名耳。

此章描寫水神情狀，極蕩漾儵忽之致〔二〕。

校記

【一】衝：《集註》云，一作『沂』。横：《補註》云，一本『横』上有『水』字；《集註》云，一作『水揚』二字。

【二】蓋：原本作『盖』，俗字，徑改。

【三】驂螭：《補註》云，一本『螭』上有『白』字。

【四】伯：原本誤作『泊』，徑改。

【五】逐文魚：《補註》《集註》皆云，一無『文』字。

【六】子交手：《補註》云，一本『子』上有『與』字。

【七】鱗鱗：《補註》《集註》皆作『隣隣』，又皆云，一作『鱗鱗』。

註釋

［一］河伯娶婦：戰國魏文侯時，鄴地三老、廷掾與巫祝勾結，假託『河伯娶婦』，每歲強選少女投入河中，以愚弄人民，強斂百姓。西門豹為鄴令，於為河伯娶婦時，托言所選女子不美，要大巫、三老去與河伯商量，另行選送，把他們先後投入河中，從而制止了這種利用迷信虐害人民的罪惡行為。典出《史記·滑稽列傳》。

［二］蕩漾倏忽：形容為文文勢跌宕不平、難以捉摸。蕩漾：飄蕩，起伏不定。倏忽：飄忽不定貌。

山鬼

若有人兮山之阿，『若有人』三字，不言鬼，已是鬼矣。被薜荔兮帶女蘿【一】。作鬼亦不離芳潔。既含睇兮又宜笑，畫出活鬼。子慕予兮善窈窕【二】。代鬼昵人【三】。自誇『善窈窕』，惕然鬼趣【一】。乘赤豹兮從文貍【四】，辛夷車兮結桂旗【五】。鬼儀從【二】。被石蘭兮帶杜蘅【六】，折芳馨兮遺所思。『遺所思』三字，有情甚。余處幽篁兮終不見天，路險難兮獨後來。不從鬼路來，焉知此語？屈子自寫苦況，同於鬼耳！表獨立兮山之上，雲容容兮而在下。説得身分儘高。『容容』二字，可想不可解。杳冥冥兮羌晝晦，生人之晝，鬼之冥晦，七字説得出。東風飄兮神靈雨【七】。讀此語，如深夜行陰林中。留靈修兮憺忘歸，不説人留鬼，卻説鬼留人。《九歌》屢用『憺』字，開後來詩家無限幽思。歲既晏兮孰華予？七字酸悲，屈原一生血淚。采三秀兮於山間，石磊磊兮葛蔓蔓。復寫出鬼家生活。怨公子兮悵忘歸，君思我兮不得閒【八】。上句恨人不相念，下句又代人解嘲。妙！山中人兮芳杜若，飲石泉兮蔭松柏。忽然高占地步，可謂奇絶。君思我兮然疑作。『然疑作』三字妙！楚國之君，難道不思屈子？到底疑作，以爲鬼耳！雷填填兮雨冥冥【九】，猿啾啾兮狖夜鳴【一〇】。風颯颯兮木蕭蕭，思公子兮徒離憂。末路淒緊動人，可與誰言？

舊註：《國語》曰：『木石之怪，夔、罔兩。』豈謂此邪？

此章與他篇不同，他篇皆爲人慕神之詞，此篇則為鬼慕神之詞。蓋鬼與神不同，神陽鬼陰，陽德為生民福，誠感卽應；陰類難感，惟各以其情致之。如《山鬼》則動其幽閒窈窕之情〔三〕，《國殤》則動其戰鬭赴敵之情〔四〕，《禮魂》則動其終古無絶之情〔五〕，此鬼之所以來饗，亦能爲人福也，非善通鬼神之情者不知。所以，三篇皆與前不同，既深於體裁〔六〕，而其變化不測。各篇機軸不同處〔七〕，與風華隱秀處〔八〕，自漢魏六朝唐宋至今，拾其膏瀋[九]，未有盡也。

校記

【一】蘿：《補註》《集註》皆作『羅』，又皆云，一作『蘿』。

【二】善：《補註》作『善』，又云，一作『譱』；《集註》作『譱』，又云，一作『善』。異體。

【三】昵：原本誤作『昵』，徑改。

【四】乘：《補註》云，一作『椉』。狸：《補註》作『狸』，又云，一作『貍』；《集註》作『貍』，又云，一作『狸』。

【五】桂：原本作『圭』，為避其祖父李良桂之諱，今改為正字。

【六】蘅：《補註》《集註》皆作『衡』，又皆云，一作『蘅』。

【七】東風飄：《補註》云，『飄』一作『飄飄』；《集註》云，一無『東』字，『飄』作『飄飄』。

【八】間：《補註》作『閒』，《集註》作『間』，通假。

【九】雷：《補註》《集註》皆作『靁』，又皆云，一作『雷』。

【一〇】狖：《補註》《集註》皆作『又』，又皆云，一作『狖』。

註釋

[一] 惕然：惶恐貌。

［二］儀從：儀衛隨從。

［三］幽閒窈窕：柔順嫻靜美好貌。幽閒：柔順閒靜。窈窕：嫻靜美好貌。

［四］戰鬭赴敵：奔赴戰陣，對敵作戰。

［五］終古無絶：一直到永遠也不斷絶。

［六］體裁：此處指詩的結構及文風詞藻。

［七］機軸：比喻詩的構思、詞采和風格。

［八］風華隱秀：指風采才華，含蓄警策。

［九］拾其膏瀋：此處指汲取其英華，受其影響。

國殤

操吳戈兮被犀甲【一】，車錯轂兮短兵接。旌蔽日兮敵若雲，矢交墜兮士爭先【二】。寫其雄烈之概【三】。凌余陣兮躐余行【四】，左驂殪兮右刃傷。霾兩輪兮縶四馬【五】，援玉枹兮擊鳴鼓【六】。天時懟兮威靈怒【七】，嚴殺盡兮棄原壄【八】。寫其赴敵之勇。出不入兮往不返，平原忽兮路超遠【九】。帶長劍兮挾秦弓，首雖離兮心不懲【一〇】。寫其雖死猶生之氣。誠既勇兮又以武，終剛強兮不可凌。身既死兮神以靈，魂魄毅兮為鬼雄【一一】。寫其死後衛國之誠。

國殤，祭戰亡之卒也。今郡邑厲壇之祭倣此【一】。

此章與《山鬼》體製又不同，近於七言古詩樂府矣。勞士卒，莫如周公《出車》《采薇》《杕杜》三詩【二】；祭亡卒，莫如屈原《國殤》。同一製作之手，有幸有不幸也【三】！

校記

【一】吳戈：《集註》云，一作『吳科』，盾名。
【二】墜：《補註》《集註》皆云，一作『隧』，『隧』與『墜』同。
【三】概：原本作『槩』，異體，徑改。
【四】躐：《補註》《集註》皆云，一作『躐』。
【五】霾：《補註》《集註》皆云，一作『埋』。

【六】援：《補註》云，一作『搖』。枹：《補註》《集註》皆云，一作『桴』。

【七】懟：《補註》作『墜』，又云，一作『隧』，《文苑》作『懟』；《集註》作『懟』，又云，一作『墜』，一作『隧』，從《文苑》作『懟』。

【八】壄：古『野』字。

【九】平原忽兮路超遠：《補註》《集註》皆云，句一作『平原路兮忽超遠』。

【一〇】雖：《補註》作『身』；《集註》作『雖』，又云，一作『身』。

【一一】魂魄毅：《補註》作『子魂魄』，又云，一作『魂魄毅』，一作『子魂毅』；《集註》作『魂魄毅』，又云，一作『子魂魄』。

註釋

［一］厲壇之祭：祀禮名。吉禮之一，古代祭祀惡鬼以求免於作祟的祭禮。地方按時照例祭祀司厲之神，府稱郡厲，縣稱邑厲。均於每年清明日、七月望日及十月朔日三次致祭。例由守土官主祭，祭品用羊三、豬三，米飯三石。每祭，上香，祭酒，皆行三跪九叩禮。

［二］周公《出車》《采薇》《杕杜》：《詩經》中的三首戰爭徭役詩。據傳，文王之時，西有昆夷之患，北有玁狁之難。以天子之命，命將率遣戍役，以守衛中國。故歌《采薇》以遣之，《出車》以勞還，《杕杜》以勸歸也。

［三］有幸有不幸：有幸運的，有不幸的。指作品的遭遇不同。指周公之作列為經，而屈子之作僅列於辭。

禮魂

盛禮兮會鼓【一】，傳芭兮代舞【二】。姱女倡兮容與【三】。生人之情，莫如好色，死猶故習難忘。故祭神及鬼，多以女巫致之。春蘭兮秋菊【四】，春祠以蘭，秋祠以菊。屈子落筆不離芳潔。長無絶兮終古。六字善慰諸魂。一部釋氏《大藏》〔一〕，止此六字包括盡。

此祭國中衆亡魂也。芭，乃女巫所持以舞之香草，卽『葩』也，花之華也。一女持以舞，畢，又傳一女續舞，故謂『傳芭』。

此章獨至簡，文章不測如此。

校記

【一】盛：《補註》《集註》皆作『成』，又皆云，一作『盛』。鼓：《補註》作『皷』，異體。

【二】芭：《補註》《集註》皆云，一作『巴』。

【三】與：《補註》《集註》皆云，一作『冶』。

【四】菊：原本誤作手捧之『匊』，徑改。《補註》作『菊』，又云，一作『鞠』；《集註》作『鞠』，又云，一作『菊』。

註釋

［一］釋氏《大藏》：佛教經典總集，簡稱為《藏經》，又稱為《一切經》。

按：《九歌》，一《東皇太一》，一《雲中君》，一《湘君》，一《湘夫人》，一《大司命》，一《少司命》，一《東君》，一《河伯》，一《山鬼》，一《國殤》，一《禮魂》，其十一章何也？蓋《山鬼》《國殤》《禮魂》，共爲祭鬼，合前八禮，故名《九歌》。

太一，天之貴神，於春秋、戰國時方有此說，諸國俱祀之，而祠在楚，故楚尤首重；雲中君，舊以爲雲神，今國家祀典亦有祭風雲雷雨者；湘君、湘夫人，則楚所舊祀也；大司命、少司命，則人間所私祀，不獨楚也；東君，祭日，天子之禮，其後侯國皆用之；河伯，卽洞庭、江漢之神，合江楚之人［二］，凡水俱名河伯；山鬼、國殤、禮魂，楚俗尚鬼，故其祀獨繁於他國也。

然屈子文章，變化各各不同：《東皇太一》高簡嚴重［三］，《雲中君》飄忽急疾［三］，《湘君》《湘夫人》纏綿婉側［四］，《大司命》雄倨疏傲［五］，《少司命》輕俊艷冶［六］，《東君》豪壯頎偉［七］，《河伯》飄逸浪宕［八］，《山鬼》幽倩細秀［九］，《國殤》酸辣悲烈［一〇］，《禮魂》短棹孤潔［一一］。

中間有迎神、送神、降神全者，《雲中君》《大司命》《少司命》《東君》《河伯》是也；有迎神、降神，無送神者，《東皇太一》是也；止有迎神，無降送者，《湘君》《湘夫人》是也；無迎無送無降者，《山鬼》《國殤》《禮魂》是也。

微細工巧[一二]，不失分寸。有似漢賦者[一三]，有似晉魏樂府者[一四]，有似六朝人《子夜》《讀曲》等作者[一五]，有似初盛中晚唐人佳句者，甚有似宋元人詞曲者，何以包括千古一至此！真才士哉！

註釋

[一] 合：全部，所有。

[二] 高簡嚴重：文辭深奧簡要，莊重肅穆。

[三] 飄忽急疾：文辭變幻莫測，迅疾急切。

[四] 纏綿婉側：情意婉轉動人，委婉悽愴。

[五] 雄倨踈傲：態度雄健倨傲，粗疏傲慢。

[六] 輕俊艷冶：為文輕巧飄逸，豔麗妖冶。

[七] 豪壯頎偉：氣勢豪邁雄壯，高大峻偉。

[八] 飄逸浪宕：文筆灑脫自然，遊蕩無定。

[九] 幽倩細秀：文意幽閒輕美，纖細秀麗。

[一〇] 酸辣悲烈：情調悲酸老辣，悲壯激烈。

[一一] 短棹孤潔：形製短小，孤高清白，潔身自好。

[一二] 微細工巧：指《九歌》諸篇有描寫細緻、手法高明者。

［一三］漢賦：漢代流行的文學體裁。漢賦從《楚辭》發展而來，並吸取了荀子《賦篇》的體制和縱橫家鋪張揚厲的手法。有小賦和大賦之分：小賦側重抒情，大賦長於鋪排。

［一四］晉魏樂府：卽魏晉南北朝樂府民歌。其特色是篇製短小，長於抒情。

［一五］六朝人《子夜》《讀曲》：《子夜歌》是南朝民歌「吳聲歌曲」中的一支。相傳是晉代女子子夜所首創，故名。郭茂倩《樂府詩集》定為「晉宋齊辭」，歸入「清商曲辭」類。據徐陵《玉台新詠》，從詩歌風格上看，似為梁武帝蕭衍所作。《讀曲歌》，是六朝「清商曲辭」「吳聲歌曲」中的一種，輯錄於郭茂倩《樂府詩集》中。作品多寫兒女情長，篇製短小，善用諧音雙關。

九章

惜誦

惜誦以致愍兮【一】，『嗟歎反覆』四字，以『惜誦』二字盡之，可悟譯理。發憤以抒情【二】。所非忠而言之兮【三】，指蒼天以為正。令五帝以折中兮【四】，戒六神與嚮服【五】。俾山川以備御兮，命咎繇使聽直【六】。質之天帝河嶽，千古直臣，此心方明。竭忠誠而事君兮【七】，反離羣而贅肬【八】。贅肬【二】，人身必去之物。爲人所必去，危哉！忘儇媚以背衆兮，待明君其知之【九】。不知衆人，止知一人，即無明君，道當如此。言與行其可迹兮，情與貌其不變。故相臣莫若君兮，所以證之不遠【一〇】。事本易辯，奈無相臣者。吾誼先君而後身兮，羌衆人之所仇也【一一】。爾一身不足惜，其如衆人要身何？專惟君而無他兮【一二】，又衆兆之所讎也【一三】。官是大家做的，爾一官不足惜，其如衆人要官何？壹心而不豫兮【一四】，羌不可保也【一五】。不貞是要保身。疾親君而無他兮【一六】，有招禍之道也【一七】。不貞是畏禍。思君其莫我忠兮【一八】，若在君不吾忠。忽忘身之賤貧。知盡分，不知安分。事君而不貳兮【一九】，迷不知寵之門。人人從此門出入，有目如盲。忠何辜以遇罰兮【二〇】，亦非余之所志也【二一】。行不羣以顛越兮【二二】，又衆兆之所咍也【二三】。紛逢尤以離謗兮，謇不可釋也【二四】。有口無舌。情沈抑而不達兮，又蔽而莫之白也【二五】。有目無睛。心鬱邑余侘傺兮【二六】，又莫察余之中情。有胸無心。固煩言不可結而詒兮【二七】，願陳志而無路。有天無日。退靜默而莫余知兮，進號呼又莫余聞【二八】。閉口患啞，開口患聾。申侘傺之煩惑兮，中悶瞀之忳忳【二九】。煩惑悶瞀，連自家作不得主了。昔余夢登天兮，魂中道而無杭【三〇】。吾使厲神占之兮，曰：『有志極而無旁。自古旁邊無人，誰能站得穩？終危獨以離異兮，曰君可思而不可恃。千古至言。故衆口其鑠金兮，初若是而逢殆。不必深讎，一見卽傾。懲於羹而吹韲兮【三一】，何不變此志也【三二】？全變忠爲邪，方可以同世好。欲釋階而登天兮，猶有曩之態也【三三】。和衆人，是登天之階。衆駭遽以離心兮【三四】，又何以為此伴也？胡、越豈可同堂？同極而異路兮，又何以為此援也？仇敵豈可望救。晉申生之孝子兮【三五】，父信讒而不好。行婞直而不豫兮【三六】，鮌功用而不就。』可知鮌非無功，只爲婞直不就。吾聞作忠以造怨兮，忽謂之過言。九折臂而成醫兮【三七】，吾至今乃知其信然【三八】。矰弋機而在上兮【三九】，罻羅張而在下。設張辟以娱君兮，願側身而無所。方娱君時，已請君入甕矣。欲儃佪以干傺兮，恐重患而離尤。留則死遲而禍大。欲高飛而遠集兮，君罔謂女何之？去則禍輕而死速。欲横奔而失路兮，蓋堅志而不忍【四〇】。日暮途窮，倒行逆施【二】，所不爲。背膺牉以交通兮【四一】，心鬱結而紆軫【四二】。面從背違，委曲交通【三】，又不能。擣木蘭以矯蕙兮【四三】，鑿申椒以為糧【四四】。播江離與滋菊兮，願春日以為糗芳。到底是精白。恐情質之不信兮【四五】，故重著以自明。此《惜誦》所由名也。撟茲媚以私處兮【四六】，聊以自慰。願曾思而遠身。亦聊以深思。古人『層』多書『曾』。曾思，層思也，較『三思』字面尤奇。

此篇訴其孤忠爲君，而遺黨人之仇，君又不知，呼天自明。熟思遠禍之道，無所從出也。

校記

【一】愍：《補註》云，一作『閔』；《集註》云，一作『惽』，非是。

【二】抒：《補註》作『杼』，又云，一作『舒』；《集註》作『抒』，又云，一作『紓』。比較而言，《補註》作『杼』疑為誤刻。

【三】非：《補註》作『作』，又云，一作『非』；《集註》作『非』，又云，一作『作』。忠：《補註》《集註》皆云，『忠』

下一有『心』字，《集註》以為非是。

【四】折：《補註》作『枂』，又云，一作『折』；《集註》作『折』，又云，一作『枂』，非是。

【五】與：《補註》云，『與嚮服』一作『以鄉服』；《集註》云，一作『以』。

【六】命：《補註》《集註》皆云，一作『會』。使：《補註》《集註》皆云，一作『以』。

【七】竭忠誠而事君兮：《補註》《集註》皆云，『君』字與『兮』字之間一有『子』字，《集註》以為非是。

【八】肬：《集註》云，一作『尤』。

【九】待明君其知之：《補註》《集註》皆云，一無『明』字。《集註》又云，一無『君』字。

【一〇】所以證之不遠：《補註》《集註》皆云，『之』下一有『而』字。

【一一】羌衆人之所仇也：《補註》《集註》皆云，『羌』下一有『然』字。《補註》句下無『也』字，又云，一本有『也』字；《集註》句下有『也』字，又云，一本無『也』字。

【一二】惟：《補註》云，一作『思』，一作『為』。

【一三】又衆兆之所讎也：《補註》《集註》皆云，『兆』一作『人』。讎：原本作『讐』，異體，徑改。《補註》句下無『也』字，又云，一本有『也』字；《集註》句下有『也』字，又云，一本無『也』字。

【一四】壹：原本作『一』，參照《補註》《集註》，徑改。

【一五】也：《補註》云，一本無『也』字。

【一六】疾：《集註》云，一作『病』，非是。

【一七】也：《補註》云，一本無『也』字。

【一八】思：《補註》《集註》皆云，一作『知』。

【一九】而：《補註》《集註》皆云，一作『其』。

【二〇】辜：《補註》作『罪』。《集註》作『辜』，又云，一作『罪』。以：《集註》云，一作『而』。

【二一】余：《集註》云，一作『吾』。也：《補註》句末無此字，《集註》有。

【二二】顛：《補註》《集註》皆作『巔』，恐非，不改。

【二三】也：《補註》無此字；《集註》有此字，又云，一本無『也』字。

【二四】也：《補註》無『也』字，又云，一本有『也』字；《集註》有此字，又云，一本無『也』字。

【二五】也：《補註》無『也』字，又云，一本有『也』字；《集註》有此字，又云，一本無『也』字。

【二六】心：《補註》《集註》皆云，一作『忳』。

【二七】固：《補註》《集註》皆云，一作『故』；而：《補註》無此字，又云，一本有『而』字；《集註》有此字，又云，一本無『而』字。

【二八】余：《補註》作『吾』，《集註》作『余』。

【二九】中：《補註》《集註》皆云，一作『心』。《集註》又云，一本『心』上有『中』字。

【三〇】魂：《補註》云，一作『䰟』，異體。杭：《補註》《集註》皆云，一作『航』。

【三一】懲於羹而吹韲：《補註》作『懲於羹者而吹韲』，又云，一無『者』字，一云『懲於熱羹者』，一云『懲熱於羹』；《集註》作『懲熱羹而吹韲』，又云，一本『熱』作『於』，『羹』下一有『者』字，皆非是。『韲』一作『齏』。

【三二】何不變此志也：《補註》《集註》皆云，一本作『何不變此之志也』。又云，一本自此句至『何以為此援也』句，並無『也』字。下不註。

【三三】猶有：《補註》云，一作『又猶』。

【三四】衆：《補註》《集註》皆云，一無『衆』字。

【三五】晉：《補註》云，一無『晉』字。

【三六】豫：《補註》云，一作『戮』。

【三七】成：《補註》《集註》皆云，一作『為』，『為』下一有『良』字。

【三八】吾至今乃知其信然：《補註》《集註》皆云，此句一作『吾至今而知其然』，一作『吾今而知其信然』。

【三九】弋：《補註》云，一作『惟』；《集註》云，一作『雉』。相較而言，《補註》近似。

【四〇】蓋：《補註》無『蓋』字；《集註》有『蓋』字，又云，一無『蓋』字。堅志：《補註》《集註》皆云，一作『志堅』。

【四一】背膺牉以交通：《補註》《集註》皆云，一本『牉』下有『合』字，一本『膺』下有『敷』字。通：《補註》《集註》皆作『痛』，而此本作『通』，且其下夾註又曰『面從背違，委曲交通』，似有所本，故不改。

【四二】結：《補註》《集註》皆云，一作『約』。

【四三】擣：《補註》作『檮』，又云，一作『擣』；《集註》作『擣』。矯：《補註》《集註》皆云，一作『撟』。

【四四】糳：《補註》云，一作『鑿』。

【四五】質：《補註》《集註》皆云，一作『志』。

【四六】撟：《補註》作『矯』，又云《釋文》作『橋』，《補》曰本從『手』部；《集註》作『撟』。

註釋

[一] 贅肬：即『贅疣』。指皮膚上長出的肉瘤，也比喻多余無用的東西。

[二] 日暮途窮，倒行逆施：典出《史記·伍子胥列傳》：『及吳兵入郢，伍子胥求昭王。既不得，乃掘楚平王墓，出其屍，鞭之三百，然後已。申包胥亡於山中，使人謂子胥曰：「子之報仇，其以甚乎！吾聞之，人衆者勝天，天定亦能破人。今子故平王之臣，親北面而事之，今至於僇死人，此豈其無天道之極乎！」伍子胥曰：「為我謝申包胥曰，吾日暮途遠，吾故倒行而逆施之。」』本意指天色已晚，路至盡頭，只好走回頭路。比喻處境十分困難，也指窮困到了極點。

[三] 面從背違，委曲交通：面從背違：語出《尚書·益稷》：『予違汝弼，汝無面從，退有後言。』面：當面。從：順從。背：背後。意謂當面順從，而背後有意見、說壞話。委曲交通：指曲意求全而交往。『委曲』同『委屈』。

涉江

余幼好此奇服兮，年既老而不衰。帶長鋏之陸離兮，冠切云之崔嵬【一】。被明月兮珮寶璐【二】。世溷濁而莫余知兮【三】，吾方高馳而不顧【四】。畫出古人風。駕青虬兮驂白螭，吾與重華遊兮瑤之圃【五】。與古人遊。登崑崙兮食玉英【六】，吾與天地兮比壽【七】，與日月兮齊光【八】。吾有千古不死者在，非時人所能死。哀南夷之莫吾知兮，不斥言中國黨人，借言渡江以南邊陲夷人，是立言忠厚處。旦余將濟乎江湘【九】。乘鄂渚而反顧兮，欸音哀秋冬之緒風。步余馬兮山皋，邸余車兮方林【一〇】。乘舲船余上沅兮【一一】，齊吳榜而擊汰音泰【一二】。船容與而不進兮，淹回水而凝滯【一三】。朝發枉陼兮【一四】，夕宿辰陽。苟余心之端直兮【一五】，雖僻遠其何傷【一六】！入漵浦余儃佪兮【一七】，迷不知吾之所如【一八】。深林杳以冥冥兮【一九】，乃猿狖之所居【二〇】。山峻高以蔽日兮【二一】，下幽晦以多雨。霰雪紛其無垠兮，雲霏霏其承宇【二二】。涉水登山，歷盡險阻，都是端直影子。哀吾生之無樂兮，其實反語。彼胸中何嘗不樂？幽獨處乎山中。吾不能變心以從俗兮【二三】，固將愁苦而終窮。此亦反語。知愁苦而不變心，則必不愁苦矣。接輿髡首兮，桑扈臝行【二四】。忠不必用兮，賢不必以。伍子逢殃兮，比干菹醢【二五】。與前世而皆然兮，吾又何怨乎今之人！自古皆如此，何勞人用心？吾將董道而不豫兮【二六】，固將重昏而終身。有道者能自豫，是爲善討便宜。亂曰：鸞鳥鳳凰【二七】，日以遠兮。燕雀烏鵲，巢堂壇兮。露申辛夷，死林薄兮。腥臊並御，芳不得薄兮。陰陽易位，時不當兮。懷信侘傺，忽乎吾將行兮【二八】。小人得時，君子一行，所以安時【一】。

此是屈子一篇行程記。端直懷信，是其俯仰自得處【二】。篇中雖說無樂不豫，其寔自發舒其樂與豫也【三】。

校記

【一】嵬：《補註》《集註》皆作『嵬』，又云，一作『巍』。

【二】珮：《補註》云，一作『佩』。

【三】兮：《補註》《集註》皆云，一無『兮』字。

【四】駞：《補註》作『馳』，《集註》作『駝』，異體。《補註》《集註》皆云，此句句末一有『兮』字。

【五】遊：《補註》云，一作『游』。

【六】崑崙：《補註》云，一作『崐崘』，異體。食：《補註》云，一作『飡』。

【七】比：《補註》作『同』，又云，一作『比』；《集註》作『比』，又云，一作『同』。

【八】齊：《集註》云，一作『同』。

【九】將：《集註》云，一無『將』字。乎：《補註》《集註》皆云，一作『於』字。

【一〇】邸：《補註》《集註》皆云，一作『低』。

【一一】椉：《補註》作『乘』，《集註》作『椉』，異體。舲：《集註》云，一作『柃』。

【一二】而：《補註》作『以』，《集註》作『而』。

【一三】回：原本作『洄』，《補註》《集註》皆作『回』，徑改。凝：《補註》作『疑』，又云，一作『凝』；《集註》作『凝』，又云，一作『疑』。

【一四】陼：《補註》《集註》皆云，一作『渚』。

【一五】之：《補註》作『其』，又云，一作『之』；《集註》作『之』，又云，一作『其』。

【一六】僻：《補註》《集註》皆云，一作『辟』。其：《補註》作『之』；《集註》作『其』，且云，一作『之』。

【一七】儃佪：《補註》《集註》皆云，一作『邅迴』。

【一八】之：《補註》《集註》皆無『之』字，又皆云，一有『之』字。

【一九】杳以冥冥：《補註》《集註》皆云，一作『杳杳以冥冥』，『杳』一作『晦』，『冥冥』一作『冥寞』。

【二〇】乃：《補註》無『乃』字，又云，一本有『乃』字；《集註》有『乃』字，又云，一無『乃』字。

【二一】以：《補註》《集註》皆云，一作『而』。

【二二】其：《補註》作『而』，《集註》作『其』。

【二三】以：《補註》作『而』，《集註》作『以』。

【二四】羸：《補註》《集註》皆云，一作『裸』。

【二五】葅：《補註》作『菹』，又云，一作『葅』。

【二六】吾：《補註》《集註》皆作『余』。

【二七】凰：《補註》《集註》皆作『皇』。

【二八】忽乎：《補註》《集註》皆云，一無『忽乎』二字。

註釋

［一］小人得時，君子一行，所以安時：如果小人們行時走運，因君子們志行專一，就必須安於時運。

〔二〕俯仰自得：一俯一仰，一舉一動，都悠然自得。比喻愜意。

〔三〕篇中雖説無樂不豫，其寔自發舒其樂與豫：文中雖説沒有快樂，沒有欣悦，其實都是在抒發其快樂，抒發其欣悦。實際上，篇中充溢着屈原豐富的忠君愛國、眷戀不忘之情，李氏的這種看法並不準確。

哀郢

皇天之不純命兮，『不純』二字，該多少否剝凶殘在内［一］？何百姓之震愆？民離散而相失兮，方仲春而東遷【一】。去故鄉而就遠兮，遵江夏以流亡。出國門而軫懷兮，甲之鼂吾以行【二】。孤臣去國，值人民凶荒離散，自難爲情。發郢都而去閭兮【三】，怊音超荒忽其焉極【四】？去路茫茫。楫齊揚以容與兮【五】，哀見君而不再得。七字傷心有不容再見者。望長楸而太息兮【六】，涕淫淫其若霰。辭墓而行。過夏首而西浮兮，顧龍門而不見。國門已遠矣。心嬋媛而傷懷兮，眇不知其所蹠【七】。竟似婦人舉止。順風波而流從兮，焉洋洋而為客。漂泊爲客，亦不是壯遊之客。凌陽侯之氾濫兮【八】，忽翺翔之焉薄【九】？水行又思林飛［二］。心絓結而不解兮，思蹇產而不釋。船行又似騎馬。將運舟而下浮兮，上洞庭而下江。忽上又忽欲下，總是心事亂耳。去終古之所居兮，今逍遙而來東。『故居』加『終古』字，使人懷土之情彌深。羌靈魂之欲歸兮【一〇】，何須臾而忘反【一一】！背夏浦而西思兮，哀故都之日遠。不是懷土，總是懷君。登大墳以遠望兮，聊以舒吾憂心。哀州土之平樂兮，悲江介之遺風【一二】。山川遺懷，轉轉增悲。當陵陽之焉至兮【一三】，淼南渡之焉如【一四】？曾不知夏之為丘兮，孰兩東門之可蕪？神武未掛冠前，誰知銅駝將在荊棘中？［三］心不怡之長久兮，憂與愁其相接【一五】。在國爲憂，在身爲愁。惟郢路之遼遠兮，江與夏之不可涉。去者日以遠［四］。忽若去不信兮【一六】，至今九年而不復。不說君不信，說去不信。妙！慘鬱鬱而不通兮，蹇侘傺而含感。外承歡之汋約兮，諶荏弱而難持。味『承歡』句，原尚有母在。忠湛湛而願進兮，妒被離而障之【一七】。彼堯舜之抗行兮【一八】，瞭杳杳其薄天【一九】。衆讒人之嫉妒兮，被以不慈之偽名。以堯舜之行，天下共見，若舉頭之望青天。讒人猶可以不慈之名被之，何況其他？憎慍惀之修美兮，好夫人之忼慨【二〇】。衆踥蹀而日進兮【二一】，美超遠而踰邁。曲士日以進，直士日以遠［五］。

亂曰：曼余目以流觀兮，冀壹反之何時？鳥飛反故鄉兮【二二】，狐死必首丘。信非吾罪而棄逐兮，何日夜而忘之？

此章千思萬想，總只冀君一悟、身之一反也。篇末『憎愠惀之修美』，解者多不明。愠惀，胸中嫉妒，外面不覺也。蓋我以修美自負，彼亦以修美自負，第彼所謂美者，非我所謂美耳。我所謂美者，忼慨也[六]。直心直行，無回護也[七]；彼所謂美者【一三】，愠惀也。含怒蓄機[八]，不可測也，故君子憎之。雖則憎之，彼踥蹀日進，我超遠踰邁；彼日近，吾日疏；吾且美變爲惡，彼則眞若修美也。踥蹀，蛇行鬼步[九]。委蛇，側媚之狀也[一〇]。

校記

【一】方：《補註》云，一無『方』字。

【二】鼂：《補註》《集註》皆云，一作『晁』。『鼂』即『朝暮』之『朝』。

【三】都：《補註》《集註》皆云，一無『都』字。

【四】怊：《補註》無此字，又云句首一有『怊』字；《集註》有此字，又云，一無『怊』字。其：《補註》《集註》皆云，一作『之』；《集註》又云，一無『其』字，非是。

【五】齊：原本作『亝』，《集註》作『亝』，異體，《補註》作『齊』，徑改。

【六】太：《補註》《集註》皆云，一作『歎』。

【七】其：《補註》《集註》皆云，一作『余』，一無『其』字。

【八】濫：《補註》云，一作『灠』。

【九】之：《補註》云，一作『而』，一作『兮』。

【一〇】羌：《補註》《集註》皆云，一作『咲』，於意未通。

【一一】反：原本作『返』，《補註》《集註》皆作『反』，徑改。

【一二】介：《補註》《集註》皆云，一作『界』。

【一三】陵：《補註》云，一作『淩』。

【一四】渡：《補註》云，一作『度』。

【一五】憂與愁：《集註》云，一作『憂與憂』。其：《補註》《集註》皆云，一作『之』。

【一六】忽若去不信：《補註》作『忽若不信』，又云，一本『若』下有『去』字；《集註》作『忽若去不信』，又云，一無『去』字。

【一七】被：《補註》《集註》皆云，一作『披』。障：《補註》《集註》皆作『鄣』，異體。

【一八】彼：《集註》云，一無『彼』字。

【一九】瞭杳杳其薄天：《補註》作『瞭杳杳而薄天』，又云，一無『瞭』字，一作『杳冥冥而薄天』；《集註》作『瞭杳杳其薄天』，又云，一無『瞭』字而作『杳冥冥』。

【二〇】慨：《補註》《集註》皆云，一作『磕』。

【二一】踥：《補註》云，一作『躞』，一作『踕』。

【二二】反：原本作『返』，《補註》《集註》皆作『反』，徑改。

【二三】彼：原本誤作『被』，徑改。

註釋

［一］否、剝：即六十四卦中的『否卦』和『剝卦』。否卦是《易經》六十四卦之第十二卦。天地否，不交不通。安泰變而混亂，通暢變而閉塞，小人勢長，君子勢消；剝卦是《易經》六十四卦的第二十三卦。山地剝，順勢而止。主方不利，受客方制約。因以『否剝』代指困難和不順。

［二］林飛：在叢林中飛翔。

［三］神武未掛冠前，誰知銅駝將在荊棘中：在沒有掛冠神武門之前，誰知道這只銅駱駝會睡在荊棘叢裡呢？神武掛冠：典出《南史·隱逸傳下·陶弘景》：『（弘景）家貧，求宰縣不遂。永明十年，脫朝服掛神武門，上表辭祿。』後因以『神武掛冠』指辭官隱居。銅駝荊棘：典出《晉書·索靖傳》：『靖有先識遠量，知天下將亂，指洛陽宮門銅駝，歎曰：「會見汝在荊棘中耳！」』後因以『銅駝荊棘』指山河殘破、世族敗落或人事衰頹。

［四］去者日以遠：語出《古詩十九首·行行重行行》：『相去日已遠，衣帶日已緩。』指越走越遠，喻空間距離之大。

［五］曲士日以進，直士日以遠：曲意逢迎之人一天天走向高位，正道直行之士一天天沉於下僚。進：進身高位。遠：遠離朝廷。

［六］忼慨：激昂，憤激。

［七］回護：委婉解說。

［八］含怒蓄機：隱忍憤怒不發作而心懷機詐。

［九］蛇行鬼步：像蛇一樣伏地爬行，像鬼似的躡手躡腳。比喻浮漫不莊重的走路姿態。

〔一〇〕側媚：用不正當的手段討好別人。

抽思

心鬱鬱之憂思兮【一】，獨永歎乎增傷。思蹇產之不釋兮，『蹇産不釋』，猶言『驢負何日已也』〔一〕。曼遭夜之方長。惟夜長，故思多。悲秋風之動容兮【二】，何回極之浮浮！數惟蓀之多怒兮【三】，滿肚皮忠憤，托之情欸。傷余心之懮懮。願遙起而橫奔兮【四】，覽民尤以自鎮。結微情以陳詞兮，矯以遺夫美人。願進鄭俠之圖，聊為狡童之歌〔二〕。昔君與我成言兮【五】，曰黃昏以為期【六】。羌中道而回畔兮，反既有此他志【七】。爲人所惑。憍音驕吾以其美好兮【八】，覽余以其修姱【九】。初蒙稱許過當。與余言而不信兮【一〇】，蓋為余而造怒【一一】。既則造怒亦過當，本無可怒，造出來便驚天動地。願承間而自察兮【一二】，心震悼而不敢。悲夷猶而冀進兮，心怛傷之憺憺。欲訴則不能，欲悲又不敢，惟有内自傷，外如常。人生到此，誠難爲懷〔三〕。茲歷情以陳辭兮【一三】，蓀詳音徉聾而不聞【一四】。明知無過，亦無奈黨人何！固切人之不媚兮，衆果以我為患。朝廷之上，得幾個切人〔四〕？初吾所陳之耿著兮，豈不至今其庸亡【一五】？早聽臣言，不至於此。何獨樂斯之謇謇兮【一六】？願蓀美之可完【一七】。欲玉爾於成也〔五〕。望三五以為像兮【一八】，原以三皇五帝望其君，想頭極大。指彭咸以為儀。萬不幸始以彭咸自處，結局甚細。夫何極而不至兮，故遠聞而難虧。君能盡道，名方遠著。善不由外來兮【一九】，恭儉豈可以聲音笑貌爲？名不可以虛作。堯舜豈可以虛譽取？孰無施而有報兮，孰不實而有穫【二〇】？以此規君，安免於造怒乎？少歌曰【二一】：與美人之抽思兮【二二】，並日夜而無正【二三】。心擾擾不歸一。憍吾以其美好兮【二四】，既稱吾好。敖朕辭而不聽【二五】。又不聽吾言。倡曰：有鳥自南兮，來集漢北。孤生如鳥。好姱佳麗兮，到底不知因色誤。牉獨處此異域【二六】。馬前猶自買臙脂〔六〕。既惸獨而不羣兮，又無良媒在其側。孤生易爲感，失路少所宜〔七〕。道卓遠而日忘兮【二七】，久別忘姓名。願自申而不得【二八】。逐婦不上堂，逐臣不返國〔八〕。望北山而流涕兮【二九】，臨流水而太息【三〇】。望孟夏之短夜兮，長夜易老。何晦明之若歲！長日如年。惟郢路之遼遠兮，魂一夕而九逝。曾不知路之曲直兮，南指月與列星。願徑逝而不得兮【三一】，魂識路之營營【三二】。夢魂夜夜在君旁[九]。何靈魂之信直兮，人之心不與吾心同！魂猶癡直，戀戀故鄉，不識黨人難與。理弱而媒不通兮，尚不知余之從容。只謂逐臣憤激，豈知從容尚是和平神聽？亂曰：長瀨湍流，泝江潭兮。狂顧南行，聊以娛心兮【三三】。雖有廟廊之憂，尚不乏山水之樂。軫石崴嵬，蹇吾願兮。嘉其磊落似我。超回志度，行隱進兮。入山惟恐不深。低佪夷猶【三四】，宿北姑兮。行行且止。煩冤瞀容，實沛徂兮。寃情都付流水。愁嘆苦神，靈遙思兮。憂人所不肯憂。路遠處幽，又無行媒兮。道思作頌，聊以自救兮【三五】。『自救』妙！若不以文辭發洩，死矣！憂心不遂，斯言誰告兮！

抽思者，思緒萬端，抽之而愈長也。其意多在告君，而托之乎男女情欵。陶隱居云：『蓀，香草。似石菖蒲[一〇]，而葉無脊，生溪澗中。古者男女相悅，以此相稱謂。』篇中曰『數惟蓀之多怒』，曰『蓀徉怒而不聞』，曰『願蓀美之可完』，皆呼君也。少歌，樂章音節之名。《荀子·佹詩》亦有『小歌』[一一]。倡，亦『少歌』之意，卽所謂發歌句者也。屈原生於夔峽[一二]，仕於鄢郢[一三]，故有『自南而集漢北』之句。北姑，山名。

校記

【一】心：《補註》《集註》皆云，一無『心』字。

【二】悲：《補註》《集註》皆云，『悲』下一有『夫』字。

【三】蓀：《補註》《集註》皆云，一作『荃』。

【四】遙起：《補註》作『搖起』，《集註》作『遙起』。《箋註》原本作『遙赴』，當為『遙起』之誤，徑改。

【五】成：《補註》作『誠』，又云，一作『成』；《集註》作『成』，又云，一作『誠』。

【六】曰：《補註》云，一作『日』。

【七】他：《補註》作『他』，《集註》作『它』。

【八】其：《補註》云，一無『其』字。

【九】覽：《補註》《集註》皆云，一作『鑒』；修：《補註》《集註》皆作『脩』；《補註》云，一作『修』。

【一〇】余言：《補註》云，一作『途言』。

【一一】蓋：《補註》《集註》皆云，一作『盍』。

【一二】間：《補註》作『閒』，異體。

【一三】兹歷情：《補註》《集註》皆云，一作『歷兹情』。

【一四】蓀：《補註》云，一作『荃』。詳：《補註》云，一作『佯』，與『詳』同。

【一五】豈不至今其庸亡：《補註》作『豈至今其庸亡』，又云，一作『豈不至今其庸止』；《集註》云，一無『不』字。

【一六】何獨樂斯之蹇蹇兮：《補註》作『何毒藥之謇謇兮』，又云，一作『何獨樂斯之蹇蹇兮』；《集註》云，王逸將『獨樂』作『毒藥』而無『斯』字，從上下句意看，非是。

【一七】蓀：《補註》云，一作『荃』。完：《補註》《集註》皆云，一作『光』。《集註》『完』字缺筆，未詳何意。

【一八】三五：《集註》云，一作『前聖』。

【一九】由：原本作『繇』，為表因之意，非表出處之意。而此處當表出處，故當為『由』字，今依《補註》《集註》徑改。

【二〇】穫：《補註》《集註》皆云，一作『獲』。

【二一】少：《補註》《集註》皆云，一作『小』。

【二二】與美人之抽思兮：《補註》作『與美人抽怨兮』；《集註》作『與美人之抽思兮』，又云，一無『之』字。

【二三】並日夜而無正：《補註》《集註》皆云，『並』一作『棄』，一作『並憾日夜無正』，非是。

【二四】憍：《補註》云，一作『驕』。

【二五】敖：《補註》《集註》皆云，一作『謷』，與『傲』同。

【二六】牉：《補註》云，一作『叛』，一作『柈』。

【二七】卓：《補註》云，一作『逴』；《集註》云，一作『卓』，疑為『逴』字之誤。

【二八】不：《集註》云，一作『未』。

【二九】北山：《補註》《集註》皆云，一作『南山』。

【三〇】流：《補註》《集註》皆云，一作『深』。

【三一】不：《補註》云，一作『未』。

【三二】營營：《補註》《集註》皆云，一作『煢煢』。

【三三】聊：《補註》云，一無『聊』字。恐非。

【三四】低：《補註》云，一作『俳』。

【三五】以：《補註》《集註》皆云，一無『以』字。

【三六】佹：原本作『僥』，《荀子·賦篇》有『佹詩』無『僥詩』，徑改。

註釋

［一］驢負何日已也：這是對『思蹇產之不釋』的別一種解釋，意謂驢子背上的重負何時才能卸掉呢？

［二］願進鄭俠之圖，聊為狡童之歌：希望像鄭俠那樣進獻《流民圖》，姑且作箕子那樣的《麥秀歌》。鄭俠《流民圖》：俠字介夫，號『一拂居士』『大慶居士』，人稱『西塘先生』。因目睹了變法所造成的民不聊生的社會現實，為諫止王安石，鄭俠慨然畫就一幅《流民圖》，並寫成《論新法進流民圖疏》，請求王安石停止新法。又頂著欺君的罪名，把《流民圖》假冒成邊關急報交給銀台司，直接呈獻給神宗皇帝。神宗閱後，下『責躬詔』，終止變法。狡童之歌：即箕子《麥秀歌》。《麥秀歌》是箕子朝周時慨憤而作的詩篇，作品將亡國慘狀和亡國原因和盤托出，淒涼悲惋，抒發了個人的亡國之痛。

［三］誠難爲懷：實在讓人難以釋懷。

［四］切人：正直懇切之人。

［五］玉爾於成：語出《詩經·大雅·民勞》：『玉汝於成，是用大諫。』省作『玉成』。原為愛之如玉，助之使成之意。

［六］馬前猶自買臙脂：出自宋代江西人聶守真《哀被擄婦》：『當年結髮在深閨，豈料人生有別離。到底不知因色誤，馬前猶自買臙脂。』意謂身處危境，猶不知死活。『買』原本誤作『賣』，徑改。

［七］孤生易爲感，失路少所宜：語出柳宗元《南澗中題》：『去國魂已遠，懷人淚空垂。孤生易為感，失路少所宜。索寞竟何事，徘徊只自知。』意謂孤獨的生活容易引起傷感，迷失了道路才感到做什麼都不合時宜。

［八］逐婦不上堂，逐臣不返國：被出的婦人不能再登前夫家之堂，被逐的臣子不能再回到朝廷。意謂因身份不宜而失去了申述的機會。

［九］夢魂夜夜在君旁：指心思一直在國君身邊。

［一〇］石菖蒲：屬天南星科菖蒲屬禾草狀多年生草本植物，其根莖具氣味。

［一一］《荀子·佹詩》亦有「小歌」：《佹詩》見於《荀子·賦篇》所附《佹詩》。或以為《佹詩》與《小歌》是並列的兩首詩。所謂「小歌」，與楚辭中的「亂辭」相同，故楊倞以為其作用為「總論前意」。

［一二］夔峽：即長江三峽最西段的瞿塘峽，因在夔州境內，故稱。

［一三］鄢郢：春秋楚文王定都於郢，惠王之初曾遷都於鄢，仍號郢。因以「鄢郢」代指楚都。

懷沙

滔滔孟夏兮，草木莽莽音母。傷懷永哀兮，汨徂南土【一】。有終於南土之悲。眴音瞬兮杳杳，孔靜幽默【二】。終日直視無言，是幽憂人逼眞情景。鬱結紆軫兮【三】，離慜而長鞠【四】。窮無已時。撫情效志兮，撫情，強自尋歡；效志，強學古人。冤屈而自抑【五】。連自家也說不是。刓方以爲圜兮，常度未替【六】。執法自在。易初本迪兮【七】，君子所鄙。守初自在。章畫志墨兮【八】，前圖未改。任是規矩日新，不能舍所學以從。內厚質正兮【九】，大人所晠【一〇】。不是時人輕佻。巧倕不斲兮【一一】，孰察其揆正【一二】。不是時人小巧。玄文處幽兮【一三】，矇瞍謂之不章【一四】。衆人能見有形，不能見無形。離婁微睇兮，瞽以為無明。衆人能見粗，不能見精。變白以為黑兮【一五】，倒上以為下。鳳凰在笯兮【一六】，雞鶩翔舞【一七】。同糅玉石兮，一槩而相量。夫惟黨人之鄙固兮【一八】，羌不知余之所臧【一九】。任重載盛兮，陷滯而不濟。許說不許做。懷瑾握瑜兮，窮不知所示【二〇】。許看不許喫。邑犬羣吠兮【二一】，吠所怪也【二二】。怪不得。非俊疑傑兮【二三】，固庸態也【二四】。惱不得。文質疏內音訥兮【二五】，衆不知余之異采【二六】。君子盛德，容貌若愚【一】。材朴委積兮【二七】，莫知余之所有。良賈深藏若虛【二】。重仁襲義兮，『重』『襲』二字奇！不是一端之仁、一節之義。謹厚以為豐。聖賢學問。重華不可遻音遇兮【二八】，孰知余之從容！皇路當清夷，含和吐明廷【三】。古固有不並兮【二九】，豈知其故也【三〇】！有君無臣，有臣無君，謂之『不並』。湯禹久遠兮，邈不可慕也【三一】。非慕湯禹，禹慕伊、皐也【四】。懲違改忿兮【三二】，抑心而自強【三三】。不與人爭勝。離慜而不遷兮【三四】，願志之有像【三五】。但與吾志爭守。進路北次兮，日昧昧其將暮。死期將至。舒憂娛哀兮【三六】，限之以大故。非不尋樂，大限已臨【五】。亂曰：浩浩沅湘【三七】，分流汩兮【三八】。修路幽蔽，道遠忽兮。懷情抱質【三九】，獨無匹兮【四〇】。伯樂既沒【四一】，驥將焉程兮【四二】。民生稟命【四三】，各有所錯兮。天自有一定安排。定心廣志，余何畏懼兮【四四】！死亦不惡。曾傷爰哀【四五】，永嘆喟兮【四六】。世溷濁莫吾知，人心不可謂兮【四七】。誰可告語？知死不可讓，願勿愛兮。便全身相奉。明告君子【四八】，吾將以為類兮。但求把臂君子〔五〕。

舊謂懷沙石以自死，非也。看前《涉江》《哀郢》，當是寓懷於長沙。謂當抱石沉淵，結局於此耳。

校記

【一】土：《補註》云，一作『去』。

【二】孔靜幽默：《補註》云，一云『孔靜兮幽默』。

【三】鬱：《集註》云，一作『冤』。

【四】愍：《補註》作『慜』；《集註》作『愍』，又云，一作『慜』。鞠：《集註》云，一作『鞫』。

【五】而：原本作『以』，《補註》《集註》皆作『而』，徑改。

【六】常：原本作『嘗』，避明光宗朱常洛諱，徑改。

【七】初：《補註》《集註》皆云，一無『初』字。迪：《補註》《集註》皆云，《史記》作『由』。

【八】志：《補註》《集註》皆云，《史記》作『職』。

【九】厚：《補註》《集註》皆云，一作『直』。正：《補註》《集註》皆云，一作『重』。

【一〇】晠：《補註》《史記》皆作『盛』；《集註》作『晠』，又云，《史記》作『盛』。

【一一】倕：《補註》《集註》皆云，《史記》作『匠』。斲：《補註》云，一作『劉』，一作『斷』；《集註》云，一作『列』，一作『斷』。

【一二】揆：《補註》作『撥』，又云，《史記》作『揆』；《集註》作『揆』，又云，一作『撥』。

【一三】玄：原本缺筆，避康熙皇帝玄燁諱，徑改。

【一四】瞍：《補註》云，一作『瞍』。《補註》《集註》又皆云，《史記》無『瞍』字。

【一五】以：《補註》《集註》皆云，《史記》作『而』。

【一六】皇：原本作『凰』，《補註》《集註》皆作『皇』，徑改。笯：《補註》《集註》皆云，一作『郊』。

【一七】鶩：《補註》云，《史記》作『雉』；《集註》云，一作『雉』。

【一八】惟：《史記》無『惟』字。鄙：《補註》《集註》皆云，一作『交』。固：《補註》《集註》皆云，《史記》作『妒』。

【一九】余之：《補註》《集註》皆云，『余』一作『吾』，無『之』字。

【二〇】窮不知所示：《補註》《集註》皆云，《史記》此句作『窮不得余所示』。

【二一】邑犬羣吠兮：《補註》此句作『邑犬之羣吠兮』，又云，一作『邑犬群兮』，《史記》無『之』字；《集註》云，一本『犬』下有『之』字。

【二二】也：《補註》《集註》皆云，一無『也』字。

【二三】非俊疑傑：《補註》《集註》皆云，《史記》作『誹駿疑桀』。

【二四】也：《補註》《集註》皆云，一無『也』字。

【二五】疏：《補註》《集註》皆云，《史記》作『踈』，異體。

【二六】余：《補註》《集註》皆云，《史記》作『吾』。異：《補註》《集註》皆云，《史記》作『奥』。

【二七】朴：《補註》《集註》皆云，《史記》作『樸』。積：《補註》《集註》皆云，《史記》作『質』。

【二八】遻：《補註》作『遻』，又云，一作『遌』，《史記》作『悟』；《集註》云，一作『遻』，《史記》作『悟』。

【二九】並：《補註》作『竝』，異體。

【三〇】豈知其故也：《補註》《集註》皆作『豈知其何故』，又皆云，《史記》無『何』字；也：《補註》《集註》皆無『也』字，又云，一本有『也』字。

【三一】邈不可慕也：《補註》《集註》皆作『邈而不可慕』，又皆云，《史記》無『而』字；也：《補註》《集註》皆無『也』字，又云，一本有『也』字。

【三二】違：《補註》作『連』，又云，《史記》作『違』；《集註》云，一作『連』。

【三三】強：《補註》云，《史記》作『彊』，異體。

【三四】愍：《補註》《集註》皆云，《史記》作『湣』，一作『閔』。

【三五】像：《補註》《集註》皆云，《史記》作『象』。

【三六】舒：《補註》云，《史記》作『含』；《集註》云，《史記》作『舍』，恐為『含』字之誤。娛：《補註》《集註》皆云，《史記》作『虞』。

【三七】浩浩沅湘：《補註》《集註》皆云，自此句至末尾，句末均有『兮』字。

【三八】分：《補註》《集註》皆云，一作『紛』。

【三九】懷情抱質：《補註》《集註》皆作『懷質抱情』，又皆云，《史記》作『懷情抱質』。

【四〇】匹：《集註》疑為『正』字之誤，於上下文意考之，當以『匹』字為是。

【四一】沒：《補註》《集註》皆云，《史記》作『歿』。

【四二】將：《補註》《集註》皆無『將』字，又皆云，《史記》『驥』下有『將』字。

【四三】民生稟命：《補註》作『萬民之生』，又云，一作『民生有命』，一作『民生稟命』，《史記》『民』作『人』；《集註》作『民生禀命』，又云，一作『萬民之生』，《史記》『民』作『人』，『禀』一作『有』。

【四四】懼：原本作『愳』，異體，徑改。

【四五】曾：《補註》云，一作『增』。

【四六】嘆：《補註》《集註》皆作『歎』，異體。

【四七】世溷濁莫吾知，人心不可謂兮：《補註》《集註》皆云，《史記》作『世溷不吾知，心不可謂兮』，一作『世溷莫知，不可謂兮』，一作『念不可謂兮』。

【四八】明告君子：《補註》《集註》皆云，一本『明』下有『以』字。

註釋

［一］君子盛德，容貌若愚：語出《史記·老莊申韓列傳》：『孔子適周，將問禮於老子。老子曰：「吾聞之，良賈深藏若虛，君子盛德，容貌若愚。去子之驕氣與多欲，態色與淫志，是皆無益於子之身。吾所以告子，若是而已。」』修養深厚的君子總是謙虛忍讓，看起來就像愚魯的人一樣。

［二］良賈深藏若虛：語出《史記·老莊申韓列傳》，見左引文。意思是：善於經營的商人總是將自己的財富隱藏起來，好像什麼都沒有。賈：商人。

［三］皇路當清夷，含和吐明廷：語出文天祥《正氣歌》：『天地有正氣，雜然賦流形。下則為河嶽，上則為日星。於人曰浩然，沛乎塞蒼冥。皇路當清夷，含和吐明庭。時窮節乃見，一一垂丹青。』意謂國運清明太平之時，正氣呈現為祥和之氣和開明朝廷。

［四］大限：即壽數極限。

［五］把臂君子：親密的朋友。把臂：握持手臂，表示親密。

思美人

思美人兮，擥涕而竚眙。媒絕路阻兮【一】，言不可結而詒【二】。有阻絕之者，此非口舌能事【一】。蹇蹇之煩冤兮【三】，陷滯而不發【四】。申旦以舒中情兮【五】，志沈菀而莫達【六】。越說越不明。願寄言於浮雲兮，遇豐隆而不將。雲無心，故可言；雷性怒，故不將。因歸鳥而致辭兮，羌迅高而難當【七】。歸鳥知退，故可致辭；迅高好進，故難當。高辛之靈晟兮【八】，遭玄鳥而致詒【九】。欲變節以從俗兮，媿易初而屈志。簡狄既受玄鳥之詒許高辛矣【二】，焉可變易其志哉？臣之許國，亦復如是。獨歷年而離愍兮，羌馮心猶未化。寧隱閔而壽考兮【一〇】，何變易之可為【一一】？憂能傷人，不如隱閔壽考。知前轍之不遂兮【一二】，未改此度【一三】。車既覆而馬顛兮，蹇獨懷此異路。不是錯到底，總不曾行此路。勒騏驥而更駕兮，造父為我操之【一四】。假以良材。遷逡次而勿驅兮，聊假日以須時【一五】。寬以程限。指嶓冢之西隈兮【一六】，與纁黃以為期【一七】。自然致遠。開春發歲兮，白日出之悠悠。吾將蕩志而愉樂兮【一八】，遵江夏以娛憂。憂不如娛，可以保壽；但同一愉樂，卻自與黨人異。擥大薄之芳茝兮【一九】，搴長洲之宿莽。依舊采芳棄穢，不改宿志。惜吾不及古人兮【二〇】，吾誰與玩此芳草【二一】。恨不與古人同時，與之別芳。解萹薄與雜菜兮【二二】，備以為交佩【二三】。去雜留芳。佩繽紛以繚轉兮【二四】，遂萎絕而離異。芳多則離異亦多。吾且儃佪以娛憂兮【二五】，觀南人之變態。但住莫復去。竊快在其中心兮【二六】，揚厥憑而不竢。中有至樂，磊塊銷磨。芳與澤其雜糅兮，羌芳華自中出。足乎己者，無待於外。紛郁郁其遠烝兮【二七】，滿內而外揚。情與質信可保兮，羌居蔽而聞章【二八】。滿內外揚，故君子有自信之道；居蔽聞章，故小人亦有成就之思【二九】。令薜荔以為理兮【三〇】，憚舉趾而緣木。因芙蓉以為媒兮【三一】，憚褰裳而濡足【三二】。一切聽其自至，無勞介紹。登高吾不說兮，入下吾不能。面無貴相，身無媚骨。固朕形之不服兮，然容與而狐疑。雖然骨相如此，性亦自是善疑，不肯苟同。廣遂前畫兮，未改此度也【三三】。歷盡酸鹹，還是本色。命則處幽吾將罷兮【三四】，吾罷豈須人罷？世棄君平，君平亦棄世〔三〕。願及白日之未暮也【三五】。獨煢煢而南行兮，且自求娛處。思彭咸之故也。有個結局處。

此篇雖是思君，然較諸篇用意又別。諸篇尚有憤懣處，此篇全是自信自娛，不用向人怨尤。彭咸同歸，千足萬足。篇中『羌憑心猶未化』，楚人謂滿肚憤懣爲『憑』，全篇都說個憑心全化道理耳〔四〕。

校記

【一】媒絕路阻：《補註》《集註》皆云，一作『路絕而媒阻』，一作『媒絕而道路阻』。

【二】而：《補註》《集註》皆云，一無『而』字。

【三】冤：《補註》《集註》皆云，一作『惋』。

【四】陷：《補註》《集註》皆云，一作『滔』。

【五】以：《補註》《集註》皆云，一作『不』。

【六】志：《補註》《集註》皆云，一無『志』字。莫：《集註》云，一作『不』。

【七】迅：《補註》作『宿』，又云，一作『迅』；《集註》作『迅』，又云，一作『宿』，非是。當：《補註》《集註》皆云，一作『寓』，朱說以為非是。

【八】晟：《補註》作『盛』，又云，一作『晟』，一作『威』；《集註》作『晟』，又云，一作『盛』，一作『威』。

【九】玄：原本缺筆，避康熙皇帝玄燁諱，徑改。

【一〇】閔：《集註》云，一作『湣』。

【一一】何變易之可為：《補註》《集註》皆云，一作『何變初而可為』。

【一二】轍：《補註》《集註》皆云，一作『道』。

【一三】未改此度：《集註》云，『未』一作『末』，『度』下一有『也』字。

【一四】我：《集註》云，一作『余』。

【一五】時：《補註》《集註》皆作『旹』，異體。

【一六】隈：《補註》《集註》皆云，一作『隅』。

【一七】纁：《補註》《集註》皆云，一作『曛』。

【一八】將：《補註》《集註》皆云，一作『且』。蕩：《集註》云，一作『盪』。

【一九】擥：《補註》《集註》皆云，一作『擥』。茝：《補註》《集註》皆云，一作『芷』。

【二〇】惜：《補註》《集註》皆云，一作『然』。古人：《集註》作『古之人』，又云，一無『之』字；《補註》云，一作『古之人』。

【二一】此：《補註》云，一作『斯』。

【二二】萹：原本誤作『篇』，徑改。

【二三】備：《補註》《集註》皆云，一作『脩』。

【二四】以：《補註》《集註》皆云，一作『其』。

【二五】儃佪：《補註》《集註》皆云，一作『徘徊』。

【二六】竊快在其中心：《補註》《集註》皆云，『竊』上一有『吾』字，一無『在』字，一無『其』字。

【二七】烝：《補註》《集註》皆云，一作『蒸』。

【二八】居蔽而聞章：《補註》《集註》皆云，『居』一作『重』，此句一作『居重蔽而聞章』。

【二九】思：原本誤作『恩』，徑改。

【三〇】以：《補註》《集註》皆云，一作『而』。

【三一】以：《補註》《集註》皆云，一作『用』。

【三二】足：《補註》《集註》皆云，一作『之』，恐於意未安。

【三三】也：《補註》云，一無『也』字。

【三四】則：《補註》《集註》皆云，一無『則』字。

【三五】也：《補註》《集註》皆云，一無『也』字。

註釋

［一］此非口舌能事：這不是能用言語辦得到的。

［二］簡狄既受玄鳥之詒許高辛：簡狄是高辛氏的妻子，因吞食了燕卵，得天地之精華，生下了商民族的祖先契。

［三］世棄君平，君平亦棄世：語出李白《古風·君平既棄世》：『君平既棄世，世亦棄君平。觀變窮太易，探元化群生。』意謂君平拋棄人世選擇隱居不仕，而人世也拋棄了君平。李氏對原句予以顛倒，意思變而為人世拋棄了君平，君平同時也拋棄了人世。君平：即嚴君平，本名莊君平，又稱蜀莊，因避漢明帝劉莊諱而改姓嚴，又名嚴遵。嚴君平一生淡泊名利，光武帝親請出仕，亦遭其拒絕。以卜卦為生而不貪，余則關門落簾讀書。

［四］憑心全化：全身心轉化。

惜往日

惜往日之曾信兮，受命詔以昭時【一】。昔時文字，見知主上。奉先功以照下兮【二】，明法度之嫌疑。繼以嗣先人之功，執法臨下。國富強而法立兮，屬貞臣而日娭【三】。明法任人之效，然妒端在此。秘密事之載心兮【四】，慎重不洩。雖過失猶弗治【五】。政不謫，人不問〔一〕。心純厖而不泄兮【六】，遭讒人而嫉之【七】。不泄謂泄。君含怒以待臣兮，不清澂其然否【八】。蔽晦君之聰明兮，虛惑誤又以欺【九】。始猶依稀相似，繼則造作事件矣。弗參驗以考實兮，遠遷臣而弗思。信讒諛之溷濁兮【一〇】，盛氣志而過之【一一】。讒諛手段，氣焰種種迫人。何貞臣之無辠兮【一二】，被讒謗而見尤【一三】！慙光景之誠信兮，讒人做出光景，一椿一椿都似眞，此君所以遠遷弗思也。身幽隱而備之。既投幽隱，尚防其人。臨沅湘之玄淵兮【一四】，遂自忍而沈流【一五】。卒沒身而絕名兮【一六】，惜廱君之不昭【一七】。所以不即投淵者，止爲君心未明此一段寃抑〔二〕，故躊躕耳。君無度而弗察兮，使芳草為藪幽。焉舒情而抽信兮，恬死亡而不聊。獨鄣廱而蔽隱兮【一八】，使貞臣而無由【一九】。尚望楚君一察，亦是癡忠處。聞百里之為虜兮，伊尹烹於庖廚。呂望屠於朝歌兮，甯戚歌而飯牛。不逢湯武與桓繆兮，世孰云而知之！此老自負處。『天生我才必有用』〔三〕，尚等個知己來。吳信讒而弗味兮【二〇】，子胥死而後憂。介子忠而立枯兮，文君寤而追求；封介山而為之禁兮【二一】，報大德之優遊【二二】。思久故之親身兮，因縞素而哭之。臚列前世貞臣死後一段相思〔四〕，激切動人。或忠信而死節兮，或訑謾而不疑【二三】。弗省察而按實兮，聽讒人之虛辭。芳與澤其雜糅兮，孰申旦而別之？乞火無里嫗之談〔五〕。何芳草之早殀兮【二四】，賢人短氣。微霜降而下戒。諒不聰明而蔽廱兮【二五】，使讒諛而日得。讒說之初能察，則以後省許多事。自前世之嫉賢兮，謂蕙若其不可佩。妒佳冶之芬芳兮【二六】，嫫母姣而自好【二七】。雖有西施之美容兮，讒妒入以自代。自好，互相標榜也；自代，起獄以奪人位也〔六〕。願陳情以白行兮，得罪過之不意。情寃見之日明兮【二八】，如列宿之錯置。求明反得暗。棄騏驥而馳騁兮【二九】，無轡銜而自載。無轡銜同於駑馬。乘氾泭以下流兮【三〇】，無舟檝而自備【三一】。無舟楫同於乾涸。背法度而心治兮【三二】，辟與此其無異【三三】。若乘羣讒而改度以求明，與小人何異？寧溘死而流亡兮，恐禍殃之有再。不自治以謝黨人，毒猶未已。不畢辭以赴淵兮【三四】，惜壅君之不識【三五】。不畢辭以謝君，他日焉知其故？

此篇乃屈子將死深悲之言，留遺言以俟異時楚王之察耳。

校記

【一】時：《補註》《集註》皆云，一作『詩』，朱子以為非是。

【二】照：原本作『炤』，異體，徑改。

【三】娭：《補註》《集註》皆云，一作『娱』，非是。

【四】秘：《補註》《集註》皆云，一作『移』。密：《集註》云，一作『察』。

【五】弗：《補註》《集註》皆云，一作『不』。

【六】泄：《補註》《集註》皆云，一作『貰』，朱子以為非是。

【七】嫉之：《補註》《集註》皆云，一作『佞嫉』，朱子以為非是。

【八】澂：《補註》作『澈』，又云，一作『澂』；《集註》作『澂』，又云，一作『澈』。

【九】虚惑誤：《補註》《集註》皆云，一作『惑虚言』。

【一〇】溷濁：《補註》《集註》皆云，一作『浮說』。

【一一】晠：《補註》作『盛』，《集註》作『晠』。

【一二】皋：原本誤作『辜』，徑改。《補註》《集註》皆云，一作『罪』。

【一三】讟：《補註》作『離』，又云，一作『讟』。

【一四】沅：《補註》《集註》皆云，一作『江』。

【一五】遂：《補註》《集註》皆云，一作『不』。

【一六】没：《補註》《集註》皆云，一作『沈』。絕：《集註》云，一作『滅』。

【一七】廱：古本皆作『壅』。

【一八】鄣：《補註》云，一作『彰』。廱：《補註》作『壅』，又云，一作『雍』。

【一九】貞：《集註》云，一作『忠』。而：《補註》作『為』，又云，一作『而』；《集註》云，一作『為』。

【二〇】弗：《補註》《集註》皆云，一作『不』。

【二一】而：《補註》《集註》皆云，一無『而』字。之：《集註》云，一無『之』字。

【二二】遊：原本作『游』，《補註》《集註》皆作『遊』，徑改。

【二三】訑：《補註》云，一作『謟』；《集註》云，一作『施』。

【二四】殀：《補註》《集註》皆云，一作『夭』。

【二五】不聰明：《補註》《集註》皆作『聰不明』，又皆云，一作『不聰明』。廱：《補註》作『壅』，《集註》作『廱』。

【二六】佳：《補註》《集註》皆云，一作『娃』。

【二七】葽：同『嫫』，異體。《補註》《集註》皆作『葽』。

【二八】宛：《補註》《集註》皆云，一作『宛』。

【二九】棄：《補註》作『乘』，《集註》作『棄』，異體。

【三〇】乘：《補註》云，一作『椉』。泭：《補註》云，一作『柎』。

【三一】檝：《補註》作『楫』，又云，一作『檝』。《集註》作『檝』，又云，一作『楫』。

【三二】治：《補註》《集註》皆云，一作『殆』。

【三三】辟：《補註》《集註》皆云，一作『譬』，通假。

【三四】以：《補註》作『而』，《集註》作『以』。

【三五】廱：《補註》作『壅』，《集註》作『廱』。識：《補註》云，一作『明』。

註釋

［一］政不謫，人不問：朝廷不予降職，他人亦不過問。即疏遠之意。

［二］寃抑：寃屈。

［三］天生我才必有用：語出李白《將進酒》：『天生我材必有用，千金散盡還復來。』意謂上天造就了我的才幹必然是有用處的，千兩黃金花完了也能夠再次獲得。

［四］臚列：羅列，列舉。

［五］乞火無里嫗：亦作『束藴請火』『束藴乞火』。典出《韓詩外傳》卷七：『里婦與里母相善。婦見疑盜肉，其姑去之，恨而告於里母。里母曰：「安行。今令姑呼汝！」即束藴請火去婦之家，曰：「吾犬爭肉相殺，請火治之。」姑乃直使人追去婦還之。』後遂用以為人說情、解紛薦士之典。

［六］起獄：有意製造事端。

橘頌

后皇嘉樹，橘徠服兮。橘稱『徠服』，奇！樹物如此，樹人可知。受命不遷，生南國兮。橘不踰淮[一]，忠臣孝子之行也。深固難徙，托根深厚。更壹志兮。守志堅確[二]。綠葉素榮【一】，紛其可喜兮【二】。天然素質，不隨時艷[三]。曾枝剡棘，外存坊表[四]。圓果摶兮【三】。內饒嘉實。青黃雜糅【四】，文章爛兮。外有文章[五]。精色內白，類任道兮【五】。內純精白。紛緼宜修【六】，姱而不醜兮。橘樹年須芟繁去蠹[六]，與他樹不同，修士之行也[七]。嗟爾幼志，有以異兮。仍繳上三段[八]。橘稱『志』，奇；稱『幼志』，尤奇。獨立不遷，豈不可喜兮。楚材每爲晉用[九]，不肯歷九州者，豈不可喜？深固難徙，廓其無求兮。惟無求於人，故人亦難徙之。蘇世獨立，橫而不流兮。獨立，所以不流。閉心自慎，終不過失兮【七】。『閉心』二字，是不睹不聞上工夫。屈子殆知學者。秉德無私，參天地兮。橘稱『無私』，謂其德可分人也[一〇]。願歲並謝，與長友兮。『老友』『歲寒友』，不如『長友』字。妙！淑離不淫【八】，梗其有理兮。橘實纍垂善離[一一]，有君子不羣之象。年歲雖少，比松柏爲後生。可師長兮。桃李望之卻步。行比伯夷，置以為像兮。橘稱伯夷，亦是『肇錫嘉名』也。

屈子自贊。

校記

【一】榮：《補註》《集註》皆云，一作『華』。

【二】喜：《集註》云，一作『嘉』。

【三】圓果：《補註》《集註》皆云，一作『圜實』。摶：《補註》云，一作『槫』。

【四】糅：《補註》云，一作『揉』。

【五】類任道兮：《補註》作『類可任兮』，又云，一作『類任道兮』；《集註》作『類任道兮』，又云，『任道』一作『可任』，非是。

【六】修：《補註》《集註》皆作『脩』，《集註》又云，一作『修』。

【七】終不過失兮：《補註》作『不終失過兮』，又云，一作『終不過兮』，一作『終不失過兮』；《集註》作『終不過失兮』，又云，『過失』一作『失過』，一無『失』字，皆非。

【八】淑離不淫：《集註》云，『離』下一有『而』字。

註釋

［一］橘不踰淮：典出《晏子春秋》：『晏子將使楚……晏子至，楚王賜晏子酒。酒酣，吏二縛一人詣王。王曰：「縛者曷為者也？」對曰：「齊人也，坐盜。」王視晏子曰：「齊人固善盜乎？」晏子避席，對曰：「嬰聞之，橘生淮南則為橘，生於淮北則為枳，葉徒相似，其實味不同。所以然者何？水土異也。今民生長於齊不盜，入楚則盜，得無楚之水土使民善盜耶？」王笑曰：「聖人非所與熙也，寡人反取病焉。」』

［二］守志堅確：堅守自己的志向。堅確：堅定。

［三］不隨時艷：不跟隨社會潮流。

［四］外存坊表：外表有榜樣。

[五] 文章：花紋，紋理。

[六] 芟繁去蠹：剪除繁蕪的枝葉，除掉蟲蛀蝕過的地方。

[七] 修士：修潔之人。

[八] 繳：交待，總結。

[九] 楚材每爲晉用：典出《左傳·襄公二十六年》：『及宋向戌將平晉、楚，聲子通使於晉。還如楚，令尹子木與之語，問晉故焉，且曰：「晉大夫與楚孰賢？」對曰：「晉卿不如楚，其大夫則賢，皆卿材也。如杞、梓、皮革，自楚往也。雖楚有材，晉實用之。」』每：常常。

[一〇] 橘稱『無私』，謂其德可分人也：稱橘樹『無私』，是說其品德可以比人，即所謂比德。

[一一] 纍垂善離：纍纍下垂，易於分開。

悲回風

悲回風之搖蕙兮，心冤結而內傷【一】。風信既來[一]，蕙草死期至矣，故感而悲。物有微而隕性兮，知微者傷[二]。聲有隱而先倡。審聲者懼[三]。夫何彭咸之造思兮，『造思』妙！時窮事極，忠臣烈士另有一種開闢。暨志介而不忘！若無『志介』兩字，君子與小人何異？萬變其情豈可蓋兮【三】，孰虛偽之可長！世事萬變，到底難逃一實。鳥獸鳴以號羣兮，草苴比而不芳。魚葺鱗以自別兮，蛟龍隱其文章。故荼薺不同畝兮【四】，蘭茝幽而獨芳【五】。物猶如此。惟佳人之永都兮，才貌爲祟。更統世而自貺。門第爲禍。眇遠志之所及兮，憐浮雲之相羊【六】。志大高。介眇志之所惑兮【七】，竊賦詩之所明。才大奇。惟佳人之獨懷兮，生性孤往。折芳椒以自處【八】。氣味辛辣。曾歔欷之嗟嗟兮【九】，獨隱伏而思慮【一〇】。涕泣交而淒淒兮【一一】，思不眠以至曙【一二】。終長夜之曼曼兮，掩此哀而不去。憂時大深。寤從容以周流兮【一三】，聊逍遙以自恃。非不善自排遣。傷太息之愍憐兮【一四】，氣於邑而不可止。無奈憂從中來。糺思心以為纕兮【一五】，編愁苦以為膺。予甲申亦有詩云：『藤是愁為織。』不謂數千年前屈子道過。折若木以蔽光兮，剷削聰明。隨飄風之所仍。忘情去住。存髣髴而不見兮【一六】，心踴躍其若湯【一七】。思君如見其形。撫珮衽以按志兮【一八】，超惘惘而遂行。珮衽之間，尚是君恩。聞命即行，豈敢擇地？歲曶曶其若頽兮，光陰迅速。時冉冉而將至【一九】。老亦至矣。蘋蘅槁而節離兮【二〇】，芳已歇而不比【二一】。精華銷歇，非復少時。憐思心之不可懲兮，證此言之不可聊。寧溘死而流亡兮【二二】，不忍此心之常愁【二三】。古詩『一死永無愁』[三]，本此。孤子唫而抆淚兮【二四】，放子出而不還。孰能思而不隱兮，昭彭咸之所聞【二五】。思必痛，痛必求死。登石巒以遠望兮，路渺渺之默默【二六】。遊子難見故鄉路。入景響之無應兮【二七】，聞省想而不可得。登高疾呼，故鄉誰應？況知此心省想乎？愁鬱鬱之無快兮【二八】，居戚戚而不可解【二九】。心鞿羈而不開兮【三〇】，氣繚轉而自締。穆眇眇之無垠兮，莽芒芒之無儀。聲有隱而相感兮，物有純而不可為。邈漫漫之不可量兮【三一】，縹綿綿之不可紆。愁悄悄之常悲兮【三二】，翩冥冥之不可娛。愁緒萬端，描寫盡變。凌大波而流風兮，託彭咸之所居。全副精神，將入水矣。上高巖之峭岸兮【三三】，處雌蜺之標顛。據青冥而攄虹兮，遂儵忽而捫天。吸湛露之浮涼兮【三四】，漱凝霜之雰雰。依風穴以自息兮，忽傾寤以嬋媛【三五】。馮崑崙以瞰霧兮【三六】，隱汶山以清江【三七】。憚涌湍之磕磕兮【三八】，聽波聲之洶洶。紛容容之無經兮，罔芒芒之無紀。軋洋洋之無從兮，馳委移之焉止【三九】。漂翻翻其上下兮【四〇】，翼遙遙其左右。氾潏潏其前後兮，伴張弛之信期。觀炎氣之相仍兮，窺煙液之所積。悲霜雪之俱下兮，聽潮水之相擊。借光景以往來兮，施黃棘之枉策。求介子之所存兮，見伯夷之故迹【四一】。心調度而弗去兮【四二】，刻著志之無適。曰：吾怨往昔之所冀兮【四三】，悼來者之愁愁【四四】。浮江淮而入海兮，從子胥而自適。望大河之洲渚兮，悲申徒之抗迹。驟諫君而不聽兮【四五】，任重石之何益【四六】？心絓結而不解兮，思蹇產而不釋【四七】。俱是從彭咸後逍遙上升光景。愧彼濁世，徒勞張弓[四]。

此作屈子將沉淵之絶筆也，亦是一篇自祭文。自『上高巖之峭岸』句至末，共四十句，皆言從彭咸所居以後，上天下地，登山觀水，神魂所之，靡所不適[五]。據虹處蜺，捫天吸露，漱霜依風，過崑崙，涉岐山，看波濤【四八】，聽潮水，經炎霜，窺煙液，弔介子，訪伯夷，與子胥、申徒之輩上下左右[六]，豈不快哉！何事受人間之樊籠乃爾邪[七]？此所以決意彭咸之從也。中間『施黃棘之枉策』一語，蓋秦楚嘗盟於黃棘後，懷王遂被執武關。禍始於黃棘之盟，楚以此受枉，故曰『枉策』。屈原自以身雖死，魂魄猶應歷此爲秦之厲[八]，亦如秦人黃棘之所施枉楚者，將復枉秦也。鬼無形，故曰『借光景以往來』。文辭甚深，解者憒憒[九]，故爲節其大意如此。

校記

【一】宛：《補註》云，一作『宛』；《集註》云，一作『苑』。

【二】懼：原本作『愳』，異體，徑改。

【三】萬變其情豈可蓋兮：《補註》《集註》皆云，一作『萬變情豈其可蓋兮』。蓋，原本作『盖』，徑改。

【四】薺：《補註》云，一作『若』；《集註》云，一作『苦』。依句意，《補註》是。

【五】茝：《補註》《集註》皆云，一作『芷』。

【六】羊：《補註》《集註》皆云，一作『佯』。

【七】惑：《集註》云，一作『感』。

【八】芳：《補註》作『若』，又云，一作『芳』；《集註》云，一作『若』。

【九】曾：《補註》云，一作『增』。

【一〇】伏：《補註》《集註》皆云，一作『居』。

【一一】涕泣交而淒淒：《補註》《集註》皆云，一本『交』下有『下』字，一本『下』作『流』。

【一二】以：《補註》云，一作『而』。至：《補註》云，一作『極』。

【一三】以：《補註》《集註》皆云，一作『而』。

【一四】憐：《補註》《集註》皆云，一作『歎』。

【一五】纕：《補註》《集註》皆云，一作『瓖』。

【一六】不見：《補註》云，一作『不得見』。

【一七】踴躍：《補註》云，一作『沸熱』。《集註》云，一作『沸怒』。

【一八】衽：《補註》作『衽』，《集註》作『衽』。按：《補註》《集註》皆作『案』，又云，與『按』同。

【一九】時冉冉而將至：《補註》《集註》『時』下有『亦』字。

【二〇】蘋蘅：《補註》《集註》皆云，一作『蘋蘅』，一作『蘋蘩』。

【二一】已：《補註》作『以』，又云，一作『已』。《集註》作『已』，又云，一作『以』。

【二二】澨：《補註》作『逝』，又云，一作『澨』；《集註》作『澨』，又云，一作『逝』。

【二三】此心：《補註》作『為此』，又云，一作『此心』；《集註》作『此心』，又云，一作『為此』。

【二四】唫：『吟』之古字。抆：《補註》《集註》皆云，一作『收』。

【二五】昭：《補註》作『照』，又云，一作『昭』；《集註》作『昭』，又云，一作『照』。

【二六】渺渺：《補註》《集註》皆作『眇眇』。考『眇』字字形為目少，為迷目貌較當。今從原本。

【二七】景：『影』之古字，葛洪始作『影』。響：《補註》《集註》皆云，一作『嚮』。

【二八】之：《補註》《集註》皆云，一作『而』。快：《補註》《集註》皆云，一作『決』。

【二九】可：《補註》《集註》皆云，一無『可』字。

【三〇】開：《補註》《集註》皆云，一作『形』。

【三一】邈漫漫：《補註》作『藐蔓蔓』，又云，一作『邈漫漫』；《集註》作『邈漫漫』，又云，一作『藐蔓蔓』。

【三二】常：原本作『嘗』，避明光宗朱常洛諱，徑改。

【三三】峭：《補註》《集註》皆云，一作『陗』。岸：原本作『峅』，異體，徑改。

【三四】涼：《補註》作『源』，又云，一作『涼』。《集註》作『涼』，又云，一作『源』，非是。

【三五】嬋媛：《補註》云，一作『撣援』，一作『擅徊』；《集註》云，一作『儃徊』，非是。

【三六】澂霧：《補註》《集註》皆云，一作『澂霧露』，一作『瞰霧露』。

【三七】汶：《補註》《集註》皆作『岐』。《補註》又云，一作『峎』，一作『岐』。

【三八】磕磕：《補註》《集註》皆作『礚礚』。《補註》又云，『礚』一作『磕』。

【三九】馳委移之焉止：《補註》云，一作『馳逶蛇之焉至』；《集註》作『馳委移之焉止』。

【四〇】漂：《補註》《集註》皆云，一作『飄』。翻：《補註》《集註》皆云，一作『幡』，一作『潘』。

【四一】故：《補註》《集註》皆作『放』，恐非。介子推和伯夷俱無被放經歷，屈子藉此以明自遠之意。

【四二】弗：《補註》《集註》皆云，一作『不』。

【四三】昔：《補註》《集註》皆云，一無『昔』字。

【四四】愻：《補註》《集註》皆云，一作『遜』。

【四五】君而：《補註》《集註》皆云，一作『而君』。

【四六】石：《補註》《集註》皆云，一作『祏』，一作『秥』。

【四七】心絓結而不解兮，思蹇產而不釋：《補註》《集註》皆云，一本無此二句。

【四八】波：原本誤作『破』，徑改。

註釋

［一］風信：指隨着季節變化應時吹來的風。

［二］甲申：即崇禎十七年（一六四四年），是年李自成攻佔北京，明朝滅亡，清兵入關。

［三］古詩『一死永無愁』：未詳出處。

［四］愧彼濁世，徒勞張弓：慚愧的是生在污濁之世，雖力能拉開硬弓，也是徒勞。

［五］靡所不適：沒有不合適的。

［六］上下左右：指相互周旋。

［七］樊籠：關鳥獸的籠子。比喻受束縛、不自由的境地。

［八］厲：通『癘』。病。

［九］憒憒：昏庸，糊塗。

遠遊

此另一篇，不在《九章》內。

悲時俗之迫阨兮【一】，願輕舉而遠遊。質菲薄而無因兮【二】，焉託乘而上浮？遭沈濁而汙穢兮【三】，獨鬱結其誰語？夜耿耿而不寐兮【四】，魂營營而至曙【五】。惟天地之無窮兮，哀人生之長勤。屈子欲乘濁世之迫阨而求仙遊，雖係憤激之語，然其語性，自非凡物。往者余弗及兮，來者吾不聞【六】。『吾不聞』三字，較阮公『後不見來者』尤妙[一]。步徙倚而遙思兮，怊惝怳而永懷【七】。意荒忽而流蕩兮，心愁悽而增悲。神儵忽而不反兮【八】，形枯槁而獨留。二語便是神仙警世語。內惟省以端操兮，求正氣之所由【九】。屈子到底是儒學，神仙其寓言耳[二]！漠虛靜以恬愉兮，澹無為而自得。聞赤松之清塵兮，願承風乎遺則。貴眞人之休德兮【一〇】，羨往世之登仙【一一】。與化去而不見兮，名聲著而日延【一二】。奇傅說之託辰星兮【一三】，羨韓衆之得一【一四】。形穆穆以浸遠兮，離人羣而遁逸。因氣變而遂曾舉兮，求正氣，因氣變，丹經已盡此[三]。忽神奔而鬼怪【一五】。時髣髴以遙見兮，精皎皎以往來【一六】。超氛埃而淑郵兮【一七】，終不反其故都【一八】。免衆患而不懼兮【一九】，世莫知其所如。屈子一生，思反故都，正當以仙學對治之。恐天時之代序兮，耀靈曄而西征。微霜降而下淪兮，悼芳華之先零【二〇】。及時學道，莫到歲晚。四語極警。聊仿佯而逍遙兮【二一】，永歷年而無成！誰可與玩斯遺芳兮【二二】？長鄉風而舒情【二三】。高陽邈以遠兮【二四】，余將焉所程【二五】？學久而無成，根無高陽之師。重曰：春秋忽其不淹兮，奚久留此故居【二六】？軒轅不可攀援兮，吾將從王喬而娛戲【二七】。飡六氣而飲沆瀣兮【二八】，漱正陽而含朝霞【二九】。保神明之清澄兮，精氣入而麤穢除。此一段頗已問徑。順凱風以從遊兮，至南巢而壹息【三〇】。見王子而宿之兮，審壹氣之和德【三一】。曰：『道可受兮【三二】，而不可傳【三三】。此語入道至精。其小無內兮，其大無垠。二語卽寬廓非外，寂寥非內[四]。毋滑而魂兮【三四】，彼將自然。壹氣孔神兮【三五】，於中夜存。虛以待之兮，無為之先。庶類以成兮，此德之門。』此一段頗已入門。聞至貴而遂徂兮，忽乎吾將行。仍羽人於丹丘兮，留不死之舊鄉。朝濯髮於湯谷兮，夕晞余身兮九陽【三六】。吸飛泉之微液兮，懷琬琰之華英。玉色頩以脕顏兮【三七】，精醇粹而始壯。質銷鑠以汋約兮，神要眇以淫放。嘉南州之炎德兮，麗桂樹之冬榮。山蕭條而無獸兮，野寂漠其無人【三八】。載營魄而登霞兮【三九】，掩浮雲而上征【四〇】。舊註：上四句記時物，下二句言以此時昇仙而去。營魄者，陰靈之聚，若有光景也。蓋魄不受魂，魂不載魄，則魂遊魄降而人死矣【五】。故修鍊之士，必使魂常附魄，如日光之載月質；魄常簡魂，如月質之受日光，則神不馳而魄不死，遂能登仙。數語取其精警，錄之。命天閽其開關兮【四一】，排閶闔而望余【四二】。召豐隆使先導兮，問大微之所居【四三】。集重陽入帝宮兮【四四】，造旬始而觀清都。朝發軔於太儀兮，夕始臨乎母閭【四五】。屯余車之萬乘兮，紛容與而並馳。駕八龍之婉婉兮【四六】，載雲旗之逶蛇。建雄虹之采旄兮，五色雜而炫燿。服偃蹇以低昂兮，驂連蜷以驕驁。騎膠葛以雜亂兮【四七】，斑漫衍而方行【四八】。以上是仙成上謁天帝之樂。撰余轡而正策兮，吾將過乎句芒【四九】。歷太皓以右轉兮【五〇】，前飛廉以啓路【五一】。陽杲杲其未光兮【五二】，凌天地以徑度【五三】。風伯為余先驅兮【五四】，氛埃辟而清涼【五五】。鳳凰翼其承旂兮【五六】，遇蓐收乎西皇【五七】。擥彗星以為旍兮【五八】，舉斗柄以為麾【五九】。叛陸離其上下兮，遊驚霧之流波。時曖曃其曭莽兮【六〇】，召玄武而奔屬。後文昌使掌行兮，選署衆神以並轂。路曼曼其修遠兮【六一】，徐弭節而高厲【六二】。左雨師使徑待兮，右雷公而為衛【六三】。欲度世以忘歸兮【六四】，意恣睢以擔撟【六五】。內欣欣而自美兮【六六】，聊媮娛以淫樂【六七】。涉青雲以汎濫遊兮【六八】，忽臨睨夫舊鄉。僕夫懷余心悲兮，邊馬顧而不行【六九】。思舊故以想像兮【七〇】，長太息而掩涕。氾容與而遐舉兮，聊抑志而自弭。指炎神而直馳兮【七一】，吾將往乎南疑【七二】。覽方外之荒忽兮【七三】，沛罔瀁而自浮【七四】。祝融戒而蹕御兮【七五】，騰告鸞鳥迎虙妃【七六】。張《咸池》奏《承雲》兮【七七】，二女御《九韶》歌。使湘靈鼓瑟兮，令海若舞馮夷【七八】。玄螭蟲象並出進兮【七九】，形蟉虯而逶蛇【八〇】。雌蜺便娟以增撓兮【八一】，鸞鳥軒翥而翔飛【八二】。音樂博衍無終極兮，焉乃逝以徘徊【八三】。舒並節以馳騖兮，逴絕垠乎寒門【八四】。軼迅風於清源兮【八五】，從顓頊乎增冰。歷玄冥以邪徑兮，乘間維以反顧。召黔嬴而見之兮【八六】，為余先乎平路【八七】。經營四荒兮【八八】，周流六漠：上至列缺兮【八九】，降望大壑。下崢嶸而無地兮【九十】，上寥廓而無天【九一】。視儵忽而無見兮，聽惝怳而無聞。超無為以至清兮，與泰初而為鄰。自『撰余轡而正策』以下，皆是仙成游於四荒六漠之樂〔六〕，而中插入『臨睨舊鄉』『僕懷馬顧』二段，與《離騷》結末同意者，言外有縱是仙成、周歷萬方、役使百神，而終不易吾楚國之思。故滿篇雖是盛誇仙遊，其實都是無聊極思也。

校記

【一】阨：《補註》云，一作『隘』。
【二】因：《補註》《集註》皆云，一作『由』。
【三】而：《補註》《集註》皆云，一作『之』。汚：《補註》《集註》皆作『汙』，異體。
【四】耿：《補註》《集註》皆云，一作『炯』。
【五】營：《補註》作『煢』。又云，一作『營』；《集註》作『營』，又云，一作『煢』。
【六】吾不：《補註》云，一作『吾不可』，一作『余弗』；《集註》云，一作『余弗』。
【七】永：《補註》作『乖』；《集註》作『永』，又云，一作『乖』，非是。
【八】儵：《補註》《集註》皆云，一作『儵』。反：《補註》《集註》皆云，一作『返』。
【九】由：《補註》《集註》皆云，一作『繇』。
【一〇】真：《補註》《集註》皆云，一作『儵』。德：《集註》云，一作『聽』，非是。

【一一】羨：《補註》《集註》皆作『美』，又云，一作『羡』。仙：《補註》《集註》皆云，一作『僊』。

【一二】著：《補註》《集註》皆云，一作『章』。

【一三】傅：原本誤作『傳』，徑改。

【一四】羨：《補註》《集註》皆云，一作『美』。衆：《補註》《集註》皆云，一作『終』。

【一五】怪：《補註》《集註》皆云，一作『恠』，異體。

【一六】皎皎：《補註》作『皎皎』，又云，一作『皎皎』，《釋文》作『曒曒』；《集註》作『皎皎』，又云，一作『曒曒』。以：《補註》《集註》皆云，一作『而』。

【一七】超：《補註》作『絕』，又云，一作『超』；《集註》作『超』，又云，一作『絕』。郵：《補註》《集註》皆云，一作『尤』。

【一八】其：《補註》《集註》皆云，一作『乎』。都：《集註》云，一作『鄉』。

【一九】懼：原本作『愳』，異體，徑改。

【二〇】零：《集註》云，古本作『蘦』；《集註》作『蘦』，又云今作『零』。

【二一】而：《集註》云，一作『以』。

【二二】斯遺芳：《補註》《集註》皆云，一作『此芳草』。

【二三】長：《補註》作『晨』，又云，一作『長』；《集註》作『長』，又云，一作『晨』。鄉：《補註》作『向』，又云，一作『鄉』；《集註》作『鄉』，又云，一作『向』。

【二四】以：《補註》《集註》皆云，一作『已』。

【二五】焉：《補註》《集註》皆云，一作『安』。

【二六】奚：原本作『莫』，今依《補註》《集註》徑改。
【二七】娭：《補註》《集註》皆云，一作『遊』。
【二八】飡：《補註》作『餐』，《集註》作『飡』，異體。
【二九】含：《補註》云，一作『食』。
【三〇】壹：原本作『一』，《補註》《集註》皆作『壹』，徑改。
【三一】壹：原本作『一』，《補註》《集註》皆作『壹』，徑改。
【三二】受：《集註》云，一作『愛』。
【三三】而：《補註》無『而』字；《集註》有，又云，一無『而』字。
【三四】毋滑而魂：《補註》作『無滑而魂』，又云，『無』一作『毋』，『滑』一作『淈』，一云『無淈滑而魂』；《集註》作『毋滑而魂』，又云，『毋滑』一作『無淈』，一『滑』上別有『淈』字。
【三五】壹：原本作『一』，《補註》《集註》皆作『壹』，徑改。
【三六】身：原本誤作『目』，今依《補註》《集註》徑改。兮：《補註》云，一作『乎』。
【三七】晩：《補註》《集註》皆云，一作『艷』，一作『曼』。
【三八】野：《補註》《集註》皆云，一作『壄』。寂漠：《補註》作『寂漠』，又云，『寂』一作『家』，『漠』一作『寞』；《集註》作『家漠』，又云，『家』與『寂』同，『漠』一作『寞』。其：《補註》《集註》皆云，一作『乎』。
【三九】魄：《補註》云，一作『魂』。
【四〇】掩：原本誤作『淹』，《補註》《集註》皆作『掩』，徑改。征：《補註》《集註》皆云，一作『升』。
【四一】其：《補註》《集註》皆云，一作『而』。

【四二】閶闔：《補註》《集註》皆云，一作『闔閶』。余：《補註》《集註》皆作『予』，又云，一作『余』。

【四三】大：《補註》《集註》皆云，一作『太』。

【四四】集重陽入帝宮：《補註》《集註》皆云，一本『入』上有『以』字。

【四五】母閭：《補註》《集註》皆云，一作『微母閭』。

【四六】婉婉：《補註》《集註》皆云，一作『蜿蜿』。

【四七】膠葛：《補註》《集註》皆云，一作『轇轕』。以：《補註》《集註》皆云，一作『其』。

【四八】漫：《補註》《集註》皆云，一作『曼』。

【四九】句：《補註》《集註》皆云，一作『鈎』。

【五〇】皓：《補註》云，一作『皞』。

【五一】啓：《補註》《集註》皆云，一作『燭』。

【五二】其：《補註》《集註》皆云，一作『亦』

【五三】淩：《補註》作『淩』，《集註》作『凌』。徑：《補註》《集註》皆云，一作『侹』。

【五四】先：《補註》《集註》皆云，一作『前』。

【五五】氛埃辟：《補註》云，一作『辟氛埃』；《集註》云，一作『辟氛氣』。

【五六】鳳凰：《補註》作『鳳皇』，《集註》作『鳳凰』。

【五七】乎：《補註》云，一作『於』。

【五八】擥：《補註》云，一作『攬』；《集註》云，一作『擥』。以：《補註》《集註》皆作『目』。旍：《補註》《集註》皆云，一作『旌』。

【五九】以：《補註》《集註》皆作『㠯』。

【六〇】曖曃：原本誤作『曖曃』，徑改。《補註》《集註》皆云，一作『晻曀』，一作『黤黮』。

【六一】修：《補註》《集註》皆云，一作『悠』。

【六二】徐：《補註》《集註》皆云，一作『颯』。

【六三】而：《集註》云，一作『以』。

【六四】欲度世：《補註》《集註》皆云，『欲』上一有『遂』字，『欲』下一有『遠』字，一有『遂』字。

【六五】以：《補註》《集註》皆作『㠯』。擔：《補註》《集註》皆作簡體『担』。撟：《補註》云，一作『矯』。

【六六】而：《補註》《集註》皆云，一作『以』。

【六七】以：《補註》作『㠯』。淫：《補註》作『自』，且云一作『淫』；《集註》作『淫』，且云一作『自』。

【六八】以：《補註》《集註》皆云，一無『以』字。遊：《補註》《集註》皆作『游』，恐非。又皆云，一無『游』字。

【六九】邊：原本作『邉』，異體，徑改。

【七〇】以：《補註》《集註》皆云，一作『而』。像：《補註》《集註》皆云，一作『象』。

【七一】神：《補註》《集註》皆云，一作『帝』。

【七二】疑：《補註》《集註》皆云，一作『娭』。

【七三】覽：《補註》《集註》皆云。一作『覺』。

【七四】泂瀁：《補註》作『罔象』；《集註》作『泂瀁』，又云，一作『罔象』。

【七五】蹕御：《補註》作『還衡』，又云，一作『蹕御』；《集註》作『蹕御』，又云，一作『還衡』。

【七六】虙：《補註》《集註》皆作『宓』，異體。

【七七】張《咸池》：《補註》云，一作『張樂咸池』。

【七八】令：《補註》《集註》皆云，一作『命』。

【七九】玄螭蟲象並出進：《補註》云，一作『列螭象並出進兮』；象：《集註》云，一作『蟓』。

【八〇】蛇：《補註》《集註》皆云，一作『迤』。

【八一】娟：《補註》云，一作『蜎』。

【八二】軒：《補註》云，一作『騫』；《集註》云，一作『騫』。當以朱說為是。

【八三】逝：《集註》云，一作『遊』，以為非是。以：《補註》《集註》皆云，一作『而』。

【八四】逴：《補註》《集註》皆云，一作『踔』。乎：《補註》云，一作『兮』。

【八五】源：《補註》《集註》皆云，一作『涼』。

【八六】羸：《補註》作『羸』，恐非。《集註》作『羸』，正解。

【八七】為余先乎平路：《補註》《集註》皆云，一本『先』下有『道』字。

【八八】四荒：《補註》作『四荒』，《集註》作『四方』。考『四荒』對『六漠』，乃是正解。

【八九】缺：《補註》作『鴃』，異體。

【九〇】嶸：《補註》《集註》皆云，一作『嶒』。

【九一】寥：《補註》《集註》皆云，一作『嵺』。

註釋

［一］阮公『後不見來者』：語出陳子昂《登幽州台歌》：『前不見古人，後不見來者。念天地之悠悠，獨愴然而涕下。』阮公：正始詩人阮籍。陳子昂仰慕建安作者和正始之音，他的詩受建安、正始詩人影響較深。唐皎然《詩式》說：『子昂《感遇》，其源出於阮公。』疑『阮』為『陳』之誤書。

［二］屈子到底是儒學，神仙其寓言耳：李氏認為，屈原的思想，根本上屬於儒家思想，道家神仙方術不過是屈原藉以抒情的寓言。屈原作品體現出來的思想頗為複雜，其中有儒家的舉賢授能、言稱堯舜，法家的修明法度、皋陶繩墨，道家的神仙方術、求仙問卜，還有明顯的縱橫家思想，是否以儒家為本，難以確論。

［三］求正氣，因氣變，丹經已盡此：指文中『求正氣之所由』『因氣變而遂曾舉』，李氏認為這是煉丹術的真諦。丹經：是講述煉丹術的專書。晉葛洪《抱朴子·金丹》：『凡受太清丹經三卷，及九鼎丹經一卷，金液丹經一卷。』

［四］寬廓非外，寂寥非內：語出《五燈會元》：『師（南泉）有書與茱萸曰：「理隨事變，寬廓非外。事得理融，寂寥非內。」僧達書了，便問萸：「如何是寬廓非外？」萸曰：「問一答百也無妨。」曰：「如何是寂寥非內？」萸曰：「睹對聲色，不是好手。」』

［五］魄不受魂，魂不載魄，則魂遊魄降而人死：古人認為，魂魄是生人身上的兩種存在：魂是陽氣，構成人的思維才智。魄是粗糲重濁的陰氣，構成人的感覺形體。魂魄協調則人體健康。人死魂歸於天，精神與魄脫離，形體骨肉則歸於地下。魂是陽神，魄是陰神。

［六］四荒六漠：四方荒遠之地與六合。

卜居

屈原既放，三年不得復見。竭智盡忠【一】，而蔽障於讒【二】，心煩慮亂【三】，不知所從。乃往見太卜鄭詹尹【四】，曰：『余有所疑，願因先生決之。』詹尹乃端策拂龜，曰：『君將何以教之【五】？』屈原曰：『吾寧悃悃款款朴以忠乎【六】？盡職。將送往勞來斯無窮乎？周旋〔一〕。寧誅鋤草茅以力耕乎【七】？守分〔二〕。將游大人以成名乎【八】？沽名〔三〕。寧正言不諱以危身乎？任直〔四〕。將從俗富貴以媮生乎？投時〔五〕。寧超然高舉以保眞乎？高蹈〔六〕。將哫訾栗斯、喔咿儒兒以事婦人乎【九】？卑諂〔七〕。寧廉潔正直以自清乎【一〇】？方正〔八〕。將突梯滑稽、如脂如韋以絜楹乎【一一】？圓熟〔九〕。寧昂昂若千里之駒乎【一二】？矯持〔一〇〕。將氾氾若水中之鳧【一三】，與波上下、偷以全吾軀乎【一四】？浮沉〔一一〕。寧與騏驥亢軛乎【一五】？當先。將隨駑馬之迹乎【一六】？落後。寧與黄鵠比翼乎？高舉。將與雞鶩爭食乎？卑汚〔一二〕。此孰吉孰凶？何去何從？世溷濁而不清：蟬翼為重，千鈞為輕；黄鐘毀棄，瓦釜雷鳴；讒人高張，賢士無名。吁嗟默默兮【一七】，誰知吾之廉貞？』詹尹乃釋策而謝曰：『夫尺有所短，寸有所長；物有所不足，智有所不明；數有所不逮，神有所不通。用君之心，行君之意，龜策誠不能知此事【一八】！』詹尹亦可人。此唐宋小賦之祖〔一三〕。

校記

【一】智：《補註》《集註》皆作『知』，又皆云，一作『智』。

【二】而：《補註》《集註》皆云，一無『而』字。障：《補註》《集註》皆作『鄣』，異體。

【三】慮：《補註》《集註》皆云，一作『意』。

【四】乃：《補註》無『乃』字，又云，一有『乃』字；《集註》有『乃』字，又云，一無『乃』字。

【五】將：《補註》《集註》皆云，一無『將』字。

【六】寧：原本作『將』，今依《補註》《集註》，兼下列相似排比句法，徑改。欵欵：《補註》作『欵欵』，又云，一作『款款』；《集註》作『款款』，又云，一作『欵欵』。朴：《補註》《集註》及前面篇什皆作簡體『朴』。

【七】鋤：《補註》《集註》皆云，一作『鉏』。耕：原本作『畊』，《補註》《集註》皆作『耕』，異體，徑改。

【八】游：原本作『遊』，《補註》《集註》皆作『游』，近是，徑改。

【九】喔呰粟斯：《補註》作『喔呰栗斯』，又云，『栗』一作『慄』，『斯』一作『嘶』，一作『促呰粟斯』；《集註》作『喔呰粟斯』，又云，『喔』一作『促』，『粟』一作『栗』，一作『慄』，『斯』一作『凘』。儒兒：《補註》《集註》皆云，一作『嚅唲』。

【一〇】潔：《補註》《集註》皆云，一作『絜』。

【一一】絜：《補註》《集註》皆作『絜』，《集註》又云，一作『潔』。

【一二】昂：《補註》《集註》皆云，一作『卬』。

【一三】氾：《補註》《集註》皆云，一作『泛』。鳧：《補註》『鳧』下有『乎』字，又云，一無『乎』字；《集註》無此字，又云，一本有『乎』字，非是。朱說是。

【一四】偷：《補註》《集註》皆云，一作『愉』。

【一五】亢：《補註》云，一作『抗』。

【一六】迹：《補註》《集註》皆作『迹』。

【一七】吁：《補註》《集註》皆云，一作『于』。默：《補註》《集註》皆云，一作『嘿』。

【一八】知此事：《補註》《集註》皆無『此』字，又皆云，『知』下有『此』字。

註釋

〔一〕周旋：打交道，應酬周旋於達官顯貴之間。

〔二〕守分：安分，守本分。

〔三〕沽名：釣取名譽。

〔四〕任直：處事正直。

〔五〕投時：投合時宜。

〔六〕高蹈：隱居。

〔七〕卑諂：謂低聲下氣，諂媚奉承。

〔八〕方正：不偏不倚，正直，正派。

〔九〕圓熟：靈活變通，精明練達。

〔一〇〕矯持：勇武堅毅。

〔一一〕浮沉：在水中時上時下。比喻隨波逐流、消極應付的處世態度。

〔一二〕卑汙：卑鄙骯髒。

〔一三〕唐宋小賦：指盛行於唐宋時期，篇幅較短、多用韻文、句式種類多樣，側重於抒寫個人心理活動、托物言志、詠物抒情、針砭現實，採用鋪排手法，語言較樸素的賦體。

漁父

屈原既放，游於江潭，行吟澤畔，顔色憔悴，形容枯槁。漁父見而問之曰：『子非三閭大夫與【一】？何故至於斯【二】？』屈原曰：『舉世皆濁我獨清【三】，衆人皆醉我獨醒，是以見放【四】！』漁父曰：『夫聖人者【五】，不凝滯於物【六】，而能與世推移【七】。漁父具大手眼。此語是大《易》轉移乾坤之學【一】。舉世皆濁【八】，何不淈其泥而揚其波？衆人皆醉，何不餔其糟而歠其釃【九】？何故懷瑾握瑜【一〇】，自令放為【一一】？』『自令放』三字責屈原，令人自發深省。屈原曰：『吾聞之，新沐者必彈冠，新浴者必振衣；安能以身之察察【一二】，受物之汶汶者乎？寧赴湘流【一三】，葬於江魚之腹中【一四】，安能以皓皓之白【一五】，而蒙世俗之塵埃乎【一六】！』漁父莞爾而笑【一七】，鼓枻而去【一八】，乃歌曰【一九】：『滄浪之水清兮，可以濯吾纓【二〇】。滄浪之水濁兮，可以濯吾足【二一】。』遂去，不復與言【二二】。漁人末後一著，婆心大甚【二】。

校記

【一】與：同『歟』。《史記·屈原列傳》作『歟』。

【二】何故至於斯：《史記·屈原列傳》作『何故而至此』。

【三】舉世：《補註》《集註》皆云，一作『世人』。皆：《史記》作『混』。『我』上有『而』字，下句同。

【四】放：《補註》《集註》皆云，句末一有『爾』字。

【五】夫聖人者：《補註》《集註》皆作『聖人』，又云《史記·屈原列傳》作『夫聖人者』。

【六】物：《補註》《集註》皆云，『物』上一有『萬』字。

【七】能：原本誤作『我』，不當，今依《補註》《集註》徑改。

【八】舉世：《補註》《集註》皆作『世人』，《史記·屈原列傳》作『舉世混濁』。

【九】釃：《文選》作『釃』，《補註》《集註》皆作『釃』。

【一〇】懷瑾握瑜：《補註》《集註》皆作『深思高舉』，《史記·屈原列傳》作『懷瑾握瑜』。

【一一】自令放為：《史記·屈原列傳》作『而自令見放為』。

【一二】安：《史記·屈原列傳》作『又誰』。

【一三】湘：《史記·屈原列傳》作『常』。

【一四】葬於江魚之腹中：《補註》《集註》皆云，一無『之』字。《史記·屈原列傳》作『而葬乎江魚腹中耳』。

【一五】原本句首有一『又』字，參照《補註》《集註》，徑刪。皓皓：《補註》《集註》皆云，一作『皎皎』。

【一六】而：《補註》《集註》皆云，一無『而』字。塵埃：《史記·屈原列傳》作『溫蠖』。

【一七】莞：《補註》云，一作『莧』，恐非。

【一八】枻：《補註》《集註》皆云，一作『栧』。

【一九】乃：《補註》無『乃』字，又云，一有『乃』字；《集註》有『乃』字，又云，一無『乃』字。

【二〇】吾：《補註》《集註》皆云，一作『我』。

【二一】吾：《補註》《集註》皆云，一作『我』。

【二二】復：《補註》云，一本無『復』字。

註釋

〔一〕大《易》轉移乾坤之學：《易經》的基本卦像，代表了天地乾坤，由此演繹而成伏羲八卦與文王六十四卦，它體現了變化與轉移的特性。此處用以比喻漁父『不凝滯於物，而能與世推移』的與時俱進思想。

〔二〕婆心大甚：語出《景德傳燈錄·臨濟義玄禪師》：『黄蘗問云：「汝回太速生。」師云：「只為老婆心切。」』後以『婆心』指仁慈之心。

《楚詞箋註》下　第三卷終

《楚詞箋註》下 第四卷

吉陽李陳玉石守父箋註

九辯

宋玉

按《九辯》，卽前《離騷》中所云夏樂章名。宋玉，屈原弟子，痛師流放，非其罪而為讒人所害，補此《九辯》以配《九歌》。後世讀者，遂謂亦皆原作，不知辭氣不類，原奧澀沉雄，玉輕逸俊美〔一〕，同調而不同聲也。

註釋

〔一〕原奧澀沉雄，玉輕逸俊美：屈原的文章，深奧艱澀，深沉雄健；宋玉的文章，灑脫放逸，俊秀美麗。

悲哉【一】！秋之為氣也。蕭瑟兮，草木搖落而變衰【二】。憭慄兮，若在遠行。登山臨水送將歸。千古言秋之祖。至今拾唾者〔二〕，久而愈香。沉寥兮【三】，天高而氣清【四】；寂寥兮【五】，收潦而水清。憯悽增欷兮，薄寒之中人；愴怳懭悢兮，去故而就新；坎廩兮【六】，貧士失職而志不平【七】；廓落兮，羇旅而無友生【八】。貧士廉也。廉而失職，必以貪中之。羈旅無友生者[二]，黨錮名目[三]，使人不敢近也。此境所以為難處，切莫草草讀過。惆悵兮，而私自憐。誰是過而問者。燕翩翩其辭歸兮，蟬寂寞而無聲【九】。鴈廱廱而南遊兮【一〇】，鶤雞啁哳而悲鳴。不是物感[四]，物亦無悲，直是哀苦在胸，世界全換。獨申旦而不寐兮，哀蟋蟀之宵征。蟋蟀加『宵征』二字[五]，非長夜不寐人不得知。時亹亹而過中兮，蹇淹留而無成。豪傑不為失職不平，為辛苦一生，蹉跎無成，又不得瞥然自退[六]，被禍淹留，違負初心，是以恨耳。

右一

此章止為『無成』二字感時驚心，覺秋去人老，歸期亦不遠矣。惟志士方有此悲，若是無志一輩，亦未見秋氣之悲人如此其甚矣。

校記

【一】哉：《補註》《集註》皆云，一作『夫』。

【二】草木搖落：《補註》《集註》皆云，『落』下一有『兮』字。

【三】寥：《集註》云，一作『嵺』。

【四】清：《補註》《集註》皆云，一作『氣平』。

【五】寂寥：《補註》《集註》皆作『宋廖』，又皆云，一作『寂寥』。

【六】廩：《補註》作『廩』，《集註》作『廪』，又皆云，一作『壈』。

【七】貧：《補註》《集註》皆云，一作『窮』。

【八】羇：《補註》《集註》皆云，一作『羈』。友生：《補註》《集註》皆云，一無『生』字。

【九】寂寞：《補註》《集註》皆作『宋漠』，又皆云，一作『寂寞』。

【一〇】廱：《補註》云，一作『噰』；《集註》云，一作『嗈』。

註釋

[一] 拾唾：同『拾人余唾』『拾人涕唾』。比喻自己沒有創見，只是抄襲別人的言論和見解。此處指受前人濡溉。

[二] 羇旅無友生：在孤獨的旅程中沒有朋友。友生：朋友。語出《詩・小雅・常棣》：『雖有兄弟，不如友生。』

[三] 黨錮：指古代禁止某些政治朋黨參政的現象。《後漢書・逸民傳・陳留老父》：『桓帝世，黨錮事起，守外黃令陳留張升去官歸鄉里，道逢友人，共班草而言。』

[四] 物感：又稱『感物』，即人心受到外物觸動而產生的一種感受。

[五] 宵征：夜行。語出《詩・召南・小星》：『肅肅宵征，夙夜在公。』毛傳：『宵，夜。征，行。』

[六] 瞥然：忽然，迅疾貌。

悲憂窮戚兮獨處廓【一】，有美一人兮心不繹音約。去鄉離家兮徠遠客【二】，超逍遙兮今焉薄？任是逍遙空廓之性[一]，到時勢相薄，不得自在。專思君兮不可化【三】，君不知兮可奈何！思君而君不知，誰為憐者？蓄怨兮積思，心煩憺兮忘食事。願一見兮道余意【四】，君之心兮與余異。君心既異，覆水難收[二]。車既駕兮朅而歸【五】，不得見兮心傷悲【六】。到底不容見，車水不上天〔三〕。倚結軨兮長太息【七】，涕潺湲兮下霑軾【八】。雖然朅而歸，到霑軾時，難為歸矣。忼慨絕兮不得【九】，中瞀亂兮迷惑。私自憐兮何極【一〇】？秪有自憐。心怦怦兮諒直。心不負人，面無慚色。

右二

此章寫讒間得罪之初不得見君光景。結句勁挺，不失忠臣本色。

校記

【一】戚：《補註》《集註》皆云，一作『慼』，一作『蹙』。
【二】徠：《補註》《集註》皆云，一作『來』。
【三】思：《補註》《集註》皆云，一作『恖』，異體。
【四】余：《補註》《集註》皆云，一作『我』。
【五】車既駕兮朅而歸：《補註》《集註》皆云，一無『既』字。
【六】傷：《補註》《集註》皆云，一無『傷』字。
【七】長：《補註》《集註》皆云，一無『長』字。
【八】下：《補註》《集註》皆云，一無『下』字。
【九】忼：《補註》《集註》皆作『忼』，又皆云，一作『慷』。
【一〇】私：《補註》《集註》皆云，一作『思』字。

註釋

[一] 逍遙空廓：優遊自得，空曠開闊。

[二] 覆水難收：倒在地上的水難以收回。比喻事情已成定局，難以挽回。

[三] 車水不上天：水車得再高，也車不到天上去。比喻心願難遂。

皇天平分四時兮，『平分』妙！說得皇天無心。竊獨悲此凜秋【一】。『凜秋』二字，說得皇天有心。白露既下百草兮【二】，奄離披此梧楸【三】。明明百草頭，卻着眼在梧楸上。去白日之昭昭兮，襲長夜之悠悠。說得悲慘動人。離芳藹之方壯兮，余萎約而悲愁【四】。草木上看出方壯離家，尤悲切。秋既先戒以白露兮【五】，冬又申之以嚴霜。說得皇天狠毒太甚。收恢台之孟夏兮【六】，然欿傺而沈藏【七】。葉菸邑而無色兮【八】，枝煩挐而交橫。顏淫溢而將罷兮，柯彷彿而萎黃【九】。萷櫹槮之可哀兮【一〇】，形銷鑠而瘀傷。惟其紛糅而將落兮【一一】，恨其失時而無當。備寫草木零落之感，人益難堪[二]。擥騑轡而下節兮【一二】，聊逍遙以相羊【一三】。歲忽忽而遒盡兮【一四】，恐余壽之弗將【一五】。悼余生之不時兮，逢此世之俇攘【一六】。為此數語，人疑為屈子之作。澹容與而獨倚兮，蟋蟀鳴此西堂。不是沉憂人，不會此際辛酸[三]。心怵惕而震盪兮【一七】，何所憂之多方？卬明月而太息兮【一八】，步列星而極明。總是愁人睡不得。

右三

此章歎息時去，永懷秋夜之長耳。

校記

【一】凜：《補註》作『廩』，《集註》作『廩』，又皆云，一作『凜』。

【二】下：《補註》《集註》皆云，一作『降』，一作『下降』。

【三】披：《補註》《集註》皆云，一作『被』，通假。

【四】萎：《補註》《集註》皆云，一作『委』。

【五】戒：《補註》《集註》皆云，『戒』下一有『之』字。

【六】台：《補註》《集註》皆云，一作『臭』，一作『怠』。

【七】臧：《補註》作『藏』，《集註》作『臧』，《釋文》作『藏』。

【八】邑：《補註》《集註》皆云，一作『悒』。

【九】萎：《補註》《集註》皆云，一作『委』，一作『痿』。

【一〇】蓶：《補註》《集註》皆云，一作『蘮』。

【一一】糅：《補註》《集註》皆云，一作『揉』。而：《補註》《集註》皆云，一作『之』。

【一二】孽：《補註》《集註》皆云，一作『孼』。

【一三】相羊：《補註》《集註》皆作『相佯』。《補註》云，一作『相羊』，一作『徜徉』。《集註》云，『佯』一作『羊』。

【一四】遒：《補註》《集註》皆云，一作『逝』。

【一五】弗：《補註》《集註》皆云，一作『不』。

【一六】侹攘：《補註》《集註》皆云，一作『恇勷』，一作『趄躟』。

【一七】盪：《補註》《集註》皆云，一作『蕩』。

【一八】卬：《補註》《集註》皆云，一作『仰』。太：《補註》《集註》皆云，一作『大』。

註釋

[一] 備寫草木零落之感，人益難堪：寫盡草木遇秋而凋零的感受，使人更加難以忍受。

[二] 不是沉憂人，不會此際辛酸：不是憂愁深切長久之人，不懂得此時此刻的辛酸。沉憂：深切長久。

竊悲夫蕙華之曾敷兮，紛旖旎乎都房【一】。何曾華之無實兮，從風雨而飛颺！以為君獨服此蕙兮，羌無以異於衆芳。《離騷》責蘭，《九辯》責蕙［一］，自是好物不堅牢，莫怪小人。閔奇思之不通兮【二】，『奇思』二字，有貫虹墮城之意［二］。將去君而高翔。心閔憐之慘悽兮，願一見而有明。重無怨而生離兮，『重無怨』三字，癡想如初。中結軫而增傷【三】。豈不鬱陶而思君兮【四】？君之門以九重！天高路遠。猛犬狺狺而迎吠兮，讒人獠牙。關梁閉而不通。誰敢問津［三］？皇天淫溢而秋霖兮，后土何時而得漧【五】？時候復惡，寸步難移。塊獨守此無澤兮，仰浮雲而永歎【六】！『總為浮雲能蔽日』［四］。

右四

此章痛君子之福薄，而傷讒人之當門，終不得一見君也。

校記

【一】旖：原本誤作『旂』。《補註》《集註》皆作『旖』，又云，一作『旃』。今依《補註》《集註》，徑改。

【二】思：《補註》云，一作『恖』。

【三】傷：《補註》《集註》皆云，一作『傷』，異體。

【四】思：《補註》云，一作『恖』。

【五】而：《補註》《集註》皆云，一作『兮』。漧：《補註》《集註》皆云，一作『乾』，『漧』同『乾』。

【六】仰：《補註》云，古本作『卬』。

註釋

［一］《離騷》責蘭，《九辯》責蕙：《離騷》中有『雖萎絕其亦何傷兮，哀衆芳之蕪穢』『蘭芷變而不芳兮，荃蕙化而為茅』『余以蘭為可恃兮，羌無實而容長』『時俗之流從兮，又孰能無變化？覽椒蘭其若茲兮，又況揭車與江離』等詩句，譴責『蘭』變為汙穢，失去芬芳，不可依靠，從俗變化；《九辯》中有『以為君獨服此蕙兮，羌無以異於衆芳』，譴責『蕙』的變節。實際上，《離騷》在譴責『蘭』的同時，基本上與『蕙』同提。

［二］貫虹墮城：『貫虹』與『墮城』兩詞，均是形容氣勢很大。『貫虹』與尋常所謂『白虹貫日』預示凶兆不同。『墮城』：語出《漢書·韓安國傳》：『故接兵覆衆，伐國墮城，常坐而役敵國，此聖人之兵也。』顏師古註：『墮，毀也。言兵與敵接則敗

其衆，所伐之國則毀其城也。』

[三] 問津：打聽渡口。後引申為探求途徑或嘗試。典出《論語・微子》：『使子路問津焉。』

[四] 總為浮雲能蔽日：語出李白《登金陵鳳凰台》詩：『鳳凰臺上鳳凰遊，鳳去台空江自流。吳宮花草埋幽徑，晉代衣冠成古丘。三山半落青天外，二水中分白鷺洲。總為浮雲能蔽日，長安不見使人愁。』意謂總有奸臣當道，如浮雲蔽日一般。

何時俗之工巧兮，背繩墨而改錯。却騏驥而不乘兮【一】，策駑駘而取路。賢士到是無用，有用却不必賢。當世豈無騏驥兮，誠莫之能善御。見執轡者非其人兮【二】，故跼跳而遠去【三】。賢士不為非人用[一]，非人亦不許賢士得用。鳧鴈皆唼夫梁藻兮【四】，侏儒飽欲死[二]。鳳愈飄翔而高舉【五】。寧餓死，不爭食。圜鑿而方枘兮，吾固知其鉏鋙而難入【六】。殆是天性，生來不合。衆鳥皆有所登棲兮，燕雀滿堂樂[三]。鳳獨遑遑而無所集【七】。撿盡寒枝[四]。願銜枚而無言兮【八】，嘗被君之渥洽。本欲截舌不言[五]，其奈恩深義重。太公九十乃顯榮兮，誠未遇其匹合。善於自慰。謂騏驥兮安歸？謂鳳凰兮安棲【九】？善於賴天。變古易俗兮世衰，古調不彈[六]。今之相者兮舉肥。時眼全無珠。騏驥伏匿而不見兮，鳳凰高飛而不下【一〇】。也難怪騏驥鳳凰無食無棲，到底亦非人所得衣食之者。鳥獸猶知懷德兮【一一】，何云賢士之不處？時人指賢士為不情[七]，豈知情之所鍾，政在我輩[八]。驥不驟進而求服兮，鳳亦不貪餧而妄食。君棄遠而不察兮，雖願忠其焉得？不察，便無可奈何。欲寂漠而絕端兮【一二】，『絕端』二字妙！所謂安心做個癡呆。竊不敢忘初之厚德。相知在初，傷心亦在初。獨悲愁其傷人兮，馮鬱鬱其何極【一三】？若使憂可傷人，將不得永其天年矣[九]。

右五

此章痛君親小人遠君子。君子雖遠，亦不求進，祇被君恩者，不能不為君憂耳。

校記

【一】不：《補註》《集註》皆云，一作『弗』。乘：《補註》云，一作『椉』，異體。

【二】者：《補註》《集註》皆云，一無『者』字。

【三】蹁：《補註》作『騙』，《集註》作『蹁』。《補註》《集註》皆云，一作『駒』，一作『駒䮫』，朱子以為非是。

【四】鴈：《釋文》作『鴑』；《集註》云，一作『鴑』。夫：《補註》《集註》皆云，一無『夫』字。

【五】愈：《補註》《集註》皆云，一作『俞』。翔：《補註》《集註》皆云，一作『飄』。

【六】其：《補註》《集註》皆云，一無『其』字。

【七】獨：《補註》《集註》皆云，一無『獨』字。遑遑：《補註》《集註》皆云，一作『惶惶』。

【八】枚：原本誤作『枝』，《補註》《集註》皆作『枚』，徑改。

【九】鳳凰：《補註》作『鳳皇』，《集註》作『鳳凰』。

【一〇】鳳凰：《補註》《集註》皆作『鳳皇』。

【一一】懷：《補註》作『懷』；《釋文》《集註》皆作『褱』，又云，一作『懷』。

【一二】寂：《補註》作『寂』，《集註》作『宋』。漠：《補註》《集註》皆云，一作『寞』，一作『嘆』。

【一三】馮：《補註》《集註》皆云，一作『憑』。其：《補註》《集註》皆云，一作『之』。何：《補註》《集註》皆云，一作『安』。

註釋

［一］非人：此處同『匪人』，指行為不端的人。《易·否》：『否之匪人。』

［二］侏儒飽欲死：喻小人得志而賢才受屈。典出班固《漢書·東方朔列傳》：『朔文辭不遜，高自稱譽。上偉之，令待詔公車，奉祿薄，未得省見。久之，朔紿騶朱儒，曰：「上以若曹無益於縣官，耕田力作固不及人，臨衆處官不能治民，從軍擊虜不任兵事，無益於國用，徒索衣食，今欲盡殺若曹。」朱儒大恐，啼泣。朔教曰：「上卽過，叩頭請罪。」居有頃，聞上過，朱儒皆號泣頓首。上問：「何為？」對曰：「東方朔言上欲盡誅臣等。」上知朔多端，召問朔：「何恐朱儒為？」對曰：「臣朔生亦言，死亦言。朱儒長三尺余，奉一囊粟，錢二百四十。臣朔長九尺余，亦奉一囊粟，錢二百四十。朱儒飽欲死，臣朔饑欲死。臣言可用，幸異其禮；不可用，罷之，無令但索長安米。」上大笑，因使待詔金馬門，稍得親近。』

［三］燕雀滿堂樂：滿朝品質卑劣的人卻歡樂無比。燕雀：比喻品質低劣的人。

［四］撿盡寒枝：挑遍了寒枝也不肯棲息。比喻孤高自許、蔑視流俗。語出蘇軾《卜算子·黄州定慧院寓居作》：『揀盡寒枝不肯棲，寂寞沙洲冷。』

［五］截舌不言：割掉舌頭，不再說話。

［六］古調不彈：古代的曲調、陳調不再重彈。比喻過時的東西不受歡迎。語出劉長卿《聽彈琴》：『泠泠七弦上，靜吹松風寒。古調雖自愛，今人多不彈。』

［七］不情：不合常情。

［八］政：通『正』。

〔九〕永其天年：延長壽命。

霜露慘悽而交下兮【一】，心尚幸其弗濟【二】。得罪雖重，尚謂未必至是。霰雪雰糅其增加兮【三】，乃知遭命之將至。嚴譴疊下，殺機已動〔一〕。願徼幸而有待兮，臣子豈敢以薄待君父！泊莽莽與埜草同死【四】，萬一時至，符到便行〔二〕。願自直而徑往兮【五】，路壅絕而不通。訴不得。欲循道而平驅兮【六】，又未知其所從。丟不得。然中路而迷惑兮，究竟測度不得。自厭音壓按卽案而學誦【七】。只得按住心頭，吟詠古人，聊以自遣。性愚陋以褊淺兮，信未達乎從容【八】。此是實語患難，循省生平也〔三〕，不全怪小人。竊美申包胥之氣晟兮【九】，臨危學古人。恐時世之不固。彼是楚國盛時，此是楚國衰時。盛世君子有出頭之日，衰時君子是並命之時〔四〕。何時俗之工巧兮，滅規榘而改鑿。祇為婆心大切，以致群兒囂起〔五〕。獨耿介而不隨兮，願慕先聖之遺教。處濁世而顯榮兮，非余心之所樂。與其無義而有名兮，寧窮處而守高。食不婾而為飽兮【一〇】，衣不苟而為溫【一一】。竊慕詩人之遺風兮，願託志乎素飡【一二】。此一段自寫崛強，看得爛穿。腐鼠不必嚇，哀鳳不必誚也〔六〕。蹇充倔而無端兮，泊莽莽而無垠【一三】。任性而行，隨緣無心。無衣裘以御冬兮【一四】，恐溘死而不得見乎陽春【一五】。止愁餓死凍死，終不愁人害死。

右六

此章知絕命時至，終不向時人乞生活也。

校記

【一】慘：《補註》《集註》皆云，一作「憯」。

【二】尚幸：《補註》《集註》皆云，一作『徜徉』。

【三】其：《補註》《集註》皆云，一作『而』。

【四】泊莽莽與埜草同死：《補註》《集註》皆云，一作『泊莽莽兮與埜草同死』。《補註》《集註》皆云，『泊』一作『汩』；『埜』原本作『壄』，《補註》《集註》皆作『埜』，又云，一作『壄』。

【五】願自直而徑往：《集註》如是，又云，『直』一作『往』，『往』一作『遊』，疑或當作『逝』；《補註》作『願自往而徑遊』，又云，一本作『願自直而徑往』。

【六】欲：《補註》《集註》皆云，一作『願』。

【七】厭按：《補註》作『壓桉』，又云，『壓』一作『厭』，『桉』一作『按』，一作『壓塞』；《集註》云，『厭』一作『壓』。

【八】乎：《補註》云，一作『兮』，一作『於』；《集註》云，一作『於』。關於『然中路而迷惑兮，自厭按而學誦。性愚陋以褊淺兮，信未達乎從容』這段文字，《補註》《集註》皆云：一本作『然中路而迷惑兮，悲躊躇而無歸。性愚陋以褊淺兮，自厭按而學詩。蘭蓀雜以蕭艾兮，信未達乎從容』，朱熹以為俗本之誤。

【九】晟：《補註》作『盛』，又云，古本『晟』皆作『盛』；《集註》作『晟』，又云，一作『盛』。

【一〇】而：《補註》《集註》皆云，一無『而』字。

【一一】而：《補註》《集註》皆云，一無『而』字。

【一二】託：原本誤作『托』，《補註》《集註》皆作『託』，徑改。湌：《補註》《集註》皆作『餐』，又皆云，一作『湌』，不改。

【一三】泊：《補註》云，一作『汩』。

【一四】御：《補註》《集註》皆云，一作『禦』。
【一五】而：《補註》無『而』字；《集註》有『而』字，又云，一無『而』字。

註釋

[一] 嚴譴疊下，殺機已動：嚴厲的譴責接連而至，乃知殺機已起。
[二] 萬一時至，符到便行：萬一到了該死的時候，一旦催命符至，即刻便行。
[三] 循省生平：省察自己的一生，回顧生平。
[四] 並命：效命，同死。
[五] 祇為婆心大切，以致群兒囂起：正是因為太過仁慈，以至於群兒喧囂而起。比喻自己太過於苦口婆心，致使小人們群起而攻。婆心：即『老婆心』之略。意謂反復叮嚀，語重心長。
[六] 腐鼠不必嚇，哀鳳不必誚：因一只腐爛的老鼠沒必要恐嚇天上飛過的鵷鶵，不要因鳳鳥的落魄而加以譏誚。典出《莊子·秋水》：『惠子相梁，莊子往見之。或謂惠子曰：「莊子來，欲代子相。」於是惠子恐，搜於國中三日三夜。莊子往見之，曰：「南方有鳥，其名為鵷鶵，子知之乎？夫鵷鶵，發於南海而飛於北海，非梧桐不止，非練實不食，非醴泉不飲。於是鴟得腐鼠，鵷鶵過之，仰而視之曰：『嚇！』今子欲以子之梁國而嚇我邪？」』腐鼠：腐爛的老鼠，比喻權勢地位。

靚杪秋之遙夜兮【一】，『遙夜』二字，使人不勝淒涼。心繚悷而有哀【二】。春秋逴逴而日高兮，言壯年漸過，光陰亦無多也。然惆悵而自悲。四時遞來而卒歲兮【三】，陰陽不可與儷偕。年歲更變，豈能留住？白日晼晚其將入兮【四】，高者便下。明月銷鑠而滅毀。明月一上，日光全無。歲忽忽而遒盡兮【五】，老冉冉而愈弛【六】。心搖悅而日幸兮【七】，搖悅日幸者〔一〕，且喜一歲平安也。然怊悵而無冀。怊悵無冀者〔二〕，來歲又未可知也。中憯惻之悽愴兮【八】，長太息而增欷。年洋洋以日往兮【九】，老嵺廓而無處【一〇】。一生事業無結局。事亹亹而覬進兮，蹇淹留而躊躇。如坐在黑漆桶中。

右七

哀歲盡而老至，禍事相迫，正未知所終也。

校記

【一】靚：《集註》云，一作『瀙』。

【二】悷：《補註》《集註》皆云，一作『悧』。

【三】遞：《補註》《集註》皆云，一作『迭』。

【四】晼晼：《補註》《集註》皆作『晼晚』，而下文有『將入』二字，則『晼晼』為修飾語明矣。恐非，不改。

【五】忽忽：《補註》《集註》皆云，一作『曶曶』。

【六】老：《補註》《集註》皆云，一作『壽』。愈：《補註》《集註》皆云，一作『俞』。弛：《補註》《集註》皆作『弛』，《釋文》作『施』；原本作『弛』，徑改。

【七】搖：《補註》《集註》皆云，一作『遙』，一作『愮』。

【八】之：《補註》《集註》皆云，一作『而』。

【九】以：《補註》《集註》皆云，一作『而』。

【一〇】嵺：《補註》《集註》皆云，一作『廖』。

註釋

[一] 搖悅日幸：心意搖搖，每日總在期盼。

[二] 怊悵無冀：悲傷失意而放棄希冀。

何氾濫之浮雲兮【一】，猋壅蔽此明月【二】。君本明，而小人蔽之；月本明，而浮雲蔽之。忠昭昭而願見兮，然露音陰曀而莫達【三】。願皓日之顯行兮，雲蒙蒙而蔽之【四】。竊不自料而願忠兮【五】，或黕點而汙之【六】。美服患指，白衫來墨[一]。堯舜之抗行兮，瞭冥冥而薄天【七】。何險巇之嫉妒兮？被以不慈之偽名。以堯舜尚受不慈之謗，何況其他！彼日月之照明兮，尚黯黮而有瑕【八】。以日月尚有黯黮之議，何況夫人！何況一國之事兮，曾身任一國之事，若要搜求[二]，那一件不是罪案？亦多端而膠加。『膠加』二字妙！粘不着的，一粘便着。被荷裯之晏晏兮【九】，然潢洋而不可帶。以荷為裯，本是香潔；潢水雖汙，荷原不染。謗者之口，譬如潢洋，一汙不可佩帶矣。既驕美而伐武兮【一〇】，負左右之耿介。當時謗者，謂屈子自矜其美，自伐其功，不過在王左右，負耿介，不與人通，以取忌耳[三]。憎慍惀之修美兮，嫉假人。好夫人之慷慨。喜方直。衆踥蹀而日進兮，美超遠而逾邁【一一】。後來者居上，似較前人尤美。農夫輟耕而容與兮【一二】，恐田野之蕪穢。大家教王不事事，國事自此荒矣。事緜緜而多私兮【一三】，竊悼後之危敗。大家以貪教王，不知危敗在後。世雷同而炫燿兮【一四】，何毀譽之昧昧！到是雷同有顯名，君子反不理於衆口。今修飾而窺鏡兮【一五】，後尚可以竄藏。對鏡一看，必抱頭掩面，猶勝自形不知醜。願寄言夫流星兮，浮雲既蔽明月，託流星以代語月。羌儵忽而難當【一六】。又無奈其去之速。卒雝蔽此浮雲兮【一七】，下暗漠而無光。『此浮雲』三字，大聲疾呼，令人猛省。

右八

此章喚醒讒人，寄意明月，無為浮雲所誤。

潢，城下溝渠。洋，卽今民間小溝，所稱『洋溝』是也。皆汙濁停留處。

校記

【一】氾：《補註》《集註》皆云，『氾』同『泛』。

【二】雝：《補註》作『壅』；《集註》作『雝』，又云，一作『壅』。

【三】然：《補註》《集註》皆云，一作『蔽』。霧：《補註》《集註》皆云，一作『雺』。

【四】蒙：《補註》《集註》皆云，一作『濛』。

【五】料：《補註》作『聊』，又云，一作『料』；《集註》作『料』，又云，一作『聊』。

【六】黕：原本作『黥』，《補註》《集註》作『黕』，且註曰『丁感反』，明為『黕』字無疑。徑改。

【七】瞭：《補註》《集註》皆云，一作『杳』。

【八】有瑕：《集註》云，一作『不暇』，非是。

【九】晏：《集註》云，一作『炅』。

【一〇】驕：《補註》《集註》皆云，一作『憍』。

【一一】超：原本誤作『�』，徑改。

【一二】耕：原本作『畊』，異體，徑改。

【一三】緜緜：《補註》《集註》皆云，一作『綿綿』。

【一四】燿：《補註》《集註》皆作『曜』，異體。『曜』乃日光，『燿』則火光，兩相比較，以『燿』近似。

【一五】今：《補註》《集註》皆云，一作『余』。竆：《補註》《集註》皆云，一作『視』。

【一六】儵：《集註》云，一作『倏』。

【一七】卒：《補註》《集註》皆云，一作『上』。靡：《補註》作『塺』；《集註》作『靡』，又云，一作『塺』。

註釋

［一］美服患指，白衫來墨：漂亮的服飾最怕用手摸，白色的衣衫往往招致墨染。比喻忠貞之人容易招致非議。患：意動用法，以……為患。來：招徠，招致。

［二］搜求：仔細搜剔，即故意找毛病。

［三］不與人通：不與常人交往。

堯舜皆有所舉任兮【一】，故高枕而自適。諒無怨於天下兮，心焉取此怵惕【二】？此用賢之安。乘騏驥之瀏瀏兮【三】，馭安用夫強策【四】？賢人連鞭策不事【一】。諒城郭之不足恃兮，雖重介之何益？恃人不恃備。邅翼翼而無終兮，致主不終局【二】。忳惛惛而愁約。生天地之若過兮，功不成而無効【五】。似在世界中空走一遭。願沈滯而不見兮【六】，便欲從此隱。尚欲布名乎天下。其奈無名而死，負此天地生我之意。然潢洋而不遇兮，點汙大甚〔三〕。直怐愗而自苦【七】。洗滌不來〔四〕。莽洋洋而無極兮，忽翱翔之焉薄？欲去無路。國有驥而不知乘兮，焉皇皇而更索？賢人逐去，何處更求賢？甯戚謳於車下兮【八】，桓公聞而知之。無伯樂之善相兮，今誰使乎譽之【九】？罔流涕以聊慮兮，惟著意而得之。紛忳忳之願忠兮【一〇】，妒被離而鄣之【一一】。願賜不肖之軀而別離兮，『賜不肖之軀』五字妙！可知放棄生還，猶是君恩如海處。放遊志乎雲中【一二】。不說歸田，不說入山，雲中玄想〔五〕，奇致！乘精氣之摶摶兮【一三】，騖諸神之湛湛。驂白霓之習習兮【一四】，歷羣靈之豐豐【一五】。左朱雀之茇茇兮【一六】，右蒼龍之躍躍【一七】。屬雷師之闐闐兮，通飛廉之衙衙【一八】。前輕輬之鏘鏘兮【一九】，後輜乘之從從。載雲旗之委蛇兮【二〇】，扈屯騎之容容。都是寫雲中放遊之樂〔六〕，表其仙仙高舉之致〔七〕。子蘭、靳尚一輩，莫以地上富貴隙地，與天上人爭勝也。計專專之不可化兮，願遂推而為臧。世人一心嫉妒，故曰『專專不可化』。與時推遷，便從此逝〔八〕，以瀉世人無數心火【二一】。賴皇天之厚德兮，歸命於天，不向世人乞憐。還及君之無恙。歸命於君，死生皆是君恩。但曰『及君無恙』，免子胥之抉目看諸種種危敗耳〔九〕。

右九

此章大意：既不為君所任，便從此乞身為天外遊，舉手謝世人，無勞種種逼迫。總結前八章意旨【二二】。按此，似是原未赴水時，宋子憐之而作，代原嘔心折肝，可謂舒寫盡情矣。宜乎後之讀者便指為原所作也！

校記

【一】舉：《補註》《集註》皆云，一作『專』。

【二】焉：《補註》《集註》皆云，一作『安』。

【三】窫：《補註》《集註》皆云，一作『六』。

【四】策：《補註》云，一作『筞』；《集註》云，一作『筴』。

【五】効：《補註》作『效』，《集註》作『効』。

【六】不：《補註》《集註》皆云，一作『無』。

【七】怐愗：《補註》《集註》皆云，一作『怉愗』。苦：《補註》《集註》皆云，一作『若』，一作『善』，皆非是。

【八】甯戚謳於車下：《補註》《集註》皆云，一本『謳』下有『歌』字。

【九】譽：《補註》《集註》皆云，一作『訾』。

【一〇】忳忳：《補註》作『純純』，又云，一作『忳忳』；《集註》作『忳忳』，又云，一作『純純』。

【一一】被：《補註》《集註》皆云，一作『披』。鄣：《補註》《集註》皆云，一作『彰』，朱以為非是。

【一二】志：《補註》《集註》皆云，一作『意』。

【一三】摶：《補註》云，一作『槫』。

【一四】驂：《補註》《集註》皆云，一作『參』，一作『六』。

【一五】靈：《補註》《集註》皆云，一作『神』。

【一六】雀：《集註》云，一作『榮』，非是。茇：《補註》云，《釋文》作『芺』；《集註》云，一作『茷』，一作『拔』，一作『芺』，皆非是。

【一七】躍：《補註》云，《釋文》作『躩』；《集註》云，一作『躩』。

【一八】通：《補註》《集註》皆云，一作『道』。

【一九】輕：《補註》作『輊』，又云，一作『輕』；《集註》作『輕』，又云，一作『輊』，非是。朱說是。

【二〇】委：《補註》《集註》皆云，一作『逶』。
【二一】瀉：原本誤作『謝』，徑改。
【二二】旨：原本作『之』，非但無所系屬，且語義不通，疑為『旨』字之誤，徑改。

註釋

〔一〕不事：不用，用不上。
〔二〕不終局：沒有好結果。
〔三〕點汙：即『玷污』。
〔四〕洗滌不來：罪名沒法洗白。
〔五〕玄想：謂超脫世俗之想。
〔六〕雲中放遊之樂：在雲霄之中放情遊行的樂趣。雲中：雲霄之中，指仙境或喻塵世外。放遊：放情遊行。
〔七〕仙仙高舉之致：飄逸高飛的韻致。仙仙：飄逸貌。高舉：高飛。
〔八〕與時推遷，便從此逝：與時代一起推移變遷，從此以後離開這是非之地去遊仙。
〔九〕子胥之抉目看諸種種危敗：伍員忠心進諫，吳王不聽，反予斥責。伍員以死報國，臨死，誓願死後將其雙目挖出，懸置東門以觀吳為越所滅。後遂用『伍胥抉目』『胥門抉目』『懸門抉目』『抉眼』『伍員冤』等形容以身殉國、忠心不死，或指忠賢橫遭殘害。典出《國語・吳語》：『員請先死。遂自殺。將死，曰：「以懸吾目於東門，以見越之入，吳國之亡也。」』後吳果為越所滅。又《史記・吳太伯世家》載，吳王『賜子胥屬鏤之劍死』，伍員死前謂『抉吾眼置之吳東門』。所記略異。

招魂

古有招魂之文，疑皆死後為之。若《楚词》所云，則生前憂鬱，魂魄離散，故為文以招，卽古人所云『收召魂魄，復得為人』之謂也。《小說》載：唐馬周落魄將死，有異人為之收召，決其百日之內必大遇主〔一〕。其說雖幻，然自古相傳，當有其理。宋玉為屈子招魂，或亦戲作，以相慰於寂寥之中耳。又，今江楚之俗，凡有重病，輒令巫師迎所祀鬼神，載酒肉夜出，名曰『收魂』，蓋亦招魂之遺俗也。安知屈子得罪後，憂鬱所傷，不有病苦，其親愛不有巫覡禱祀之事乎？宋子或遂為此以代巫言，亦如屈子之為《九歌》，託意發憤，以寫其不平也。

然曰《招魂》，又曰《大招》者，巫覡之事有大小故也。小，如求之一方鬼神；大，如合四方上下之鬼神大索之。

第《招魂》韻下用『些』。『些』，楚人土音，所以相呼也。凡鬼神之事，陰陽本隔，多以聲音感之。陽聲相呼，綿綿不絕；陰神旣感，自將隱隱隨之。陽聲先入為導，陰神後隨自至。此《招魂》之『些』所自來也。《大招》韻下用『只』。『只』本古韻，見於《毛詩》不一。大索於四方上下鬼神，楚之方言，未可概通〔二〕，必用中原古韻。此《大招》之『只』所自來也。舊有謂此為原作，蓋設□招隱〔三〕，亦寓言之類。細看文義，殆不其然，此所謂不得其說而別生枝節也。

校記

【一】概：原本作『槩』，異體，徑改。

【二】□：此字原缺。據招魂禮，人死招魂，當設醮祭祀。又據明張萱《疑耀·壇醮之始》：『趙與時謂用道士設醮祈福延壽，則漢建安二十四年吳將呂蒙病，孫權命道士於星辰下為請命，是設醮之法始於此。』遂疑此字當為『醮』字。

註釋

［一］《小說》載：唐馬周落魄將死，有異人為之收召，訣其百日之內必大遇主：事見《大唐新語》：『馬周少落拓，不為州里所敬。補州助教，頗不親事。刺史達奚怒杖之，乃拂衣去曹、汴。為浚儀令崔賢育所辱，遂感激，西之長安，止於將軍常何家。貞觀初，太宗命文武百官陳時政利害，何以武吏不涉學，乃委周草狀。周備陳損益四十余條，何見之，驚曰：「條目何多也？不敢以聞。」周曰：「將軍蒙國厚恩，親承聖旨，所陳利害，已形翰墨，業不可止也。將軍即不聞，其可得耶？」何遂以聞。太宗大駭，召問何。遽召周與語，甚奇之。直門下省，寵冠卿相，累遷中書令。』

朕幼清以廉潔兮［一］，身服義而未沬。平生不受人點汙［二］。主此盛德兮［三］，牽於俗而蕪穢。為俗所擠，致之汙穢。上無所考此盛德兮，長離殃而愁苦［三］。止為上人不察，所以氣鬱魂離。帝告巫陽［四］，人不憐而天憐之。曰：『有人在下［五］，我欲輔之。魂魄離散，汝筮予之［六］。』筮其魂在何處，然後往求。然則世間屈事，連上帝也不知。巫陽對曰：『掌瘳［七］！上帝，舉世皆夢也。巫陽雖能為人招魂，不過為上帝掌夢耳！惟有盧生喚得醒〔三〕。其命難從【八】！不從筮命，巫陽頗有推枯骨死草手段〔三〕。若必筮予之，恐後之謝【九】，不能復用巫陽焉。』魂離易謝，筮不如招。楚王知此，一招便是。乃下招曰【一〇】：魂兮歸來【一一】！去君之恒幹，何為乎四方些【一二】？舍君之樂處【一三】，而離彼不祥些【一四】。契丹使者問寇丞相，呂文靖問範文正，辨西事當在廟堂，正此二問之意。魂兮歸來！東方不可以託些。長人千仞，惟魂是索些【一五】。十日代出，流金鑠石些。彼皆習之【一六】，魂往必釋些。歸來歸來【一七】！不可以託些。東方去不得，猶吾大夫子蘭、靳尚也。魂兮歸來！南方不可以止些。雕題黑齒【一八】，得人肉以祀【一九】，以其骨為醢些。蝮蛇蓁蓁，封狐千里些。雄虺九首，往來儵忽【二〇】，吞人以益其心些。歸來歸來！不可以久淫些。南方去不得，猶吾大夫子蘭、靳尚也。魂兮歸來！西方之害，流沙千里些。旋入雷淵【二一】，靡散而不可止些【二二】。幸音幸而得脫，其外曠宇些。赤蟻若象【二三】，玄蠭若壺些【二四】。五穀不生，藂菅是食些【二五】。其土爛人，求水無所得些。彷徉無所倚【二六】，廣大無所極些。歸來歸來！恐自遺賊些。西方去不得，猶吾大夫子蘭、靳尚也。魂兮歸來！北方不可以止些。增冰峨峨，飛雪千里些。歸來歸來！不可以久些【二七】。北方去不得，猶吾大夫子蘭、靳尚也。魂兮歸來！君無上天些。虎豹九關，啄害下人些。一夫九首，拔木九千些。豺狼從目，往來侁侁些【二八】。懸人以娭音嬉【二九】，投之深淵些。致命於帝，然後得瞑些【三〇】。歸來歸來！往恐危身些。天上去不得，猶吾大夫子蘭、靳尚也。魂兮歸來！君無下此幽都些【三一】。土伯九約，其角觺觺些【三二】。敦脄血拇【三三】，逐人駓駓些。參目虎首【三四】，其身若牛些。此皆甘人。歸來歸來！恐自遺災些。地下去不得，猶吾大夫子蘭、靳尚也。

起手『朕幼清以廉潔』六句，代原自敘魂離之由。『帝告巫陽』五句，設為帝命巫陽招其魂以歸之言。外有忠良，自是天生。人所棄而天所輔，人亦何樂乎害忠良也？巫陽者，巫名陽，神巫也。古有掌夢之官，卜人之夢，一切生死休咎，知其所歸，毫髮不爽。既為上帝掌夢，又何用筮命為？若從筮命，必妨延時刻，離魂一謝，欲復用巫陽之技，不可得矣！不如卽招之為便。此巫陽一段寓言，言外有屈子今日之事，惟有主上一招，便可起其沈痼。若待謀於人，無復望矣！設言四方上下俱不可往，表屈子之魂魄，只惟楚國為安也。題，額也。南方之夷，有雕文其額如今之黑刺其面者。雷淵，日落處，其聲如雷，土人恐驚小兒，每擂鼓以溷其聲。㚇，古『幸』字。『藜菅是食』，言五穀不生，所食惟白茅根也。『豺狼從目』，直目也。娭，與『嬉』同。『懸人以娭，投之深淵』，求死不得。『致命於帝，然後得瞑』，言其惡狀可懼也【三五】。土伯，下土之伯。九約，八方中央相聯屬也。『其角觺觺』與下『參目虎首，其身若牛』，卽釋氏所言羅刹之狀也[五]。敦脄，言其腹大，食人飽也。血拇，拇，大指，言其慣扣人眼舌、擢人筋髓，故血在拇也。甘人，以人為甘美而食之也。以上皆備寫世間謀害忠良惡狀，皆寓言也。

校記

【一】潔：《補註》《集註》皆云，一作『絜』。
【二】主：《集註》云，或疑其上有『朕』字。
【三】離：《補註》《集註》皆云，一作『罹』。
【四】巫：《補註》《集註》皆云，一作『巠』。
【五】在：《補註》《集註》皆云，一作『於』。
【六】予：《補註》《集註》皆云，一作『與』。
【七】寥：《補註》《集註》皆云，一作『夢』。

【八】其命難從：《補註》作『其難從』，又云，一作『其命難從』，一作『命其難從』；《集註》作『其命難從』，又云，一無『命』字。

【九】之謝：《補註》《集註》皆云，一作『謝之』，一無『之』字。

【一〇】乃：《補註》《集註》皆云，一作『因』。

【一一】歸來：《補註》《集註》皆云，一作『徠歸』。

【一二】何為乎四方些：《補註》作『何為四方些』，又云，一作『何為乎四方』，『乎』一作『兮』；《集註》作『何為乎四方些』，又云，一無『乎』字，『乎』一作『兮』。

【一三】舍：《補註》《集註》皆云，一作『捨』。古『捨』字。

【一四】離：《補註》《集註》皆云，一作『罹』。

【一五】惟：《補註》云，一作『唯』。

【一六】皆：《補註》云，一作『自』。

【一七】歸來歸來：《補註》作『歸來兮』，又云，一無『兮』字，一作『歸來歸來』；《集註》作『歸來歸來』，又云，一作『魂兮歸來』，一作『歸來兮』。以下六章並同，不再出校。

【一八】黑：《補註》《集註》皆云，一作『墨』。

【一九】肉：《補註》《集註》皆云，一無『肉』字。以：《補註》《集註》皆云，一作『而』。

【二〇】儵：《補註》《集註》皆云，一作『倏』。

【二一】淵：《補註》云，《文選》作『泉』；《集註》云，一作『泉』，朱說以為非是。

【二二】𢋊：《補註》云，一作『靡』，《釋文》作『糜』，一作『麋』，非是。

【二三】蟻：《補註》《集註》皆作『螘』，又皆云，一作『蟻』。
【二四】蠭：《補註》《集註》皆云，一作『蜂』，一作『蠭』。
【二五】蕠：《補註》《集註》皆云，一作『叢』。菅：《補註》《集註》皆云，一作『菱』。
【二六】彷徉：《補註》《集註》皆云，一作『仿佯』。
【二七】不可以久些：《補註》云，一作『不可以久止』。
【二八】侁侁：《補註》《集註》皆云，一作『莘莘』。
【二九】懸：《補註》《集註》云，一作『縣』。娭：《補註》《集註》云，一作『嬉』，一作『娱』。
【三〇】瞑：《補註》《集註》云，一作『眠』。
【三一】此：《補註》《集註》云，一無『此』字。
【三二】鬤鬤：《補註》《集註》云，一作『鬤鬤』。
【三三】脄：《補註》《集註》云，一作『脢』。
【三四】參：《補註》《集註》云，一作『三』。
【三五】懼：原本作『愳』，異體，徑改。

註釋

[一] 點汙：同『玷污』。
[二] 惟有盧生喚得醒：即『黄粱一夢』。事見沈既濟《枕中記》：唐開元七年，盧生進京趕考，結果功名不就。途經邯鄲，在

客店裡遇見了道士呂翁。盧生自歎貧困，呂翁便拿出一個瓷枕頭讓他枕上。盧生倚枕而臥，一入夢鄉便娶了美麗溫柔的崔氏，中了進士，升為陝州牧、京兆尹，後榮升戶部尚書兼御史大夫、中書令，封燕國公，極盡榮華富貴。八十歲時，久病不愈而亡。死後，『盧生欠伸而悟，見其身方偃於邸舍，呂翁坐其傍，主人蒸黍未熟，觸類如故。生蹶然而興，曰：「豈其夢寐也？」翁謂生曰：「人生之適，亦如是矣。」生憮然良久，謝曰：「夫寵辱之道，窮達之運，得喪之理，死生之情，盡知之矣。此先生所以窒吾欲也。敢不受教！」稽首再拜而去。』所謂『盧生喚得醒』，就是明白了榮華富貴不過人生一夢的道理。

［三］枯骨死草：指龜甲和蓍草。對占卜用具的輕蔑說法。王充《論衡・卜筮》：『周武王伐紂，卜筮之，逆。占曰：「大凶。」太公推蓍蹈龜而曰：「枯骨死草，何知而凶！」』亦作『枯草死骨』。

魂兮歸來！入修門些。先示之門。工祝招君，背行先些。以身為道。秦篝齊縷，鄭綿絡些【一】。次示之衣。皆上國上服。招具該備，永嘯呼些。魂兮歸來！反故居些。天地四方【二】，多賊姦些。開口大罵。像設君室【三】，靜閒安些【四】。又次示之衣。高堂邃宇，檻層軒些。層臺累榭，臨高山些。網戶朱綴【五】，刻方連些。冬有突廈【六】，夏室寒些【七】。川谷徑復【八】，流潺湲些。光風轉蕙，氾崇蘭些。經堂入奧【九】，朱塵筵些。此宮室之美。當歸。

修門，城門也。男巫曰祝。背行，以背向歸路，而以面向魂引導也。招魂之具，秦人用篝，似以竹作魂龕；齊人用縷。縷，線也，後世五色繫命之線仿此；鄭人用綿絡。以綿為絡，取其溫煖，為魂所依，後世屬纊仿此【一】。像設君室，言其容像在私室，魂當認容知歸。凡人五臟神，極愛房舍精麗，故『高堂邃宇』以下，備言宮室之美。網戶，格眼窗戶，如羅網之狀，以朱飾其交綴之處，使其所刻之方相連屬而不斷也。突，竈也。隆冬嚴寒，置竈於室外，火氣自下而入，所謂溫室也。夏室，則盛寒引水成川，樹木成谷。蕙轉蘭泛，其風有光。冬夏如此，四時宜人可知。塵，承塵，卽今之頂格望板。以朱塗之，使鮮明也。筵，竹席，使潔淨也。經堂及奥皆如此，則魂歸之樂可知。

校記

【一】綿：《補註》云，一作『緜』，異體。
【二】地：《補註》《集註》皆云，一作『墜』。
【三】君：《補註》《集註》皆云，一作『居』。
【四】閒：《集註》作『間』，通假。
【五】綱：《補註》《集註》皆云，一作『罔』。
【六】突：原本誤作『突』，今依《補註》《集註》，徑改。
【七】室：《補註》云，一作『屋』。
【八】川：《補註》《集註》皆云，一作『谿』。徑：《補註》云，一作『徑』；《集註》云，一作『經』。
【九】經：《補註》《集註》皆云，一作『徑』，古作『陘』。奥：《補註》《集註》皆云，古作『隩』。

註釋

［一］屬纊：古代漢族喪禮儀式之一。即病人臨終之前，要用新的絲絮放置其口鼻上，試看是否還有氣息，稱為『屬纊』。因而『屬纊』也用為『臨終』之代稱。屬，放置。《禮記·喪大記》：『屬纊以俟絕氣。』鄭玄註：『纊，今之新絲，易動搖，置口

鼻之上，以為候。』

砥室翠翹，挂曲瓊些【一】。翡翠珠被，爛齊光些。蒻阿拂壁，羅幬張些。纂組綺縞【二】，結琦璜些【三】。室中之觀，多珍怪些【四】。此鋪設之美。當歸。

砥，礪石。天子之桷，斫之礱之，加密石焉【一】。砥室，室之至精，臥起於此者。翠翹，翠鳥長尾也。曲瓊，赤玉鈎，所以鈎簾挂幬之具也。被用翡翠、珍珠為面，珠翠齊光，爛然照人。蒻阿，蒻之美者，用以拂壁，使無塵垢。羅幬，以羅為帳也。纂組，絲線也。綺縞，五色織文也。琦璜，玉石也。以絲線五色織文結束珠玉，以為帳絲也。室中之觀，又多珍怪玩具，此言臥室之美也。

校記

【一】挂：《補註》《集註》皆云，一作『絓』。

【二】纂：《補註》云，一作『纂』，一作『綦』；《集註》云，一作『綦』。

【三】琦：《補註》《集註》皆云，一作『奇』。

【四】珍：《補註》云，一作『珎』，異體。

註釋

［一］天子之桷，斫之礱之，加密石焉：語出《穀梁傳・莊公二十四年》：『禮，天子之桷，斫之礱之，加密石焉。』桷：方形的椽子。斫，削也。礱，磨也。密石：紋理細密的石頭。

蘭膏明燭【一】，華容備些。二八侍宿，射遞代些【二】。九侯淑女，多迅衆些。盛鬋不同制，實滿宮些【三】。容態好比，順彌代些【四】。弱顏固植【五】，謇其有意些【六】。姱容脩態，絚洞房些【七】。蛾眉曼睩【八】，目騰光些。靡顏膩理，遺視矊些【九】。離榭修幕，侍君之閒些。此姬侍之美。當歸。

蘭膏，以蘭香煉膏為燭，燃之則香射滿堂。二八，二行分列，共十六人。女子年十六，亦曰二八。射，厭射。左右立侍既久，倦態生也。射則遞代，倦又換班而侍。室中諸美，不止二八也。九侯淑女，各國之貴女也。迅衆者，聰明警穎出衆也。鬋，鬢也。盛鬋，髮多也。不同制者，各國有各國之裝飾也。女子有容無態，亦不足美。好比者，相好無尤也。順彌代者，自始來至代去，柔順如一也。弱顏固植者，其貌則柔，其志甚堅，不可犯也。謇者，言詞不出口也。謇其有意者，言雖不多，而意則相憐甚也。有好比者，又有固植者，衆美之趣不一也。洞房，深房也。絚洞房者，言如長繩不斷也。蛾眉，眉長也。曼睩，目小而慧也。遺視矊者，靡顏膩理，仔細視之，不得其文理也。離榭，榭非一處，各盡其歡也。修幕，長幕，可合衆美一處也。

校記

【一】燭：《補註》《集註》皆云，一作『爥』，異體。

【二】逓：《補註》《集註》皆云，一作『遞』，異體。

【三】實：原本作『寔』，《補註》《集註》皆作『實』，据以徑改。

【四】代：《補註》《集註》皆云，一作『世』。

【五】植：《補註》《集註》皆云，一作『立』。

【六】謇：《補註》《集註》皆云，一作『蹇』。

【七】絙：《補註》《集註》皆云，一作『緪』。

【八】蛾：《補註》《集註》皆云，一作『娥』。睩：《補註》《集註》皆云，一作『睇』。

【九】矊：《補註》《集註》皆云，一作『䁂』。

翡帷翠帳【一】，飾高堂些【二】。紅壁沙版，玄玉之梁些【三】。仰觀刻桷，畫龍蛇些。坐堂伏檻，臨曲池些。芙蓉始發，雜芰荷些。紫莖屏風【四】，文緣波些【五】。文異豹飾，侍陂陁些【六】。軒輬既低，步騎羅些。蘭薄戶樹，瓊木籬些。魂兮歸來！何遠為些？此遊觀之美。當歸。

帷，帷屏也。帳，大帳，可設客座及可設女樂者。紅壁沙版，以丹沙塗之也。玄玉之梁，嵌玉於梁也。屏風，水葵，卽苻菜，其莖紫色。風起水動，文緣波生，與芙蓉、芰荷交發並茂。坐堂伏檻者，攬此曲池之勝，能無樂乎？侍從之人，皆衣虎豹異文，侍衛陂陀之間，其儀孔威。軒，曲輈藩車。輬，臥車，皆輕車也。『低』之為言，行於園林果樹之下也。步騎四面相羅，又遊觀之適也。『蘭薄户樹，瓊木籬些』，猶言滿路皆香也。

校記

【一】帳：《補註》《集註》皆云，一作『幬』。

【二】飾：《補註》云，一作『餝』，異體。

【三】之：《補註》作『玄玉梁些』，又云，一作『玄玉之粱些』；《集註》作『玄玉之粱些』，又云，一無『之』字。

【四】莖：原本作『荊』，《補註》《集註》皆作『莖』，考其文意當作『莖』，徑改。

【五】緣：《補註》云，《文選》作『綠』；《集註》云，一作『綠』。

【六】陁：《補註》《集註》皆云，一作『陀』。

室家遂宗，食多方些。稻粢穱麥，挐黃粱些【一】。大苦鹹酸【二】，辛甘行些。肥牛之腱，臑若芳些【三】。和酸若苦，陳吳羹些。胹鱉炮羔【四】，有柘漿些【五】。鵠酸臇鳧，煎鴻鶬些。露雞臛蠵【六】，厲而不爽些。粔籹蜜餌，有餦餭些。瑤漿蜜勺，實羽觴些。挫糟凍飲，酎清涼些。華酌既陳【七】，有瓊漿些。歸反故室【八】，敬而無妨些。此飲食之美。當歸。

宗，尊也。魂既來歸，室家相與尊之，當有酒肴之設。多方，食品不一也。古人食稻，為生人之樂。穱麥，麥之先熟而至高者。黃粱，香美愈於諸粟，古人往往以膏粱並擬。挐，糅也。此數種，飯之至精者。鹹酸辛甘，今時皆有。大苦，今時無之，蓋以膽和醬，古法不傳，此調和之至精者。牛筋頭為腱，熟爛為臑，去骨為胹，合毛裹物而燒為炮。柘，藷蔗，取藷蔗之汁為漿飲也。鵠酸，以酢漿烹之為羹也。臇凫，凫羹也。鴻，大雁。鶬，鴰鶬，煎食為美，卽今燒鵞之類。露棲之雞屬陽，味最勝。蠵，大龜之屬。有菜曰羹，無菜曰臛。厲，味濃辣也。楚人名羹敗為爽。以上皆言肴饌之精也。粔籹，以蜜和米麵，煎熬作之餌。擣黍為之餦餭，餳也。以蘗熬米為之，亦謂之糖勺。挹酒器以蜜塗之，故曰蜜勺。瑤漿，泉水之至潔者，以玉器盛之，故曰瑤漿。羽觴，飲酒之器，二邊有羽，乃勸酒速行之義。言以瑤漿洗蜜勺，而後以蜜勺寔酒於觴，取其精潔也。酒醲釀烈，久而其糟自化，不須出之，故曰挫糟。醇酒為酎。盛夏可以冷飲，謂之凍飲，取其清涼也。瓊漿，冰水也。敬而無妨，不妨痛飲也。此餅餌酒品之至精者也。

校記

【一】粱：原本誤作『粱』，徑改。

【二】鹹：《補註》《集註》皆作『醎』，異體。

【三】臑：《補註》《集註》皆云，一作『胹』，一作『胹』。若：《補註》《集註》皆云，一作『弱』。

【四】胹：《補註》《集註》皆云，一作『臑』，一作『濡』。

【五】柘：《補註》云，一作『蔗』。

【六】蠵：《補註》《集註》皆云，一作『蠵』。

【七】陳：《補註》云，一作『敶』。

【八】歸反故室：《補註》作『歸來反故室』，又云，一作『歸來歸來』，一作『歸反故室』，無『來』字；《集註》作『歸反故室』，又云『歸』下一有『來』字，一別有『歸來歸來』四字，而『反』上亦無『來』字。

肴羞未通，女樂羅些。敶鐘按鼓【一】，造新歌些。《涉江》《采菱》【二】，發《揚阿》些【三】。美人既醉，朱顏酡些【四】。娭光眇視【五】，目曾波些。被文服纖，麗而不奇些。長髮曼鬋【六】，豔陸離些。二八齊容，起鄭舞些。衽若交竿【七】，撫案下些【八】。竽瑟狂會，搷鳴鼓些【九】。宮庭震驚，發《激楚》些。吳歈蔡謳，奏大呂些【一〇】。士女雜坐，亂而不分些。放敶組纓【一一】，班其相紛些【一二】。鄭衛妖玩，來雜陳些【一三】。《激楚》之結，獨秀先些。菎蔽象棊【一四】，有六簙些【一五】。分曹並進【一六】，遒相迫些。成梟而牟，呼五白些。晉制犀比，費白日些。鏗鐘搖簴【一七】，揳梓瑟些【一八】。娛酒不廢，沈日夜些。蘭膏明燭【一九】，華鐙錯些【二〇】。結撰至思，蘭芳假些。人有所極，同心賦些。酎飲盡歡【二一】，樂先故些。魂兮歸來！反故居些。此聲色伎藝之美。當歸。

未入席時，女樂羅列。鐘鼓，所以起樂也。凡伎樂至精熟時，喜造新歌，蓋舊譜習慣則厭也。《涉江》《采菱》《揚阿》，皆楚歌名。娭光眇視目層波，美人醉態也。長髮曼鬋，醉後舞態也。衽若交竿，舞時廻轉，衣襟相交，如竿之直也。撫案下者，當其曲時，腰過於案下，言其曲直如意不測也。《激楚》，楚歌舞之名。聲細為歈，聲高為謳。吳人蔡人，各工其極，故曰吳歈蔡謳。大呂之音與黃鐘並奏，大呂言其亮也。竽瑟狂會搷鳴鼓，宮廷震驚，言其歌舞之鬧。吳歈蔡謳奏大呂，言其歌舞之靜。雜坐亂而不分，歌舞後彼此潦倒。放敶組纓，卽楚莊王絕纓故事。《激楚》之結獨秀先，蓋歌舞此曲者之結束，獨秀異而先入席，言其舉止便捷也。菎，竹名。簙，箸也。投六箸，行六棊，故為六簙。分曹並進，轉相遒迫，使不得擇行。倍勝為牟。五白，簙齒也。言已棊已梟，當成牟勝，故呼五白以助投也。晉制犀比，晉國工作簙棊箸比，集犀角以為雕飾。費白日，言博者爭勝，耽箸不已，耗損光陰也。簴，鐘架。鏗鐘則簴搖。梓瑟，長瑟。揳，切絃也。此言六簙方已，又鳴鐘以起樂也。樂作而酒又行，蘭膏明燭依然相續，乃又人各作賦，結撰至思，以文字為樂。文字之味，如蘭芳之假人。先故，先代之故事也，如今人曰掌故，曰典故。陳嬰母曰：『汝家先故，未曾貴。』[一]史臣所引[三]，出於此。

校記

【一】瞰：《補註》《集註》皆云，一作『陳』。按：《補註》《集註》皆云，一作『桉』。

【二】菱：《補註》《集註》皆云，一作『蔆』。

【三】揚阿：《補註》作『揚荷』，又云《文選》作『陽荷』，註云當作『陽阿』；《集註》作『揚荷』，又云『揚』一作『陽』，『荷』一作『阿』。

【四】酡：《補註》《集註》皆云，一作『酏』，一作『佗』。

【五】娭：《補註》云，一作『嬉』，一作『娱』；《集註》云，一作『嬉』。

【六】髮：《補註》《集註》皆云，一作『鬢』。

【七】衽：《補註》《集註》皆云，一作『袵』。

【八】撫案：《補註》《集註》皆云，一作『撫抵』。

【九】填：《補註》《集註》皆作『搷』，又皆云，一作『填』。《補註》又云，一作『嗔』。

【一〇】奏：《補註》《集註》皆云，一作『秦』，秦無大呂，非是。

【一一】嗽：《補註》《集註》皆云，一作『陳』。

【一二】斑：《補註》《集註》皆作『班』，又皆云，一作『斑』。

【一三】陳：《補註》《集註》皆云，一作『嗽』。

【一四】篦：《補註》作『箟』，又云，一作『琨』，一作『篦』；《集註》作『篦』，又云，一作『琨』。蔽：《集註》作『蔽』，又云，一作『蔽』。

【一五】篿：《補註》《集註》皆云，一作『博』。

【一六】並：《補註》作『竝』，異體。

【一七】鏗：《補註》《集註》皆云，一作『鎗』。簴：《補註》云，一作『虡』。

【一八】揳：《集註》云，一作『戞』。

【一九】燭：《補註》《集註》皆云，一作『爥』。

【二〇】鐙：《補註》《集註》皆云，一作『雕』。

【二一】酎：《補註》《集註》皆云，一作『酌』。盡：《補註》《集註》皆云，『盡』上一有『既』字。

註釋

［一］陳嬰母曰『汝家先故，未曾貴』：事見《史記・項羽本紀》：『少年欲立嬰便為王，異軍蒼頭特起。陳嬰母謂嬰曰：「自我為汝家婦，未嘗聞汝先古之有貴者。今暴得大名，不祥。不如有所屬，事成猶得封侯，事敗易以亡，非世所指名也。」嬰乃不

敢為王。』

［一二］史臣：史官。此處特指《史記》的作者司馬遷。

亂曰：獻歲發春兮，汩吾南征【一】。菉蘋齊葉兮【二】，白芷生。路貫廬江兮，左長薄。倚沼畦瀛兮，遥望博。此言魂歸則明歲可歸故都。青驪結駟兮，齊千乘。懸火延起兮，玄顔烝【三】。步及驟處兮，誘騁先【四】。抑騖若通兮，引車右還【五】。與王趨夢兮，課後先。君王親發兮，憚青兕。此言魂歸當還故都，從王射獵，君臣之好如初，所以深招之也。朱明承夜兮，時不可淹【六】。夏夜漸短，可以無憂。皋蘭被徑兮，斯路漸。吾道漸亨，可以大出。湛湛江水兮，上有楓。目極千里兮，傷春心【七】。秋來摇落，感慨陽春。魂兮歸來，哀江南。歸江南，則陽春自歸矣。

凡『亂』，俱檃栝一篇之意而結收之［一］。此篇之『亂』又另一體，於鋪張宫室、姬侍、遊觀、飲食、聲色、技藝諸美外，又以獻歲歸郢、隨君射獵一事單舉而暢發之［二］，續前作結，其立格奇矣［三］。古者，元日慶君謂之『獻歲發春』，春事方興也。南征，歸郢也。菉蘋、白芷，記時也。廬江、長薄，皆近郢地。貫，穿過也。左，行出其右也。自屈原遷逐，家鄉田園荒蕪，平地俱化為沼，沼化為瀛。瀛者，水中高洲也。今若歸來，則荒蕪者復修治，沼可倚而立，瀛可畦為圃，遥望何其廣博哉！當復有田園之樂也。且不但此也，楚射獵之盛，冠於南國舊矣。青驪結駟，有千乘之多，則四千馬皆齊色也。夜獵懸火，當使玄天之顔皆蒸為赤色，則燈火之盛也。步行及於馬驟，誘馳騁而當先，則步卒之強也。凡御車之法，馳騖者遏抑之，使不得過。若，順也。通者，順之使範。我馳驅引車向左，以射獸之左膊為合法，則射御之善也。夢，雲夢澤也，雲在江北，夢在江南。『與王趨夢，課後先』，則君臣當復合也。射以得兕為儁，以青兕讓君親發，憚而避之，臣道之善也。

屈子《九章》所最苦者，夜長愁多耳。今朱明將夏，夜短不能淹人。而皐蘭被徑，拔茅連藁，掃徑而出，此其時矣。『湛湛江水，上有楓』，此秋色之最悲人者。從江水上遠望，歸魂極目千里，安能不傷春心而哀江南哉？可哀如此，豈宜久淹不歸？魂若歸來，則春亦歸矣！此深於招魂者也。

按《招魂》，一切宫室、鋪設、遊觀、飲食、聲色、伎藝之美，與夫田獵、騎射之樂，皆楚國黨人受享之事與導君遊畋之事。屈子廉潔服義，安有一於此乎？而亹亹舉之者[四]，所以愧黨人而悟楚君也。若曰如此等受享，如此射獵從臾，澤畔行吟憔悴之人，曾有一於此乎？此宋子言外之意，故開手便言『朕幼清未沬』，所以為後種種張本也[五]。讀者憒憒，特為拈出。

校記

【一】汨吾南征：《補註》《集註》皆云，一本『征』下有『些』字，至『誘騁先』句同。

【二】蘋：《補註》云，一作『薠』。

【三】烝：《補註》《集註》皆云，一作『蒸』。

【四】騁：原本誤作『聘』，徑改。

【五】還：《補註》《集註》皆云，一作『旋』。《補註》云，一本作『引右運』，無『車』字。

【六】時不可淹：《補註》作『時不可以淹』，又云，一作『時不淹』，一作『時不可淹』，一作『時不見淹』；《集註》作『時不可淹』，又云『可』一作『見』，一無『可』字，一『可』下有『以』字。

【七】傷春心：《補註》云，一作『傷心悲』。

註釋

［一］檃栝：也作檃括、隱括、檃桰。此處指概括。語出《荀子·性惡》：『枸木必將待檃栝烝矯然後直。』

［二］暢發：此處指任情發揮。

［三］立格：制定標準。此處指文章立意。

［四］亹亹：勤勉不倦貌。

［五］張本：作為伏筆而預先說在前面的話，或為事態發展預先做的安排。《左傳·隱公五年》：『曲沃莊伯以鄭人、邢人伐翼，王使尹氏、武氏助之。翼侯奔隨。』晉杜預註：『晉內相攻伐……傳具其事，為後晉事張本。』

大招

青春受謝【一】，白日昭只。春到日光分外明[二]。春氣奮發，萬物遽只。春氣為萬物迅速之鞭。冥凌浹行，魂無逃只。春氣為萬物返魂之香。魂魄歸徠【二】！無遠遙只。

春居東方青位，故曰青春；玄冬謝事而春受之，故曰受謝。春光一到，白日分外昭明[三]；春氣一動，草木之枯者榮、廢者起，皆有萌芽之望，而況人乎？首舉此者，所以慰忠良之沉滯也[三]。寒谷之謂冥，冰室之謂凌。冥凌，皆春氣浹洽所到[四]。魂卽紐於沉滯[五]，亦焉所逃乎？故願魂之歸來，步步近人，無遠遙也。按：《招魂》曰『獻歲發春，汩吾南征』，曰『湛湛江水，上有楓』，則是在秋冬之間，為望春之詞也。《大招》曰『青春受謝』，則是既已春至，為實望之詞也。

校記

【一】謝：《補註》作『謝』，又云，一作『謝』。

【二】歸徠：《補註》《集註》皆云，一作『徠歸』。

註釋

[一] 春到日光分外明：春天一到，日光變得分外明亮。

[二] 昭明：顯明。

[三] 沉滯：凝滯，不流暢。

[四] 浹洽：普遍沾潤。

[五] 紐：牽掛，牽扯。

魂乎歸徠【一】！無東無西，無南無北只【二】。知不落東西南北處，卽時歸根復命矣[一]。屈宋一輩，尚未透此。東有大海，溺水浟浟只【三】。螭龍並流，上下悠悠只。霧雨淫淫【四】，白皓膠只【五】。白皓，卽水天一色。『膠』字妙！粘着不得脫。魂乎無東【六】！湯谷寂寥只【七】。走到日出處，也只如此。魂乎無南！南有炎火千里，蝮蛇蜒只。山林險隘【八】，虎豹蜿只。鰅鱅短狐，王虺騫只。魂乎無南！蜮傷躬只。蜮射人無形。方避楚國之蜮，豈可復入蜮窠中？魂乎無西！西方流沙，漭洋洋只。豕首縱目【九】，被髮鬤只【一〇】。長爪踞牙【一一】，誒笑狂只【一二】。魂乎無西！多害傷只。嬉笑傷人，楚國正多此輩，莫又相逢！魂乎無北！北有寒山，逴龍赩只【一三】。代水不可涉【一四】，深不可測只。天白顥顥，寒凝凝只【一五】。魂乎無往！盈北極只。楚國深不可測者已多，向北何為？

湯谷，卽陽谷[二]。炎火千里，謂南方地熱。南方多蛇，蝮蛇最毒，纔一被嚙，必割去其肉則得生，不則毒行卽死矣[三]。虺，小蛇之最毒者。王虺，首有『王』字也。蜒，長也。蜿，虎豹成羣也。鰅鱅，鰐魚也。短狐，一名射工，卽所謂蜮也，含沙射人影，被射者輒病。『豕首縱目，被髮鬤只』，人熊也。縱目，其目直也。熊見人，執手而笑，笑訖則吮人血，立死。逴龍，山名。赩，赤色，無草木。代，卽漢文帝初封處[四]，中國極北地也。

校記

【一】乎：《補註》《集註》皆云，一作『兮』。徠：《補註》《集註》皆云，一作『兮』。

【二】無東無西，無南無北只：《補註》《集註》皆云，一作『無東西而南北只』。依照下文例，在『東有大海』前當有『魂乎無東』一句，疑脫。

【三】溺：《集註》云，一作『弱』。湫湫：《集註》云，一作『攸攸』，一作『倏倏』。

【四】霧：原本作『露』，《補註》《集註》皆作『霧』，據以徑改。

【五】皓：《補註》《集註》皆云，一作『浩』。

【六】乎：《補註》云，一作『兮』，下同，不贅。

【七】湯谷寂寥只：《補註》作『湯谷寂只』，又云，一本『寂』下有『寥』字；《集註》作『湯谷寂寥只』，又云，一無『寥』字，非是。

【八】林：《補註》《集註》皆云，一作『陵』。

【九】縱：《補註》云，一作『從』。

【一〇】鬤：《補註》《集註》皆云，一作『長』。

【一一】長爪：《補註》《集註》皆云，一作『叉爪』。踞：《補註》《集註》皆云，一作『倨』。朱說疑為『鋸』字，近是。

【一二】誒：《補註》《集註》皆云，一作『嬉』。

【一三】逴：《補註》《集註》皆云，一作『卓』。

【一四】代：《補註》《集註》皆云，一作『伐』。

【一五】凝：《補註》《集註》皆云，一作『凝』。

註釋

［一］歸根復命：魂魄回到自己的軀體上去，重新活轉過來。

［二］陽谷：即暘谷。古代傳說中的日出之處。

［三］不則：否則。

［四］代即漢文帝初封處：漢高祖在鎮壓了陳豨叛亂後，封第四子劉恒為代王。代王為人寬容平和，政治上保持低調。呂后死後，太尉周勃、丞相陳平等掃清諸呂，迎立代王劉恒入京為帝，是為漢文帝。其封地代，領有太原郡、雁門郡、代郡，共轄五十三縣。初都晉陽，後徙都中都（今山西榆次）。

魂魄歸徠！閒以靜只【一】。自恣荊楚，安以定只。逞志究欲，心意安只。窮身永樂【二】，年壽延只。魂兮歸徠【三】！樂不可言只。數語確是受用，人苦不自知。五穀六仞，設菰粱只【四】。鼎臑盈望【五】，和致芳只。内鶬鴿鵠【六】，味豺羹只。魂乎歸徠！恣所嘗只。鮮蠵甘鷄【七】，和楚酪只。醢豚苦狗【八】，膾苴蓴只【九】。吳酸蒿蔞，不沾薄只。魂兮歸徠！恣所擇只。炙鴰烝鳧【一〇】，粘鶉陳只。煎鰿臛雀【一一】，遽爽存只。魂乎歸徠！麗以先只【一二】。四酎並孰，不歰嗌只【一三】。清馨凍歈【一四】，不歠役只。吳醴白糵，和楚瀝只。魂乎歸徠！不遽惕只。《招魂》先宮室，示以室家之好也；《大招》先飲食，以鬼神所歆者先飲食也。用意各有所重。

六仞，言五穀積囷之多[一]。設，陳設也。菰粱，調胡飯也。臑，熟也。鼎臑盈望，卽所謂食前方丈也[二]。和，調和。致芳，言所致調和皆芳香也。鮮蠵，大龜。甘雞，野雉。和楚酪者，以酒烹之也。醢豚，卽今碾肉。苦狗，卽今戌膏，以苴蓴和之，切而為膾。苴蓴，一名蘘荷，卽薄荷，味辛辣，故以為膾也。吳人工作羹，故曰吳酸。羹用蒿、蔞二種。蒿，白蒿，味香；蔞蒿，葉似艾，生水中，味脆。沾，濃也。不沾薄，不濃亦不薄也，此吳酸之所以妙也。鴰肉其妙在炙，鳧肉其妙在烝。粘，以水烹之。煎，以火炕之。臛，以薄粉傅之，無菜之羹也。鶉宜粘，鰿宜煎，雀宜臛。各從其法，以和其味。鰿，鯽魚也。遽爽，食之遽飽。存者，惜而存之，不忍棄其余也。麗，華夷之稱。麗以先者，生人以食為先。魂既歸來，首以此（為先）。（下闕）

校記

【一】閒：《補註》作『閒』，《集註》作『間』，異體。

【二】永：《補註》《集註》皆云，一作『安』。

【三】魂兮歸徠：《補註》作『魂乎歸徠』，又云，一作『魂乎徠歸』。

【四】菰：《補註》《集註》皆云，一作『苽』。

【五】臑：《補註》《集註》皆云，一作『胹』。《釋文》作『腩』。

【六】內：《補註》《集註》皆云，『內』與『納』同，一作『肭』。
【七】蠵：《補註》《集註》皆云，一作『鑴』。
【八】豚：《補註》《集註》皆云，一作『豵』。
【九】膞：《補註》《集註》皆云，一作『䐗』。
【一〇】鵠：《補註》《集註》皆作『鵠』，又皆云，一作『鵠』。臮：《補註》《集註》皆云，一作『臬』。
【一一】臛：《補註》《集註》皆作『臛』，又皆云，一作『臛』。
【一二】麗：《補註》《集註》皆云，一作『進』。
【一三】澀：《補註》《集註》皆云，一作『澁』。嗌：《補註》云，一作『饐』。
【一四】歠：《補註》《集註》皆云，一作『飲』。

註釋

［一］積囷：糧倉裡囤積的糧食。
［二］食前方丈：吃飯時，面前一丈見方的地方都擺滿了食物。形容吃得闊氣。方丈：一丈見方。典出《孟子·盡心下》：『食前方丈，侍妾數百人，我得志弗為也。』

（據宋端平本《楚辭集註》補原缺部分）：

代秦鄭衛，鳴竽張只。伏戲駕辯，楚《勞商》只。謳和《揚阿》，趙簫倡只。魂乎歸徠！定空桑只。二八接武，投詩賦只。叩鍾調磬，娛人亂只。四上競氣，極聲變只。魂乎歸徠！聽歌譔只。朱脣皓齒，嫭以姱只。比德好閒，習以都只。豐肉微骨，調以娛只。魂乎歸徠！安以舒只。嫮目宜笑，娥眉曼只。容則秀雅，稺朱顔只。魂乎歸徠！靜以安只。姱脩滂浩，麗以佳只。曾頰倚耳，曲眉規只。滂心綽態，姣麗施只。小腰秀頸，若鮮卑只。魂乎歸徠！思怨移只。易中利心，以動作只。粉白黛黑，施芳澤只。長袂拂面，善留客只。魂乎歸徠！以娛昔只。青色直眉，美目媔只。靨輔奇牙，宜笑嗎只。豐肉微骨，體便娟只。魂乎歸徠！恣所便只。夏屋廣大，沙堂秀只。南房小壇，觀絕霤只。曲屋步壛，宜擾畜只。騰駕步遊，獵春囿只。瓊轂錯衡，英華假只。茝蘭桂樹，鬱彌路只。魂乎歸徠！恣志慮只。孔雀盈園，畜鸞皇只！鵾鴻羣晨，雜鶖鶬只。鴻鵠代遊，曼鷫鷞只。魂乎歸徠！鳳皇翔只。曼澤怡面，血氣盛只。永宜厥身，保壽命只。室家盈廷，爵祿盛只。魂乎歸徠！居室定只。接徑千里，出若雲只。三圭重侯，聽類神只。察篤夭隱，孤寡存只。魂兮歸徠！正始昆只。

田邑千畛，人阜昌只。美冒衆流，德澤章只。先威後文，善美明只。魂乎歸徠！賞罰當只。名聲若日，照四海只。德譽配天，萬民理只。北至幽陵，南交阯只。西薄羊腸，東窮海只。魂乎歸徠！尚賢士只。發政獻行，禁苛暴只。舉傑壓陛，誅譏罷只。直贏在位，近禹麾只。豪傑執政，流澤施只。魂乎歸徠！國家為只。雄雄赫赫，天德明只。三公穆穆，登降堂只。諸侯畢極，立九卿只。昭質既設，大侯張只。執弓挾矢，揖辭讓只。魂乎歸徠！尚三王只。

《楚詞箋註》下　第四卷終

後記

這本小書終於殺青了，照例要寫一段文字，交代一下寫作緣起和經過，於是就有了下面的話。

前幾年，我斗膽領頭報了一個國家級課題，雖然功虧一簣，卻產生了一個大膽的想法：我們要把明代遺民楚辭的話題系統地梳理一下。於是，接下來的幾年裡，就有了關於林雲銘、沈雲翔、陳洪綬、賀貽孫、李陳玉等相關問題的討論，每篇討論文字大多在兩萬字以上；同時，我們還整理了《楚辭燈》和《騷筏》，並將《楚辭燈》的校勘本付之梨棗，而這本《〈楚詞箋註〉校釋》就是這項工作的後續產品。

戊戌年初，在劃拉完《俚曲名畫評水滸》那本『手機版』的遊戲之作後，我從《四庫未收書輯刊》裡找到了明末遺民李陳玉的《楚詞箋註》。這個本子影印的是復旦大學圖書館藏魏學渠刻本，這是海內唯一的傳本，具有權威性。由於我頸椎不好，兼之老眼昏花，二〇一三級的邱月、常彥虎、王怡萍和李冰冰四位同學幫我做了文字錄入的工作。一晃四年過去了，他們已畢業三年多了！在這裡，我要向他們鄭重地道一聲謝謝！

後面的工作，第一步是把錄入的文本與原件進行校對。由於古書使用的是繁體字，還有一些異體字和俗字，這就給小朋友們的錄入帶來了一些認讀上的麻煩，因而還需仔細校對，這是一件枯燥而麻煩的工作；第二步是標點。古書無標點，兼之這本古籍連後世讀者加的句讀也沒有，缺少參考。這就需要反復讀、仔細看，更得認真揣摩，三思後方敢下筆。事後聽說近期有一個標點本問世，惜因疏懶，未曾得見。又想：校勘註釋是一種仁者見仁、智者見智的事，又何必追求定於一尊呢！第三步是校勘。為了使整理後的本子更精良一些，我們找來了《四部精華》翻刻的汲古閣刻本《楚辭補註》和人民文學出版社影印的宋端平本《楚辭集註》，將其與《楚詞箋註》相互參校，找出了三書間的聯繫，也發現了一些問題，修正了《楚詞箋註》存在的較明顯的錯誤，並隨文寫下了一千五百餘條校勘記；第四步是註釋。因歷代學者對《楚辭》原文内容的註釋已相當繁夥，本書未敢置喙。本書註釋内容只對李陳玉的箋註文字加以詮釋，基本掃清了諸如典章制度、文獻典故、人物事跡和難解詞句等閱讀障礙。諸事甫畢，為便於了解作者及作品，庚子冬月，又草創了一篇導言模樣的文字，置於書前。

需要說明，這項工作是我與劉澤分工協作共同完成的（她也是我那次申報的課題組成員）：我負責標點和校勘，她負責註釋，最後由我統稿。校勘很麻煩，註釋也不易。所以，我們雖在父女，我卻不敢貪功掠美！故而，排名並列，不分先後。

此書付梓之時，真誠地感謝金陵科技學院校領導數年來給予我的大力支持，感謝人文學院領導的關懷，感謝學科領導和專業領導的關照，感謝好友程宏亮先生的幫助，感謝安徽師範大學出版社及本書編輯王賢老師的無私付出，謝謝你們！

劉樹勝

庚子臘月十二於南京方山自勝齋